De

_____

Para

_____

Otros títulos de Rick Warren

Una iglesia con propósito

Métodos de estudio bíblico personal

Respuestas a las dificultades de la vida

El poder de transformar su vida

UNA VIDA CON PROPÓSITO
edición ampliada

¿PARA QUÉ ESTOY AQUÍ EN LA TIERRA?

RICK
WARREN

UNA VIDA CON PROPÓSITO - Edición limitada
Edición publicada por
Editorial Vida
Miami, Florida

Copyright ©2003, 2012 por Rick Warren

Originally published in the USA under the title:
The Purpose Driven® Life
Copyright © 2002, 2011, 2012 by Rick Warren
Illustrations: Michael Halbert, Copyrigth © 2002 Michael Halbert
Published by permission of Zondervan, Grand Rapids, Michigan.
All rights reserved
Further reproduction or distribution is prohibited.

Traducción y adaptación de estilo: *David Fuchs/Esteban Fernández*
Edición: *Eugenio Torres y Madeline Díaz*
Diseño interior: *Beth Shagene*
Adaptación diseño interior: *Grupo Nivel Uno, Inc.*
Ilustraciones interior: iStockphoto®

La versiones bíblicas citadas en este libro, están identificadas en el apéndice 3, el cual se convierte en parte de esta página de copyright.

ISBN: 978-0-8297-6292-1

CATEGORÍA: Vida cristiana / Crecimiento personal

IMPRESO EN ESTADOS UNIDOS DE AMÉRICA
PRINTED IN THE UNITED STATES OF AMERICA

15 16 17 18 ❖ 6 5 4 3 2 1

Este libro está dedicado a ti.

Antes que nacieras, Dios planéo *este momento* en
tu vida. No es casualidad que sostengas este libro.
Dios *desea* que descubras la vida que creó
para que vivas aquí en la tierra y por la eternidad.

*Por medio de Cristo, Dios nos había elegido
desde un principio para que fuéramos suyos y recibiéramos todo lo que él había prometido.
Así lo había decidido Dios,
quien siempre lleva a cabo sus planes.*
Efesios 1:11 (BLS)

Agradezco a los cientos de escritores y profesores,
tanto clásicos como contemporáneos, que contribuyeron
a mi formación y me ayudaron a aprender estas
verdades. Les doy gracias a Dios y a ti por el privilegio
de compartirlas contigo.

Ahora, con los Códigos QR (Quick Response [Respuesta Rápida]), los cuales enlazan con cuarenta y dos vídeos exclusivos de tres minutos presentados por Rick Warren, esta edición enriquecida con Código QR y vídeo incluye toda la sabiduría del libro

original, más nuevas percepciones que Warren ha acumulado desde que escribió por primera vez *Una vida con propósito*. ¿Para qué estoy aquí en la tierra? Lee, observa y escucha las respuestas del propio Rick Warren.

Usando la cámara de un teléfono inteligente, simplemente toma una instantánea de los códigos QR del libro y los vídeos aparecerán de forma automática en la ventana de tu navegador telefónico. La mayoría de los nuevos modelos de teléfonos móviles vienen con un lector de códigos. También puedes descargar GRATIS un lector de Códigos QR de tu almacén de aplicaciones telefónicas. A fin de ver cómo se hace y obtener enlaces para aplicaciones del lector de Códigos QR, visita www.qrcode.zondervan.com.

Contenido

Una jornada con propósito | 11

Una nueva edición para una nueva generación | 15

Mi pacto | 17

¿PARA QUÉ ESTOY AQUÍ EN LA TIERRA?

DÍA 1   Todo comienza con Dios | 21

DÍA 2   No eres un accidente | 26

DÍA 3   ¿Qué guía tu vida? | 31

DÍA 4   Creados para vivir por siempre | 39

DÍA 5   La vida desde la perspectiva de Dios | 44

DÍA 6   La vida es una asignación temporal | 50

DÍA 7   El porqué de todo | 56

PROPÓSITO # 1: Fuiste planeado para agradar a Dios

DÍA 8   Planeado para agradar a Dios | 65

DÍA 9   ¿Qué hace sonreír a Dios? | 71

DÍA 10   El corazón de la adoración | 79

DÍA 11   Hagámonos los mejores amigos de Dios | 87

DÍA 12   Desarrolla tu amistad con Dios | 94

DÍA 13   La adoración que agrada a Dios | 102

DÍA 14   Cuando Dios parece distante | 109

PROPÓSITO # 2: Fuiste hecho para la familia de Dios

DÍA 15   Hecho para la familia de Dios | 119

DÍA 16   Lo que más importa | 125

DÍA 17   Un lugar al cual pertenecer | 132

DÍA 18   Viviendo la vida juntos | 140

DÍA 19   Cultiva la vida en comunidad | 146

DÍA 20   Restaura el compañerismo | 153

DÍA 21   Cuida tu iglesia | 161

PROPÓSITO # 3: Fuiste creado para ser como Cristo

DÍA 22   Creado para ser como Cristo | 171

DÍA 23   Cómo crecemos | 179

DÍA 24   Transformados por la verdad | 184

DÍA 25   Transformados por los problemas | 192

DÍA 26   Crecimiento a través de la tentación | 200

DÍA 27   Cómo derrotar la tentación | 208

DÍA 28   Requiere tiempo | 216

PROPÓSITO # 4: Fuiste formado para servir a Dios

DÍA 29   Acepta tu asignación | 225

DÍA 30   Formado para servir a Dios | 232

DÍA 31   Entiende tu FORMA | 239

DÍA 32   Usa lo que Dios te ha dado | 247

DÍA 33   Cómo actúan los verdaderos siervos | 254

DÍA 34   Mentalidad de siervo | 262

DÍA 35   El poder de Dios en tu debilidad | 269

PROPÓSITO # 5: Fuiste hecho para una misión

DÍA 36   Hecho para una misión | 279

DÍA 37   Comparte el mensaje de tu vida | 287

DÍA 38   Conviértete en un cristiano de clase mundial | 295

DÍA 39   Equilibra tu vida | 303

DÍA 40   Vive con propósito | 310

DÍA 41   La trampa de la envidia | 319

DÍA 42   La trampa de complacer a la gente | 328

APÉNDICE 1: *Preguntas para compartir* | 339

APÉNDICE 2: *Recursos* | 343

APÉNDICE 3: *¿Por qué usé varias versiones de la Biblia?* | 345

NOTAS | 347

Una jornada con propósito
Cómo aprovechar este libro al máximo

Esto, más que un libro, es la guía de una *jornada espiritual de 40 días* que te permitirá encontrar la respuesta a la pregunta más importante de la vida: ¿Para qué estoy aquí en la tierra? Al terminar esta jornada sabrás el propósito de Dios para tu vida y entenderás el cuadro completo: cómo encajan todas las piezas de tu vida. Con esta perspectiva, tu estrés disminuirá, tus decisiones serán menos complicadas, tendrás más satisfacciones y más importante aun, te preparará para la eternidad.

Tus próximos 40 días

El promedio actual de longevidad es de 25,550 días. Ese es el tiempo que vivirás si eres una persona típica. ¿No crees que sería un sabio uso del tiempo apartar cuarenta de esos días para entender lo que Dios desea que tú hagas con el resto?

Es evidente en la Biblia que Dios considera los cuarenta días como un período espiritual significativo. Siempre que Dios quiso preparar a alguien para llevar a cabo sus propósitos, usó cuarenta días:

- La vida de Noé fue transformada durante cuarenta días de lluvia.
- Moisés fue transformado luego de pasar cuarenta días en el Monte Sinaí.

- Los espías fueron transformados al pasar cuarenta días en la tierra prometida.

- David fue transformado por el desafío de Goliat durante cuarenta días.

- Elías fue transformado cuando Dios le dio fuerzas por cuarenta días con una sola comida.

- La ciudad completa de Nínive fue transformada cuando Dios les dio a los ciudadanos cuarenta días para arrepentirse.

- Jesús recibió poder después de permanecer cuarenta días en el desierto.

- Los discípulos fueron transformados al estar con Jesús cuarenta días después de su resurrección.

Los próximos cuarenta días transformarán *tu* vida.

Este libro se divide en cuarenta capítulos cortos (más dos capítulos adicionales). Te recomiendo encarecidamente que *leas uno solo por día* para que tengas tiempo de *meditar* en las implicaciones que depare para tu vida. La Biblia dice: «*Permitan que Dios los transforme en una nueva persona cambiándoles la manera de pensar. Así aprenderán lo que Dios quiere para ustedes*».[1]

Una razón por la que muchos libros no contribuyen a nuestra transformación es porque deseamos pasar al siguiente capítulo con tanta ansiedad que no hacemos un alto para considerar con seriedad lo que leímos. Nos apresuramos a leer la verdad que sigue sin reflexionar en lo que acabamos de aprender.

No *leas* esta obra a la ligera. *Interactúa con el texto*. Subráyalo. Apunta en el margen tus propias ideas. Hazlo *tu* libro. ¡Dale un carácter personal! Los libros que más me ayudaron son los que me impulsaron a actuar y no a conformarme solo con leerlos.

Cuatro características que te ayudarán

Al final de cada capítulo hay una sección llamada «Pensando en mi propósito». En la misma encontrarás:

- **Punto de reflexión.** Esta es una verdad que resume un principio de una vida con propósito en la que puedes meditar por el resto del día. Pablo le dijo a Timoteo: «*Reflexiona en lo que te digo, y el Señor te dará una mayor comprensión de todo esto*».[2]

- **Versículo para recordar.** Este es un versículo bíblico que destaca la verdad que enseña ese capítulo. Si deseas mejorar tu vida, para empezar, memorizar las Escrituras puede ser el hábito más crucial. Puedes copiar los versículos en tarjetitas para llevarlas contigo, o comprar el «Paquete de versículos y verdades de *Una vida con propósito* [disponible en inglés]».

- **Pregunta para considerar.** Estas preguntas te ayudarán a pensar en las repercusiones de lo que has leído y en cómo debes aplicarlo. Te animo a que escribas tus conclusiones al margen del libro o en un cuaderno. La mejor manera de expresar nuestras ideas es escribiéndolas.

En el Apéndice 1 encontrarás:

- **Preguntas para compartir.** Te insto seriamente a que leas esta obra con una o varias personas durante los próximos cuarenta días. Una jornada se hace mejor *acompañado*. Pueden plantearse ideas para discutirlas en grupo o con tus amigos. Esto te ayudará a crecer y a profundizar espiritualmente. El verdadero desarrollo espiritual *nunca* surge de una búsqueda aislada ni individual. La madurez se alcanza a través de las relaciones y la vida en comunidad.

La mejor manera de descifrar el propósito de Dios para tu vida es permitiendo que la Escritura hable por sí misma. Por eso la Biblia se menciona muchas veces en este libro, y se usan más de mil versículos de diversas versiones, como he explicado en el apéndice 3.

He orado por ti

Al escribir este libro, oré mucho para que experimentaras el maravilloso sentimiento de esperanza, fortaleza y gozo que viene de saber para qué te puso Dios en este planeta. Es incomparable. Me emociona anticipar las cosas extraordinarias que te acontecerán. Lo mismo ocurrió conmigo al descubrir el propósito de mi vida; desde entonces no he vuelto a ser el mismo.

Puesto que sé cuáles son los beneficios, deseo desafiarte a que prosigas esta jornada espiritual en los próximos cuarenta días, sin pasar por alto ni una lectura diaria. Es valioso para tu vida que dediques un tiempo para pensar en todo esto. Anótalo como una cita diaria en tu agenda. Si te comprometes a hacerlo, firmemos un pacto. Es más significativo cuando pones tu nombre en un compromiso. Si tienes otra persona que lea contigo, pídele que firme también. ¡Empecemos de una vez!

Una nueva edición para una nueva generación
Una explicación de Rick

> No les esconderemos esto a nuestros descendientes, sino que se lo trasmitiremos a la generación venidera.
>
> —SALMO 78:4 (PAR)

HACE POCO MARCOS, UN CHICO DE VEINTIDÓS 22 AÑOS, SE conectó conmigo a través de los medios sociales y me preguntó: «¿Cómo puedo saber cuál es mi propósito en la vida?». Mientras hablábamos, me enteré de que sus padres habían leído este libro, pero que él no lo había hecho debido a que tenía solo doce años cuando se publicó por primera vez.

Cada nueva generación debe redescubrir los propósitos de Dios por sí misma. Sin embargo, Dios también añade que la generación anterior es responsable de trasmitir lo que ha aprendido, y «así ellos pondrían su confianza en Dios» (Salmo 78:7, NVI).

Desde que *Una vida con propósito* se publicó por primera vez, nuestro mundo ha cambiado dramáticamente. Los propósitos eternos de Dios continúan inalterables, pero tenemos muchas nuevas herramientas y canales para ayudar a las personas a entender esos propósitos.

He añadido dos nuevas particularidades a esta edición ampliada:

- Un vídeo de introducción para cada uno de los cuarenta y dos capítulos (véanse los enlaces).
- Dos nuevos capítulos adicionales sobre las barreras más comunes para vivir con propósito.

Dedico esta nueva edición a todos ustedes que, como Marcos, son la nueva generación, pero que están haciéndose la pregunta que toda época se ha preguntado: ¿Para qué estoy aquí en la tierra? Me siento honrado al servirte.

> *«Porque el SEÑOR es bueno [...]*
> *su fidelidad permanece*
> *para siempre».*
>
> —SALMO 100:5 (NVI)

Mi pacto

Con la ayuda de Dios, me comprometo en los próximos cuarenta días de mi vida a descubrir el propósito que él tiene para mí.

_____

TU NOMBRE

_____

NOMBRE DE TU COMPAÑERO

Rick Warren
_____

RICK WARREN

Más valen dos que uno,
porque obtienen más fruto de su esfuerzo.
Si caen, el uno levanta al otro...
Uno solo puede ser vencido,
pero dos pueden resistir.
¡La cuerda de tres hilos no se rompe fácilmente!

ECLESIASTÉS 4:9,10,12 (NVI)

¿PARA QUÉ ESTOY AQUÍ EN LA TIERRA?

El que confía en sus riquezas se marchita,
pero el justo se renueva como el follaje.

PROVERBIOS 11:28 (NVI)

Pero bienaventurado el hombre que confía en el
Señor... Es como árbol plantado a orillas de un río,
cuyas raíces penetran hasta encontrar el agua;
árbol al que no agobia el calor ni angustian los largos
meses de sequía. Su follaje se mantiene verde
y produce en todo tiempo jugoso fruto.

JEREMÍAS 17:7-8 (BAD)

Todo comienza con Dios

Porque todo, absolutamente todo
en el cielo y en la tierra,
visible e invisible... todo comenzó en él
y para los propósitos de él.
COLOSENSES 1:16 (PAR)

zph.com/vida-pdl/c1

A menos que se dé por hecho
la existencia de Dios, la búsqueda
del propósito de vivir no tiene sentido.
BERTRAND RUSSELL, ATEO.

NO SE TRATA DE TI.

El propósito de tu vida excede en mucho a tus propios logros, a tu tranquilidad, o incluso a tu felicidad. Es mucho más grande que tu familia, tu carrera o aun tus sueños y anhelos más vehementes. Si deseas saber por qué te pusieron en este planeta, debes empezar con Dios. Naciste *por* su voluntad y *para* su propósito.

La búsqueda del propósito de vivir ha intrigado a la gente por miles de años. Eso ocurre porque solemos empezar por el punto de partida errado: nosotros mismos. Nos hacemos preguntas egoístas como: ¿Qué *quiero* ser?, ¿Qué *debo* hacer con mi vida?, ¿Cuáles son *mis* metas, *mis* anhelos, *mis* sueños para el futuro? Enfocarnos en nosotros mismos nunca podrá revelarnos el propósito de nuestra vida. La Biblia dice: «*En su mano está la vida de todo ser viviente*».[1]

Contrario a lo que te dictan muchos libros conocidos, películas y seminarios, no encontrarás el sentido de tu vida buscando en tu interior. Es muy probable que ya lo hayas intentado. No te creaste a ti mismo, por lo tanto, no hay manera de que puedas decirte para qué fuiste creado. Si yo te entregara un invento que nunca has visto, no sabrías para qué sirve ni tampoco el ingenio te lo podría decir. Solo el inventor, o el manual de instrucciones, podría revelarte el propósito de dicho invento.

> *Enfocarnos en nosotros mismos nunca podrá revelarnos el propósito de nuestra vida.*

En una ocasión me perdí en las montañas. Me detuve a preguntar cómo llegar al campamento y la respuesta fue: «*No puedes llegar hasta allí desde este lugar. ¡Tienes que empezar por el otro lado de la montaña!*». De igual manera, no puedes llegar a la conclusión de tu existir centrándote en ti mismo. Dios es tu punto de partida, tu Creador. Existes tan solo porque él desea que existas. Fuiste creado *por* Dios y *para* Dios, y hasta que lo entiendas, tu vida no tendrá ningún sentido. Solo en él encontramos nuestro origen, nuestra identidad, nuestro sentido, nuestro propósito, nuestro significado y nuestro destino. Cualquier otra ruta termina en un callejón sin salida.

Muchos tratan de usar a Dios para su propio beneficio, pero eso es antinatural y está condenado al fracaso. Fuiste creado para Dios, no al contrario; la vida consiste en permitir que él te use para sus propósitos y no en que tú lo uses a él para los tuyos. La Biblia dice: «*La obsesión con sí mismo en estos asuntos es un callejón sin salida; la atención a Dios nos guía a una vida libre y espaciosa*».[2]

He leído muchas obras que me ofrecen diferentes maneras de descubrir el propósito de mi vida. La mayoría se pueden clasificar como libros de «autoayuda», porque abordan el tema desde una perspectiva egoísta. Los libros de autoayuda, incluidos los cristianos, ofrecen por lo general los mismos pasos a seguir para que logres encontrar el propósito de la vida: Piensa en tus sueños. Define tus valores. Trázate metas. Averigua cuál es tu fuerte. Apunta a la cima. ¡Alcánzala! Sé disciplinado. Cree en ti mismo para lograr tus metas. Involucra a otros. Nunca te des por vencido.

Muchas veces estas recomendaciones llevan al éxito. Por lo general puedes lograr alcanzar una meta si pones todo tu empeño.

¡Pero tener éxito y cumplir el propósito de tu vida *son* dos temas muy *distintos*! Podrías alcanzar todas tus metas y ser un triunfador de acuerdo con los estándares del mundo, y *aun así* no saber la razón para la cual Dios te creó. Por eso necesitas más que un asesoramiento de autoayuda. La Biblia dice: «*La autoayuda no es eficaz en todo. El sacrificio es el camino, mi camino, para encontrarte a ti mismo, a tu verdadero yo*».[3]

Este no es un libro de autoayuda. Tampoco es una guía para buscar la carrera adecuada, ni para hacer tus sueños realidad o planificar tu vida. No se trata tampoco de cómo añadir a la fuerza más actividades a una agenda ya sobrecargada. En realidad, te enseñará cómo puedes hacer menos en la vida, concentrándote en lo más importante. Trata sobre el tema de llegar a ser aquello para lo que Dios te creó.

¿Cómo descubres, entonces, el propósito para el que fuiste creado? Tienes solo dos opciones. La primera es *especular*. La mayoría prefiere esa. Hacen conjeturas, adivinan, teorizan. Cuando la gente dice: «Yo siempre he pensado que la vida es…», en realidad quiere decir: «Esta es la mejor suposición que se me ocurre».

Durante miles de años, grandes filósofos han especulado y discutido acerca del sentido de la vida. La filosofía es un tema importante y tiene su utilidad, pero cuando hay que definir el sentido de la vida, aun los filósofos más sabios *especulan.*

El Dr. Hugh Moorhead, profesor de filosofía de la Universidad Northeastern de Illinois, en una ocasión les escribió a doscientos cincuenta de los más reconocidos filósofos, científicos, escritores e intelectuales del mundo, preguntándoles: «¿Cuál es el sentido de la vida?», para después publicar las respuestas en un libro. Algunos dieron las mejores respuestas que pudieron, otros admitieron que acababan de plantearse la razón de vivir, y otros fueron más sinceros al responder que no tenían ni la menor idea. ¡En efecto, varios le pidieron al profesor Moorhead que les escribiera de vuelta y les dijera si había encontrado la razón de vivir![4]

> *Fuiste creado por Dios y para Dios, y hasta que lo entiendas, tu vida no tendrá ningún sentido.*

Afortunadamente hay una alternativa a la especulación acerca del significado y el propósito de vivir, y es la *revelación*. Podemos considerar lo que Dios reveló en su Palabra con respecto a la vida. La manera más fácil de entender el propósito de un invento es preguntarle al inventor. Lo mismo ocurre cuando quieres saber la razón de tu vida: pregúntale a Dios.

Dios no nos dejó en medio de la oscuridad para andar a ciegas. Él reveló claramente en su Palabra sus cinco propósitos para nuestras vidas. La Biblia es nuestro manual de instrucciones, el cual explica por qué estamos vivos, en qué consiste la vida, qué evitar y qué esperar del futuro. Enseña lo que ningún libro filosófico o de autoayuda puede enseñar. Afirma que: *«La sabiduría de Dios... proviene de lo profundo de su propósito... No es un mensaje novedoso, es lo que Dios determinó para nuestra gloria desde la eternidad».*[5]

DÍA 1:
Todo comienza con Dios

Dios no es tan solo el punto de partida en tu vida, sino la *fuente* de ella. Debes ir a la Palabra de Dios, no a la sabiduría del mundo, para descubrir el propósito de tu vida. Necesitas fundamentar tu existencia en las verdades eternas y no en la psicología de moda, la motivación del éxito o los testimonios emotivos. La Biblia afirma: *«Es en Cristo que sabemos quiénes somos y para qué vivimos. Mucho antes que oyéramos de Cristo, él nos vio y nos diseñó para una vida gloriosa, parte de su propósito general en el que trabaja en todo y para todos».*[6]

Este versículo muestra tres revelaciones para tus propósitos:

1. Encuentras tu propósito e identidad al tener una relación con Jesucristo. Si aún no tienes esta última, más adelante te explicaré cómo iniciarla.

2. Dios pensó en ti mucho antes que tú en él. Lo que designó para ti precede al momento en que fuiste concebido. Lo planificó desde antes de que existieras, *¡y sin tu participación!* Puedes elegir tu carrera, tu cónyuge, tus pasatiempos y muchos otros componentes de tu vida, pero no te toca escoger tu propio designio.

3. El propósito de tu vida es parte de un designio cósmico mucho más vasto, uno que Dios planeó para la eternidad. De eso trata este libro.

Un novelista ruso, Andrei Bitov, creció bajo un régimen ateo comunista. No obstante, Dios captó su atención un día lúgubre. Él cuenta: «A mis veintisiete años, mientras viajaba en el metro, en Leningrado (ahora San Petersburgo), me embargó una angustia tan grande que parecía que la vida se me detenía de súbito, el futuro se tornaba incierto y todo perdía significado. Repentinamente, como de la nada, apareció una frase que rezaba: *La vida sin Dios carece de sentido.* Para asombro mío empecé a repetirla y me dejé llevar por esa frase, como si fuera trasladado a través de una escalera. Al salir del metro me encontré con la luz de Dios».[7]

Quizás has sentido confusión en cuanto a *tu* propósito en la vida. Felicidades, estás a punto de entrar en la luz.

DÍA 1
Pensando en mi propósito

PUNTO DE REFLEXIÓN: No se trata de mí.

VERSÍCULO PARA RECORDAR: *«Todo comenzó en él y para los propósitos de él».* Colosenses 1:16b (PAR).

PREGUNTA PARA CONSIDERAR: A pesar de toda la publicidad que me rodea, ¿qué puedo hacer para recordar que la vida consiste en vivirla para Dios y no para mí mismo?

No eres un accidente

Yo soy tu Creador.
Te cuidé aun antes de que nacieras.
ISAÍAS 44:2 (PAR)

Dios no juega a los dados.
ALBERT EINSTEIN

zph.com/vida-pdl/c2

No eres un accidente.

Tu nacimiento no fue un error o infortunio, tu vida no es una casualidad de la naturaleza. Tus padres no te planificaron; Dios lo hizo. A él no lo sorprendió tu nacimiento. Es más, lo estaba esperando.

Mucho antes de que fueras concebido por tus papás, Dios ya te había concebido en su mente. Él pensó en ti primero. No es a causa del destino, ni de la casualidad, ni de la suerte, ni tampoco es una coincidencia que en este mismo instante estés respirando. ¡Tienes vida porque Dios quiso crearte! La Biblia dice: «*El Señor cumplirá en mí su propósito*».[1]

Dios diseñó cada característica de tu cuerpo. Eligió tu raza a propósito, el color de tu piel, tu cabello y cualquier otro detalle. Hizo tu cuerpo a la medida, tal y como él lo quería. También dispuso todos los talentos naturales que posees y la singularidad de tu personalidad. La Biblia dice: «*Me conoces por dentro y por fuera. Conoces cada hueso de mi cuerpo; sabes cómo fui hecho, parte por parte, cómo fui esculpido*».[2]

Puesto que Dios te hizo con un propósito, también decidió *cuándo* habrías de nacer y *cuánto* has de vivir. Él pensó de antemano en los días de tu vida, escogió tu momento exacto de nacer y de morir. La Biblia afirma: «*Tú viste cuando mi cuerpo fue cobrando forma en las profundidades de la tierra; ¡aún no había vivido un solo día, cuando tú ya habías decidido cuánto tiempo viviría! ¡Lo habías anotado en tu libro!*».[3]

Dios planificó también tu *lugar* de nacimiento y dónde vivirías para su propósito. Tu raza y nacionalidad no son un accidente. Dios no dejó nada al azar. Todo lo planificó para su propósito. La Biblia dice: «*De un solo hombre hizo él todas las naciones, para que vivan en toda la tierra; y les ha enseñado el tiempo y el lugar en que deben vivir*».[4] Nada en tu vida es arbitrario. Todo tiene un propósito.

Aun más impresionante es el hecho de que Dios decidió *cómo* nacerías. Dios planeó crearte a pesar de las circunstancias de tu nacimiento y quiénes serían tus padres. Daba igual si tus padres eran buenos, malos o indiferentes. Él sabía que esas dos personas poseían la hechura genética *exacta* y necesaria para a hacerte a «ti» a la medida, tal y como él pensaba. Ellos tenían el ADN que Dios quería para crearte.

Aunque haya padres ilegítimos, no hay hijos ilegítimos. Muchos hijos no son planeados por sus padres, sino por Dios. El propósito divino tuvo en cuenta el fallo humano, inclusive el pecado.

Dios nunca hace nada por casualidad, ni tampoco comete errores. Él tiene un propósito para cada cosa que crea. Todo, aun los animales y las plantas, fue pensado por Dios; incluso cada persona fue creada con un propósito en mente.

El motivo de Dios para crearte fue su amor. La Biblia destaca: «*Mucho antes de la fundación del mundo, él estaba pensando en nosotros, y se había predispuesto para que fuésemos el enfoque de su amor*».[5]

Dios pensó en ti antes de crear el mundo. En efecto, ¡por eso mismo lo hizo! Dios creó el medio ambiente de este planeta para que pudiéramos vivir en él. Somos el centro de su amor

Mucho antes de que fueras concebido por tus papás, Dios ya te había concebido en su mente.

y lo más valioso de todo lo creado. La Biblia dice: «*Por su propia voluntad nos hizo nacer mediante la palabra de verdad, para que fuéramos como los primeros y mejores frutos de su creación*».[6] ¡Así es como Dios te ama y te aprecia!

Dios no hace las cosas al azar; todo lo pensó con gran precisión. Mientras más sepan del universo los físicos, los biólogos y los demás científicos, mejor entenderemos que todo fue creado específicamente para nuestra existencia, con los requisitos *exactos* para que sea posible la vida humana.

El doctor Michael Denton, investigador principal de genética molecular humana en la Universidad de Otago, en Nueva Zelandia, concluyó lo siguiente: «Toda la evidencia disponible en las ciencias biológicas apoya una propuesta principal... que el cosmos es un todo especialmente diseñado con formas de vida y que el ser humano es su razón y meta fundamental, un todo en el cual todas las facetas de la realidad tienen su sentido y explicación en este hecho central».[7] La Biblia apuntó lo mismo hace miles de años: «*Dios, que formó la tierra... no la creó para dejarla vacía, sino que la formó para ser habitada*».[8]

¿Por qué hizo Dios todo esto? ¿Por qué se tomó la molestia de crearnos un universo? Porque es un Dios de amor. Esta clase de amor es difícil de captar, pero es intrínsecamente confiable. ¡Fuiste creado como un objeto muy especial del amor de Dios! Él te hizo para poder amarte. Y puedes basar tu vida en esta verdad.

La Biblia nos dice: «*Dios es amor*».[9] No dice que Dios *tiene* amor, ¡él *es* amor! El amor es la esencia del carácter divino. Hay un amor perfecto en la comunión de la Trinidad, así que Dios no necesitaba crearte. No se sentía solo. Pero quiso crearte para así expresar su amor. Dios dice: «*A quienes he cargado desde el vientre, y he llevado desde la cuna. Aun en la vejez, cuando ya peinen canas, yo seré el mismo, yo los sostendré. Yo los hice, y cuidaré de ustedes*».[10]

DÍA 2:
No eres un accidente

Si no hubiera Dios, todos seríamos unos «accidentes», el resultado fortuito de una lotería astronómica en el universo. Dejarías de leer este libro porque la vida carecería de sentido, propósito o significado. No habría bien ni mal, ni esperanza más allá de tus pocos años en la tierra.

Sin embargo, *hay* un Dios que te creó por un motivo, ¡y tu vida tiene una profunda razón de ser! Encontramos el sentido y el propósito solo cuando tomamos a Dios como punto de partida en nuestras vidas. Una paráfrasis del versículo de Romanos 12:3 dice: «*La única forma de entendernos a nosotros mismos con exactitud es por lo que Dios es y hace por nosotros*».

Este poema de Russell Kelfer lo resume todo:

Eres quien eres por una razón,
Eres parte de un plan minucioso,
Eres criatura singular, diseño hermoso,
Llamado por Dios hombre o mujer.

Vas tras la búsqueda de una razón,
Errores no comete Dios,
Te entretejió en el vientre, no eres ilusión.
Eres justo lo que él quería hacer.

A quienes tienes por padres él eligió,
Pese a cómo te sientas por ello,
De acuerdo con su plan los escogió,
Del Maestro llevan su sello.
No fue fácil encarar esa emoción,
Dios lloró al verte sufrir,
Lo permitió para formar tu corazón,
Para que a su semejanza puedas vivir.

Eres quien eres por una razón,
La vara del Maestro te formó,
Eres quien eres, por amor.
La verdad, ¡hay un Dios![11]

DÍA 2

Pensando en mi propósito

PUNTO DE REFLEXIÓN: No soy un accidente.

VERSÍCULO PARA RECORDAR: *«Yo soy tu Creador. Te cuidé aun antes de que nacieras»*. Isaías 44:2 (PAR).

PREGUNTA PARA CONSIDERAR: Consciente de que Dios me ha creado de una manera singular, ¿con qué partes de mi personalidad, antecedentes y aspecto físico estoy luchando a fin de aceptarlas?

¿Qué guía tu vida?

Vi además que tanto el afán como el éxito
en la vida despiertan envidias.
ECLESIASTÉS 4:4 (NVI)

El hombre sin propósito
es como un barco
sin timón, un soplo, nada, nadie.
THOMAS CARLYLE

zph.com/vida-pdl/c3

TODOS TENEMOS ALGO QUE GUÍA NUESTRAS VIDAS.

Los diccionarios definen el verbo *guiar* como «mover, conducir o empujar». Ya sea que conduzcas un automóvil, claves algo o golpees una pelota de golf, eres tú quien guía, empuja o mueve ese objeto en ese instante. ¿Qué es lo que guía tu vida?

Quizás lo que te guía en estos momentos sea un problema, un plazo o una exigencia. Puede que seas guiado por un mal recuerdo, un temor constante o una costumbre involuntaria. Hay cientos de circunstancias, razones y sentimientos que guían tu vida. A continuación te presento los cinco más comunes:

A muchos los guía la culpa. Se pasan toda la vida huyendo de sus errores y ocultando su vergüenza. Quienes cargan culpas son controlados por sus recuerdos. Permiten que su futuro sea controlado por su pasado. Sin darse cuenta, se castigan a sí mismos, saboteando sus propios logros. Cuando Caín pecó, su culpa lo separó de la presencia de Dios, y el Señor le dijo: *«En el mundo serás un fugitivo errante»*.[1] Eso describe hoy a la mayoría de la gente, que va por la vida sin propósito alguno.

Somos el resultado de nuestro pasado, pero no tenemos que ser prisioneros del mismo. El propósito de Dios no está sujeto a tu pasado. Él, que convirtió a un asesino llamado Moisés en un líder y a un cobarde llamado Gedeón en un héroe valiente, también puede hacer cosas increíbles con lo que te queda de vida. Dios es experto en proporcionarle un nuevo comienzo a la gente. La Biblia dice: *«Feliz el hombre a quien sus culpas y pecados le han sido perdonados por completo».*[2]

A muchos los guía la ira y el resentimiento. Se aferran a heridas que nunca logran superar. En vez de deshacerse del dolor por medio del perdón, lo mantienen una y otra vez en sus mentes. Los que viven motivados por el resentimiento se *«enclaustran»* e interiorizan su ira; otros *«estallan»* y explotan ante los demás. Ambas reacciones son dañinas e inútiles.

El resentimiento siempre te daña más a ti que a la persona con la que estás resentido. Mientras la persona que te ofendió quizás olvide la ofensa y siga su vida, tú continúas hirviendo de dolor, perpetuando el pasado.

Escucha bien: Los que te hicieron daño en el pasado no pueden seguir haciéndotelo a *menos* que te aferres al dolor por medio del resentimiento. ¡Lo pasado, pasado está! Nada lo podrá cambiar. Te estás haciendo daño a ti mismo con tu amargura. Por tu propio bien, aprende de todo eso y libérate. La Biblia dice: *«Entregarse a la amargura o a la pasión es una necedad que lleva a la muerte».*[3]

A muchos los guía el temor. Sus temores pueden ser el resultado de una experiencia traumática, de falsas expectativas, de haber sido criados en un hogar de disciplina rígida o incluso de una predisposición genética. Cualquiera que fuere la causa, las personas condicionadas por el temor pierden oportunidades porque temen aventurarse a emprender cosas. Van a lo seguro, evitando riesgos y tratando de mantener el statu quo.

El temor es un tipo de cárcel que tú mismo te impones, impidiéndote llegar a ser lo que Dios desea que seas. Debes reaccionar contra eso con las armas de la fe y el amor. La Biblia dice: *«La persona que ama no tiene miedo. Donde hay amor no hay temor. Al contrario, el verdadero amor quita el miedo. Si alguien tiene miedo de que Dios lo castigue, es porque no ha aprendido a amar».*[4]

A muchos los guía el materialismo. El deseo de adquirir se convierte en la meta principal de sus vidas. Este deseo de querer siempre más se basa en la idea equivocada de que cuanto más tengas serás más feliz, más importante y vivirás más seguro, pero los tres conceptos son erróneos. Las posesiones solo proveen felicidad *temporal*. Como las cosas no cambian, tarde o temprano nos aburrimos de ellas, entonces queremos otras nuevas, más grandes y más modernas.

No deja de ser un mito eso de que «mientras más tenga, más importante soy». Cuánto valemos como personas y cuánto valemos por lo que tenemos no es lo mismo. No se puede determinar cuánto vales por las cosas que posees, ¡y Dios dice que las *cosas* más valiosas en la vida no son los *bienes* que posees!

El mito más común respecto al dinero es que cuanto más tengas, más seguro estarás. No es así. Se pueden perder las riquezas por muchas razones que están fuera de tu control. La verdadera seguridad se fundamenta solo en algo que no te pueden quitar: tu relación con Dios.

> *Nada es más importante que conocer los propósitos de Dios para tu vida, y nada puede compensarte por no conocerlos.*

A muchos los guía la necesidad de ser aceptados. Permiten que las expectativas de sus padres, cónyuges, profesores o amistades controlen sus vidas. Muchos adultos siguen tratando de ganarse la aceptación de sus padres, a quienes es imposible agradar. A otros los guía la presión de los amigos, preocupándose siempre por el «qué dirán». Tristemente, aquellos que siguen al mundo, por lo general se pierden en él.

Desconozco todas las claves para el éxito, pero tratar de agradar a todo el mundo es una de las claves para el fracaso. Ser influenciado por la opinión de los demás te garantiza perder los propósitos de Dios para tu vida. Jesús dijo: *«Nadie puede servir a dos señores».*[5]

Hay otras influencias que pueden guiar tu vida, pero todas terminan en un callejón sin salida. Por ejemplo: potencial sin poder usarlo, estrés innecesario y una vida vacía.

Esta jornada de cuarenta días te enseñará a llevar una vida con propósito: una vida guiada, controlada y dirigida por los propósitos de Dios. Nada es más importante que conocer los propósitos de Dios para tu vida, y nada puede compensarte por no conocerlos; ni siquiera el éxito, la riqueza, la fama o los placeres. Sin un propósito, la vida es una marcha sin sentido, un movimiento sin dirección y sucesos sin motivos. La vida sin propósito es trivial, insignificante e inútil.

Beneficios de una vida con propósito

Hay cinco grandes beneficios de vivir una vida con propósito:

Conocer tu propósito le da sentido a tu vida. Fuimos creados para tener significado. Por esa razón los métodos que utiliza la gente para encontrarlo, como la astrología o los síquicos, son absurdos. Cuando la vida tiene sentido, puedes soportar cualquier cosa. Cuando no lo tiene, resulta insoportable.

Un joven de veinte y tantos años escribió: «Siento que soy un fracaso porque intento llegar a ser algo, pero no sé qué es. Solo he aprendido a vivir resolviendo con lo necesario. Algún día, si descubro mi propósito, me sentiré como si comenzara a vivir».

Sin Dios, la vida no tiene propósito, y sin propósito, la vida no tiene sentido. La vida sin sentido no tiene significado ni esperanza.

DÍA 3:
¿Qué guía tu vida?

Muchos que no tenían esperanza lo expresaron así en la Biblia. Isaías se quejó diciendo: *«En vano he trabajado; he gastado mis fuerzas sin provecho alguno».*[6] Job dijo: *«Mis días se acercan a su fin, sin esperanza, con la rapidez de una lanzadera de telar»*[7]; y también: *«Tengo en poco mi vida; no quiero vivir para siempre. ¡Déjenme en paz, que mi vida no tiene sentido!».*[8] La tragedia más terrible no es morir, sino vivir sin propósito.

La esperanza es tan esencial para tu vida como el aire y el agua. Necesitas tener esperanza para poder salir adelante. El Dr. Bernie Siegel descubrió que podía diagnosticar cuál de sus pacientes con cáncer podía sentir cierto alivio en el rigor de su enfermedad al preguntarle: «¿Quisieras vivir y llegar a los cien años?». Los que tenían un propósito claro y definido respondían afirmativamente y eran los que contaban con más probabilidades de sobrevivir. Tener esperanza es el resultado de tener un propósito.

Si te has sentido desmoralizado, ¡hay esperanza! Experimentarás cambios positivos en tu vida al empezar a vivirla con propósito. Dios dice: «*Porque yo sé muy bien los planes que tengo para ustedes [...] planes de bienestar y no de calamidad, a fin de darles un futuro y una esperanza*».[9] Quizás sientas que estás encarando una situación imposible, mas la Biblia dice: «*[Dios] puede hacer muchísimo más que todo lo que podamos imaginarnos o pedir, por el poder que obra eficazmente en nosotros*».[10]

Conocer tu propósito simplifica tu vida. Esto define lo que haces o lo que dejas de hacer. Tu propósito se convierte en el patrón que usarás para evaluar qué cosas son esenciales y cuáles no. Formúlate la pregunta: Esta actividad que voy a realizar, ¿me ayudará a cumplir los propósitos de Dios para mi vida?

Sin un propósito definido no tienes fundamento alguno en qué basar tus decisiones, distribuir tu tiempo y usar tus recursos. Entonces tomarás decisiones basadas en las circunstancias, las presiones y el estado anímico del momento. Los que no entienden su propósito suelen esforzarse demasiado; y *eso* causa estrés, cansancio y conflicto.

Es imposible que logres hacer todo lo que los demás quieren que hagas. Solo tienes tiempo para hacer la voluntad de Dios. Si no logras terminarlo todo, significa que estás haciendo más de lo que Dios quiere que hagas (o quizás estás viendo demasiada televisión). Vivir con propósito nos lleva a un estilo de vida más sencillo y a un plan de actividades más saludable. La Biblia afirma: «*Hay quien pretende ser rico, y no tiene nada; hay quien parece ser pobre, y todo lo tiene*».[11] Te lleva también a tener tranquilidad: «*Al de propósito firme guardarás en perfecta paz, porque en ti confía*».[12]

Conocer tu propósito enfoca tu vida. Esto hace que dirijas todo tu esfuerzo y energía a lo que es importante. Te conviertes en una persona efectiva al ser selectivo.

Es natural que las cosas sin importancia nos distraigan. Jugamos a «la ruleta rusa» con nuestras vidas. Henry David Thoreau observó que la gente vive una vida de «*desesperación silenciosa*», pero hoy una descripción más exacta sería *de distracción sin propósito*. Muchas personas se asemejan a los giroscopios que giran con rapidez sin dirigirse a ningún lugar.

Sin un propósito claro, seguirás cambiando de dirección, de trabajo, de relaciones, de iglesia y muchas cosas más, esperando que cada cambio pueda resolver la confusión o llenar el vacío de tu corazón. Piensas: «Esta vez quizás sea diferente», pero eso no resuelve tu verdadero problema, es decir, la carencia de enfoque o propósito. La Biblia dice: «*No sean insensatos, sino entiendan cuál es la voluntad del Señor*».[13]

El poder de enfoque puede apreciarse con la luz. Un haz difuso tiene poco poder o impacto, pero puedes enfocarlo mejor concentrando su energía. Los rayos del sol, con la ayuda de una lupa, pueden ser dirigidos para quemar papel u hojarasca. Cuando la luz es enfocada aún más, como en los rayos láser, puede atravesar el acero.

No hay nada tan impactante como una vida centrada, vivida con propósito. Los hombres y mujeres que han causado mayor impacto en la historia han sido personas con un enfoque bien definido. Por ejemplo, el apóstol Pablo propagó el cristianismo casi solo por todo el Imperio Romano. Una vida enfocada era su secreto. Él dijo: «*Una cosa hago: olvidando lo que queda atrás, y esforzándome por alcanzar lo que está delante*».[14]

Si deseas que tu vida impacte, ¡enfócala! Ya deja de titubear. No trates de hacerlo todo. Haz menos. Tienes que deshacerte aun de las buenas actividades y concentrarte en hacer lo más importante. Nunca confundas *actividad* con *productividad*. Puedes estar ocupado sin propósito alguno, y, ¿de qué sirve? Pablo dijo: «*Aquellos que queremos todo lo que Dios tiene, mantengámonos enfocados en la meta*».[15]

Conocer tu propósito estimula tu vida. El propósito siempre produce entusiasmo. No hay nada que dé tanto ímpetu como tener un propósito claro. Por otro lado, el entusiasmo se disipa por falta de propósito. El simple hecho de levantarse de la cama se convierte en una tarea ardua. Por lo general, es el trabajo sin propósito, no el excesivo, el que nos acaba, nos deja sin fuerzas y nos roba el gozo.

George Bernard Shaw escribió: «Esta es la verdadera felicidad de la vida: ser usado para un propósito y poder reconocer su supremacía; ser una fuerza de la naturaleza en lugar de algo inconstante, un saco de males y lamentos, siempre quejándose de que el mundo no se ha dado a la tarea de hacerlo a uno feliz».

Conocer tu propósito te prepara para la eternidad. Muchos se dan a la tarea de emplear toda su vida en crear en la tierra un legado duradero. Quieren que se les recuerde después de muertos. Pero al final, lo más importante no es lo que otros dicen de tu vida, sino lo que *Dios* diga. Muchos no se dan cuenta de que todos los logros personales son superados tarde o temprano; las marcas se rompen, la reputación se desvanece y los homenajes se olvidan. La meta de James Dobson en la universidad era llegar a ser campeón de tenis. Se sintió orgulloso cuando pusieron su trofeo en un lugar prominente de la vitrina de exhibición. Años después alguien se lo envió. Lo habían encontrado en un depósito de basura cuando estaban renovando el edificio universitario. James exclamó: «*Cuando pase el tiempo, ¡alguien tirará a la basura todos tus trofeos!*».

Vivir para dejar un legado terrenal es una meta que revela muy poca visión. El uso más sabio de tu tiempo es que edifiques un legado *eterno*. No fuiste puesto en la tierra para ser recordado, sino a fin de prepararte para la eternidad.

Llegará el día en que estarás ante Dios; él hará un inventario de tu vida, un examen final antes de que entres en la eternidad. La Biblia declara: «*¡Todos tendremos que comparecer ante el tribunal de Dios!... Así que cada uno de nosotros tendrá que dar cuentas de sí a Dios*».[16] Afortunadamente, Dios desea que todos pasemos este examen; por eso nos ha dado las preguntas con anterioridad.

Al leer la Biblia podemos imaginar que Dios nos planteará dos preguntas decisivas:

Primero: *¿Qué hiciste con mi Hijo Jesucristo?* Dios no cuestionará tu trasfondo religioso ni tu inclinación doctrinal. Lo único que tendrá relevancia será si aceptaste lo que Cristo hizo por ti y si aprendiste a amarlo y a confiar en él. Jesús dijo: «*Yo soy el camino, la verdad y la vida... Nadie llega al Padre sino por mí*».[17]

Segundo: *¿Qué hiciste con lo que te entregué?* ¿Qué hiciste con tu vida, dones, talentos, oportunidades, dinamismo, relaciones y recursos que Dios te dio? ¿Lo gastaste todo en ti mismo o lo usaste a fin de cumplir los propósitos para los que Dios te creó?

El objetivo de este libro es prepararte para estas dos preguntas. La primera determinará *dónde* pasarás la eternidad. La segunda determinará *qué harás* en ella.

Al concluir este libro, estarás listo para responder ambas preguntas.

DÍA 3

Pensando en mi propósito

PUNTO DE REFLEXIÓN: Vivir con un propósito es el camino a la paz.

VERSÍCULO PARA RECORDAR: «*Al de propósito firme guardarás en perfecta paz, porque en ti confía*». Isaías 26:3 (LBLA).

PREGUNTA PARA CONSIDERAR: ¿Cuál, podrían decir mi familia y amigos, es la fuerza que mueve mi vida? ¿Cuál quiero yo que sea?

Creados para vivir por siempre

*Dios... ha plantado eternidad
en el corazón de los hombres.*

ECLESIASTÉS 3:11 (BAD)

zph.com/vida-pdl/c4

*¡Seguramente Dios no hubiera creado
un ser como el hombre para que
solo existiera por un día!
No, no, el hombre fue creado
para la inmortalidad.*

ABRAHAM LINCOLN

ESTA VIDA NO LO ES TODO.

La vida aquí en la tierra es solo el ensayo antes de la verdadera actuación. Estarás mucho más tiempo al otro lado de la muerte, *en la eternidad*, que aquí. La tierra es el escenario, la escuela primaria, el ensayo para tu vida en la eternidad. Los ejercicios, el entrenamiento antes del partido, el trote de calentamiento antes de que la carrera empiece. Esta vida es el preámbulo de la venidera.

En la tierra, como máximo, vivirás cien años; pero en la eternidad vivirás para siempre. Tu vida en la tierra es como dijera Sir Thomas Browne: «Solo un pequeño paréntesis en la eternidad». Fuiste creado para vivir por siempre.

La Biblia afirma: «*Dios... ha plantado eternidad en el corazón de los hombres*».[1] Tienes un instinto innato que anhela la inmortalidad. La razón de esto es que Dios te hizo a su imagen para vivir eternamente. Aunque sabemos que todos hemos de morir, la muerte siempre parece injusta e ilógica. ¡Pensamos que deberíamos vivir para siempre por la sencilla razón de que Dios ha implantado ese deseo en nuestros cerebros!

Tu corazón dejará de palpitar en algún momento. Eso determinará el fin de tu cuerpo y tus días en la tierra, pero no será el fin de tu ser. Tu cuerpo terrenal es una simple residencia temporal para tu espíritu. La Biblia llama al cuerpo terrenal una «tienda de campaña», y a tu futuro cuerpo una «casa». Las Escrituras dicen: *«Si esta tienda de campaña en que vivimos se deshace, tenemos de Dios un edificio, una casa eterna en el cielo, no construida por manos humanas».*[2]

La vida terrenal nos brinda muchas opciones, pero la eternidad solo nos da dos: el cielo o el infierno. Tu relación con Dios en la tierra determinará el tipo de relación que tendrás con él en la eternidad. Si aprendes a amar y a confiar en Jesucristo, el Hijo de Dios, tendrás la invitación para estar toda la eternidad con él. Por otro lado, si rechazas su amor, perdón y salvación, pasarás la eternidad apartado de Dios para siempre.

C.S. Lewis dijo: «Hay dos tipos de personas: los que le dicen a Dios: *"Sea hecha tu voluntad"*, y aquellos a quienes Dios les dice: *"Muy bien, entonces, hágase tu voluntad"»*. Tristemente, muchas personas tendrán que pasar la eternidad sin Dios porque eligieron vivir sin él en la tierra.

Esta vida es el preámbulo de la venidera.

Una vez que comprendes que la vida es más que vivir aquí y ahora, que es una preparación para la eternidad, entonces comienzas a vivir de una manera diferente. Cuando *vives a la luz de la eternidad*, tus valores cambian, y eso te da la pauta de cómo manejar toda relación, tarea y circunstancia. De repente muchas de las actividades, metas e incluso problemas que parecían muy importantes se tornarán triviales, pequeños e insignificantes, como para que les prestes atención. Cuanto más te acercas a Dios, más pequeñas se ven las cosas.

Tus valores cambian cuando vives a la luz de la eternidad. Haces uso de tu dinero y tu tiempo de una forma más sabia. Le das un valor mucho más alto a las relaciones y el carácter, que a la fama, la fortuna o los logros. Reordenas tus prioridades. Estar al día con la moda, los estilos y el que dirán ya no tiene importancia. Pablo dijo: *«Todo aquello que para mí era ganancia, ahora lo considero pérdida por causa de Cristo»*.[3]

Si toda tu vida consistiese solo del tiempo que estarás sobre la tierra, te sugeriría que comenzaras a vivirla de inmediato. Podrías olvidarte de ser bueno y hacer lo correcto, y quizás no tendrías que preocuparte por las consecuencias de tus actos. Podrías darte el gusto de dedicarte completamente a ti mismo, porque a la larga tus actos no tendrían repercusión alguna. Ahora bien, *y este es el meollo del asunto*, ¡la muerte no es tu fin! La muerte no es tu conclusión, más bien es tu transición a la *eternidad*, de manera que hay consecuencias eternas para todo lo que hagas en la tierra. Todo acto en nuestras vidas toca alguna cuerda que vibrará en la eternidad.

> *Cuando vives a la luz de la eternidad, tus valores cambian.*

El aspecto más dañino de la vida contemporánea es la mentalidad a corto plazo. Para aprovechar tu vida al máximo debes mantener en mente la visión de la eternidad y el valor de la misma en tu corazón. ¡La vida es mucho más que vivir solo el momento! El hoy es la parte visible del témpano, la eternidad es el resto que no puedes ver porque está debajo de la superficie.

¿Cómo será la eternidad con Dios? En realidad, nuestra capacidad mental no puede imaginar toda la maravilla y la grandeza celestial. Sería como tratar de explicarle acerca de la Internet a una hormiga. Es inútil. Aún no se han inventado las palabras que puedan transmitir la experiencia de la eternidad. La Biblia dice: *«Ningún ojo ha visto, ningún oído ha escuchado, ninguna mente humana ha concebido lo que Dios ha preparado para quienes lo aman»*.[4]

Ahora bien, Dios nos ha dado algunos destellos de la eternidad en su Palabra. Sabemos que en este instante prepara un hogar eterno para nosotros. Nos volveremos a encontrar en el cielo con los seres queridos que eran creyentes, seremos libres de todo dolor y sufrimiento, recompensados por nuestra fidelidad en la tierra y reasignados para trabajar en algo que nos agrade. ¡No *estaremos* acostados flotando en las nubes tocando el arpa! Disfrutaremos de una relación ininterrumpida con Dios, y a su vez él disfrutará de nosotros por siempre, sin límites y sin fin. Algún día Jesús dirá: *«Vengan ustedes, a quienes mi Padre ha bendecido; reciban su herencia, el reino preparado para ustedes desde la creación del mundo».*[5]

C.S. Lewis plasmó el concepto de eternidad en las últimas páginas de su serie de ficción para niños, *Las crónicas de Narnia:* «Para nosotros, este es el fin de todas las historias... mas para ellos fue el comienzo de la verdadera historia. La vida de ellos en este mundo... ha sido tan solo el título y la portada: y ahora por fin comenzará el primer capítulo de la gran historia que nadie ha leído en la tierra y continuará para siempre, y cada capítulo es mejor que el anterior».[6]

Dios tiene un propósito para tu vida en la tierra, pero no termina aquí. Su plan comprende mucho más que unas cuantas décadas que pasarás en este planeta. Es mucho más que la *«oportunidad única de la vida»;* Dios te ofrece una oportunidad *más allá de tu vida.* La Palabra de Dios dice: *«Pero Dios cumple sus propios planes, y realiza sus propósitos».*[7]

DÍA 4:

Creados para vivir por siempre

La única ocasión en la que la gente piensa en la eternidad es en los funerales, y suele ser de una manera superficial, teniendo ideas sentimentales basadas en la ignorancia. Quizás consideres que resulta morboso pensar en la muerte, pero en realidad es contraproducente vivir negándola y no considerar lo que es inevitable.[8] Solo un necio puede andar por la vida sin prepararse para lo que todos sabemos que debe ocurrir. Debes pensar *más* en la eternidad, no menos.

De la misma manera que estuviste nueve meses en el vientre de tu madre sin ser esto un fin en sí mismo, sino una preparación para la vida, así es esta vida una preparación para la otra. Si tienes una relación con Dios por medio de Jesucristo, no debes temer a la muerte, que es la puerta a la eternidad. Será la última hora de tu vida en la tierra, pero no el fin de tu ser. En lugar de ser el fin de tu vida, será tu cumpleaños en la vida eterna. La Biblia afirma: «*Amigos, este mundo no es su hogar, así que no se acomoden en él. No complazca a su ego a expensas de su alma*».[9]

Cuando medimos nuestro tiempo en la tierra, comparado con la eternidad, es como un abrir y cerrar de ojos, pero las consecuencias del mismo duran para siempre. Las obras de esta existencia son el destino de la otra vida. Debemos pensar que «*por eso mantenemos siempre la confianza, aunque sabemos que mientras vivamos en este cuerpo estaremos alejados del Señor*».[10]

Hace años un popular eslogan motivaba a la gente a vivir cada día: «Este es el primer día del resto de tu vida». En realidad, sería más sabio vivir cada día como si fuese el último. Matthew Henry asertó: «La responsabilidad de cada día debiera ser prepararnos para nuestro día final».

DÍA 4

Pensando en mi propósito

PUNTO DE REFLEXIÓN: La vida es mucho más que vivir el momento.

VERSÍCULO PARA RECORDAR: «*El mundo se acaba con sus malos deseos, pero el que hace la voluntad de Dios permanece para siempre*». 1 Juan 2:17 (NVI).

PREGUNTA PARA CONSIDERAR: Ya que fui creado para vivir para siempre, ¿qué debería dejar de hacer, y qué debiera comenzar a hacer hoy?

La vida desde la perspectiva de Dios

¿Qué es tu vida?

SANTIAGO 4:14 (NVI)

*No vemos las cosas como son,
las vemos de acuerdo
con nuestro modo de ser.*

ANAÏS NIN

zph.com/vida-pdl/c5

LA MANERA EN QUE *VES* TU VIDA *MODELA* TU VIDA.

La manera en que definas tu vida determina tu destino. Tu manera de ver las cosas influirá en cómo empleas tu tiempo, tu dinero, tus talentos y cómo valoras tus relaciones.

Una de las formas de entender a los demás es preguntándoles: «*¿Cómo defines tu vida?*». Te darás cuenta de que hay tantas respuestas diferentes como tantas sean las personas a las que les preguntes. Me han dicho que la vida es como un circo, un campo de minas, una montaña rusa, un rompecabezas, una sinfonía, un viaje y un baile. La gente afirma: «La vida es un carrusel. Unas veces estás arriba y otras abajo, y a veces das vueltas y vueltas», o «La vida es una bicicleta de diez velocidades, y algunas nunca las usamos», o «La vida es un juego de cartas y tienes que jugar la mano que te den».

Si te pidiera que dibujaras un cuadro de tu vida, ¿qué imagen te vendría a la mente? Esa imagen es una *metáfora de tu vida*. Es la manera de ver la vida que has tenido, consciente o inconscientemente. Es tu propia descripción de cómo funciona la vida y qué esperas de ella. La gente expresa a menudo la perspectiva de sus vidas en la forma de vestir, las joyas, los automóviles, los peinados, los adhesivos en los parachoques e incluso los tatuajes. Tu perspectiva silente influye en tu vivir más de lo que te imaginas. Ella determina tus expectativas, tus valores, tus relaciones, tus metas y tus prioridades. Por ejemplo, si crees que la vida es una parranda, entonces tu valor primordial en la vida será *pasarla bien*. Si ves la vida como una carrera, le darás valor a la *velocidad* y es posible que siempre andes deprisa. Si ves la vida como un maratón, la perseverancia será valiosa para ti. Si la vida para ti es un deporte o una batalla, *ganar* será muy importante.

¿Cuál es tu visión de la vida? Es muy posible que bases tu vida en una imagen errónea. Para poder cumplir los propósitos que Dios tiene para ti, tendrás que cuestionar la sabiduría común y sustituirla por enfoques bíblicos de la vida. La Escritura declara: «*No se amolden al mundo actual, sino sean transformados mediante la renovación [cambio] de su mente. Así podrán comprobar cuál es la voluntad de Dios*».[1]

La Biblia nos ofrece tres enfoques o metáforas que nos enseñan qué es la vida desde la perspectiva de Dios. La vida es una *prueba*, un *fideicomiso* y una *asignación temporal*. Estas ideas son la base de una vida con propósito. Le echaremos un vistazo a las primeras dos en este capítulo y a la tercera en el próximo.

La vida en la tierra es una prueba. Esta metáfora de la vida se ve a través de los relatos bíblicos. Dios prueba una y otra vez el carácter, la fe, la obediencia, el amor, la integridad y la lealtad de las personas. Términos como *tribulaciones, tentaciones, refinaciones y purificaciones* se repiten más de doscientas veces en la Biblia. Dios probó a Abraham cuando le pidió que le ofreciera a su hijo Isaac. También a Jacob cuando tuvo que trabajar más años de lo previsto para ganarse a Raquel como esposa.

Ni Adán ni Eva pasaron la prueba en el jardín del Edén; también David falló en varias ocasiones. La Biblia nos da un sinnúmero de ejemplos de personas que pasaron la prueba, entre ellos, José, Rut, Ester y Daniel.

El carácter se desarrolla y manifiesta por medio de las pruebas; la vida en sí, toda, es una prueba.

El carácter se desarrolla y manifiesta por medio de las pruebas; la vida en sí, *toda*, es una prueba. *Siempre* serás probado. Dios observa constantemente tu reacción con la gente, los problemas, los éxitos, los conflictos, la enfermedad, el desaliento... ¡incluso el tiempo! Él está pendiente hasta de las cosas más simples, como cuando le abres la puerta a otra persona, recoges una basura del suelo o eres cortés con alguien que te atiende.

No conocemos todas las pruebas que Dios nos da, pero podemos anticipar algunas por lo que nos dice su Palabra. Serás probado mediante cambios drásticos, promesas retrasadas, pruebas difíciles, oraciones no contestadas, críticas inmerecidas e incluso tragedias sin sentido. He podido comprobar en mi propia vida cómo Dios prueba mi *fe* en los problemas, cómo prueba dónde está mi *esperanza* al ver cómo uso mis posesiones, y cómo prueba mi *amor* a través de las personas.

Una prueba muy importante consiste en ver cómo actúas cuando no puedes sentir la presencia de Dios en tu vida. A veces Dios se aleja intencionalmente y no sentimos su cercanía. Un rey llamado Ezequías pasó por esta prueba. La Escritura dice: «*Dios se retiró de Ezequías para probarlo y descubrir todo lo que había en su corazón*».[2] Ezequías había disfrutado de una relación muy cercana con Dios, pero en un momento crucial de su vida el Señor se apartó de él para probar su carácter y revelar una debilidad, a fin de prepararlo para una responsabilidad mayor.

Cuando entiendes que la vida es una prueba, te das cuenta de que *nada* es insignificante para ti. Aun los percances más pequeños tienen significado para el desarrollo de tu carácter. *Cada día* es importante y cada segundo es una oportunidad para hacer crecer y profundizar tu carácter, para demostrar amor y depender de Dios. Algunas pruebas parecen abrumadoras y otras ni siquiera las sientes. Pero todas ellas tienen implicaciones eternas.

Lo bueno es que Dios desea que sobrepases las pruebas de la vida, y él nunca permite que las que enfrentas sean mayores que la gracia que él te otorga para sobrellevarlas. La Escritura dice: «*Pero Dios es fiel, y no permitirá que ustedes sean tentados más allá de lo que puedan aguantar. Más bien, cuando llegue la tentación, él les dará también una salida a fin de que puedan resistir*».[3]

Cada vez que superas una prueba, Dios toma nota y hace planes para recompensarte en la eternidad. Santiago dice: «*Dichoso el que resiste la tentación porque, al salir aprobado, recibirá la corona de la vida que Dios ha prometido a quienes lo aman*».[4]

La vida en la tierra es un fideicomiso. Esta es la segunda metáfora bíblica de la vida. Nuestro tiempo en la tierra, nuestro ímpetu, inteligencia, oportunidades, relaciones y recursos son todos dones que Dios nos ha confiado para cuidar y administrar. Somos mayordomos de todo lo que él nos da. Este concepto de mayordomía comienza cuando reconocemos que Dios es el dueño de todos y de todo en la tierra. La Biblia afirma: «*Del Señor es la tierra y todo cuanto hay en ella, el mundo y cuantos lo habitan*».[5]

La verdad es que no *poseemos* nada en nuestra breve estadía en la tierra. Dios nos presta la tierra mientras estamos aquí. Era propiedad de Dios antes de que llegaras y se la prestará a otro cuando mueras. La llegas a disfrutar solo por un tiempo.

Cuando Dios creó a Adán y a Eva, les entregó el cuidado de su creación y los nombró administradores de su propiedad. La Escritura dice: «*Y les dio su bendición: "Tengan muchos, muchos hijos; llenen el mundo y gobiérnenlo; dominen a los peces y a las aves, y a todos los animales que se arrastran"*».[6]

El primer trabajo que Dios les dio a los humanos fue administrar y cuidar las «cosas» de él en la tierra. Este papel nunca ha sido abolido. Es parte de nuestro propósito. Todo aquello que disfrutemos debemos tratarlo como un encargo que Dios ha puesto en nuestras manos. Su Palabra dice: «*¿Qué tienes que no hayas recibido? Y si lo recibiste, ¿por qué presumes como si no te lo hubieran dado?*».[7]

Unos años atrás, una pareja nos permitió, a mi esposa y a mí, quedarnos en su preciosa casa de playa en Hawai para unas vacaciones. Era una experiencia que nosotros mismos no habríamos podido costear, así que la disfrutamos muchísimo. Nos dijeron: «Úsenla como si fuera suya». ¡Y así lo hicimos! Nadamos en la piscina, comimos lo que había en el refrigerador, usamos las toallas y la vajilla, ¡y hasta saltamos sobre las camas! Pero supimos en todo momento que en realidad no era nuestra, así que tuvimos un cuidado especial de todo. Disfrutamos de los beneficios de usar la casa sin poseerla.

Nuestra cultura dice: «Si no es tuyo, no lo cuides». Pero los cristianos vivimos bajo otra norma: «Como Dios es el dueño, tengo que cuidarlo lo mejor que pueda». La Biblia afirma: «*A los que reciben un encargo se les exige que demuestren ser dignos de confianza*».[8] Jesús, en muchas ocasiones, se refirió a la vida como un encargo que se nos ha entregado, y narró muchas historias para ilustrar esta responsabilidad hacia Dios. En el relato de los talentos,[9] un hombre de negocios confía sus riquezas a sus siervos. Al regresar, evalúa la responsabilidad de cada siervo y los recompensa equitativamente. El dueño dice: «*¡Hiciste bien, siervo bueno y fiel! En lo poco has sido fiel; te pondré a cargo de mucho más. ¡Ven a compartir la felicidad de tu señor!*».[10]

> Cuanto más Dios te da, más responsable espera que seas.

Al fin de tu vida en la tierra serás evaluado y recompensado de acuerdo con la manera en que uses lo que Dios te confió. Eso significa *todo* lo que hagas. Hasta las tareas más simples tienen repercusión eterna. Si todo lo tratas como un encargo, con responsabilidad, Dios promete tres recompensas en la eternidad. La primera, Dios te dará su *aprobación* y te dirá: «¡Buen trabajo, bien hecho!». Segundo, se te dará un *ascenso* y una responsabilidad mayor en la eternidad: «Te pondré a cargo de muchas cosas». Entonces serás honrado con un festejo: «Ven y comparte la felicidad del Maestro».

Mucha gente no logra darse cuenta de que el dinero es ambas cosas, tanto una *prueba* como un *fideicomiso* de Dios. Dios usa las finanzas para enseñarnos a confiar en él, y para mucha gente, el dinero es la prueba más grande de todas. Dios observa cómo lo usamos para probar qué tan confiables somos. La Biblia dice: «*Si ustedes no han sido honrados en el uso de las riquezas mundanas, ¿quién les confiará las verdaderas?*».[11]

Esta es una verdad muy importante. Dios dice que hay una relación directa entre el uso de mi dinero y la calidad de mi vida espiritual. La manera en que utilice mi dinero (*riquezas mundanas*) determinará cuántas bendiciones espirituales me puede confiar Dios (*las verdaderas riquezas*). Permíteme preguntarte: ¿Será que la manera en que manejas tu dinero está evitando que Dios pueda obrar más en tu vida? ¿Se te pueden confiar riquezas espirituales?

Jesús declaró: «*A todo el que se le ha dado mucho, se le exigirá mucho; y al que se le ha confiado mucho, se le pedirá aun más*».[12] La vida es una prueba y un encargo, y cuanto más Dios te da, más responsable espera que seas.

DÍA 5

Pensando en mi propósito

PUNTO DE REFLEXIÓN: La vida es una prueba y un fideicomiso.

VERSÍCULO PARA RECORDAR: «*El que es honesto en lo poco, también lo será en lo mucho*». Lucas 16:10 (NVI).

PREGUNTA PARA CONSIDERAR: ¿Qué me ha ocurrido recientemente que ahora veo que era una prueba de Dios? ¿Cuáles son las cosas más grandes que Dios me ha confiado?

DÍA 6

La vida es una asignación temporal

zph.com/vida-pdl/c6

*Señor, recuérdame cuán breve
es mi tiempo sobre la tierra.
Recuérdame que mis días están contados
y que mi vida se acaba.*

SALMO 39:4 (BAD)

Estoy de paso en este mundo.

SALMO 119:19 (PAR)

LA VIDA EN LA TIERRA ES UNA ASIGNACIÓN TEMPORAL.

La Biblia está llena de metáforas que enseñan la naturaleza de lo breve, temporal y transitorio de la vida terrena. La vida se describe como *un vapor, uno que corre rápido, un soplo de aliento y un rastro de humo.* La Escritura declara: «*Nosotros nacimos ayer... nuestros días en este mundo son como una sombra*».[1]

Para hacer buen uso de tu vida nunca debes olvidar dos verdades: Primero, la vida, comparada con la eternidad, es extremadamente breve. Segundo, la tierra es tan solo una residencia temporal. No vas a estar aquí por mucho tiempo, así que no te apegues demasiado. Pídele a Dios que te ayude a ver la vida en la tierra a través de sus ojos. David oró: «*Dios mío, hazme saber cuál será mi fin, y cuánto tiempo me queda de vida; hazme saber cuán corta es mi vida*».[2]

La Biblia compara constantemente la vida en la tierra con vivir en un país extranjero. Este no es tu hogar permanente o tu destino final. Estás aquí de paso, visitando la tierra. La Biblia emplea términos como extranjero, peregrino, advenedizo, extraño, visitante y viajero para describir nuestra corta estadía en la tierra. El salmista dijo: «*Estoy de paso en este mundo*»[3] y Pedro explicó que: «*Si tú llamas Padre a Dios, vive tu tiempo en esta tierra como si estuvieras de paso*».[4]

Vivo en California, donde muchas personas de todas partes del mundo se han mudado para trabajar, aunque mantienen la ciudadanía de sus respectivos países. Se les pide que lleven consigo una tarjeta de residencia (conocida como «green card»), que les permite trabajar aquí aunque no sean ciudadanos. Los cristianos deberíamos llevar «tarjetas verdes» («green cards») *espirituales* para recordarnos que nuestra ciudadanía está en los cielos. Dios afirma que sus hijos deberían pensar sobre la vida de una manera muy distinta a la de los no creyentes. «*Sólo piensan en lo terrenal. En cambio, nosotros somos ciudadanos del cielo, de donde anhelamos recibir al Señor Jesucristo*».[5] Los verdaderos creyentes saben que la vida es mucho más que los pocos años que vivimos sobre este planeta.

Tu identidad está en la eternidad y tu patria es el cielo.

Cuando entiendas esta verdad, dejarás de preocuparte por «tenerlo todo» en la tierra. Dios es muy tajante en cuanto al peligro de *vivir para el momento*, adoptando los valores, prioridades y estilos de vida del mundo que nos rodea. Coquetear con las tentaciones de este mundo es lo que Dios llama adulterio espiritual. La Biblia destaca: «*¿No saben que la amistad con el mundo es enemistad con Dios? Si alguien quiere ser amigo del mundo se vuelve enemigo de Dios*».[6]

Imagina que tu país te pidiera que fueras embajador en una nación enemiga. Tendrías que aprender un idioma nuevo y adaptarte a algunas costumbres y diferencias culturales para poder ser cortés

> *Tu identidad está en la eternidad y tu patria es el cielo.*

y cumplir tu misión. Siendo embajador no podrías aislarte de tu enemigo. Para cumplir con tu misión, tendrías que estar en contacto e identificarte con ellos. Supongamos que te adaptas tanto a ese país extranjero que te llega a gustar mucho y lo prefieres a tu patria. Tu compromiso y lealtad cambiarían. Comprometerías tu papel de embajador. En lugar de representar a tu país estarías actuando como el enemigo. Serías un traidor.

La Biblia afirma que *«somos embajadores de Cristo»*.[7]

Tristemente, hay muchos cristianos que han traicionado a su Rey y su reino. Han llegado a la necia conclusión de que esta tierra es su hogar porque viven en ella. Y no es así. La Palabra de Dios es muy clara en esto: *«Queridos hermanos, les ruego como a extranjeros y peregrinos en este mundo, que se aparten de los deseos pecaminosos que combaten contra la vida».*[8] Dios nos advierte que no nos aferremos mucho a lo que está a nuestro alrededor porque es temporal. Se nos advierte que *«los que disfrutan las cosas de este mundo,* [vivan] *como si no disfrutaran de ellas; porque este mundo, en su forma actual, está por desaparecer».*[9]

DÍA 6:
La vida es una asignación temporal

En comparación con otros siglos, nunca ha sido tan fácil vivir como se vive hoy en el mundo occidental. Actualmente somos bombardeados con toda clase de entretenimientos, diversiones y la complacencia de todos nuestros gustos personales. Hoy en día, con todos los fascinantes entretenimientos de los que estamos rodeados, lo cautivador de los medios informativos, y todas las cosas nuevas que existen para explorar nuevas experiencias, es fácil olvidar que la vida no consiste en la búsqueda de la felicidad. Solo cuando recordamos que la vida es una prueba, un fideicomiso y una asignación temporal es que el enamoramiento con estas cosas pierde el dominio sobre nuestras vidas. Nos estamos preparando para algo mejor. *«Así que no nos fijamos en lo visible sino en lo invisible, ya que lo que se ve es pasajero, mientras que lo que no se ve es eterno».*[10]

El hecho de que la tierra no sea nuestra última morada explica por qué nosotros, como seguidores de Jesús, pasamos dificultad, sufrimiento y rechazo en este mundo.[11] También explica por qué algunas de las promesas de Dios parecieran inconclusas, algunas oraciones sin respuesta y algunos sucesos aparentaran ser injustos. Aquí no acaba la historia.

Para evitar que nos aferremos demasiado a esta tierra, Dios permite que experimentemos algún grado de incomodidad y tristeza en nuestras vidas, o sea, anhelos que *nunca* serán satisfechos de este lado de la eternidad. ¡No somos completamente felices aquí porque no se supone que lo seamos! La tierra no es nuestro hogar final; hemos sido creados para algo mucho mejor.

Un pez nunca podría sentirse bien viviendo en la tierra, porque fue creado para el agua. Un águila no se sentiría realizada si no se le permitiera volar. Nunca te sentirás completamente satisfecho en la tierra porque fuiste creado para algo más. Tendrás momentos felices aquí, pero nada comparado con lo que Dios tiene planeado para ti.

Darte cuenta de que la vida en la tierra es tan solo una misión temporal debiera cambiar radicalmente tus valores. Los valores eternos, no los temporales, deben ser los factores determinantes que influyan en tus decisiones. Así es como lo observó C.S. Lewis: «Todo lo que no sea eterno es eternamente inútil». La Biblia dice: *«Así que no nos fijamos en lo visible sino en lo invisible, ya que lo que se ve es pasajero, mientras que lo que no se ve es eterno».*[12]

Es un error trágico dar por sentado que el objetivo de Dios para tu vida es la prosperidad *material* o el éxito popular como el mundo lo define. La vida abundante nada tiene que ver con la abundancia material, y la fidelidad a Dios no garantiza el éxito en una carrera ni en el ministerio. Nunca te concentres en coronas temporales.[13]

> *La tierra no es nuestro hogar final; hemos sido creados para algo mucho mejor.*

Pablo fue fiel, sin embargo, terminó en la cárcel. Juan el Bautista fue fiel y lo decapitaron. Millones de fieles han sido martirizados, lo han perdido todo o han llegado al ocaso de sus días sin nada material. *¡Pero el fin de la vida no es el final!*

A los ojos de Dios, los grandes héroes de la fe no son los que han logrado prosperidad, éxito y poder en esta vida, sino aquellos que la ven como una asignación temporal y sirven fielmente, esperando su recompensa en la eternidad. La Biblia dice lo siguiente del Salón de la Fama de Dios: «*Todas esas personas murieron sin haber recibido las cosas que Dios había prometido; pero como tenían fe, las vieron de lejos, y las saludaron reconociéndose a sí mismos como extranjeros de paso por este mundo... Pero ellos deseaban una patria mejor, es decir, la patria celestial. Por eso, Dios no se avergüenza de ser llamado el Dios de ellos, pues les tiene preparada una ciudad*».[14] Tu vida en la tierra no es toda la historia de tu existencia. Debes esperar llegar al cielo para el resto de los capítulos. Se requiere fe para vivir en la tierra como un extranjero.

Un antiguo relato cuenta de un misionero que al jubilarse volvía a su casa en los Estados Unidos en el mismo barco en que viajaba el presidente de esa nación. La algarabía de la muchedumbre, una banda militar, una alfombra roja, pancartas y los medios de comunicación le dieron la bienvenida al presidente, mientras que el misionero desembarcaba sin notoriedad alguna. Sintiendo lástima de sí mismo, y con resentimiento, comenzó a quejarse con Dios. Entonces el Señor le dijo con ternura: «Pero hijo mío, *tú aún no has llegado a casa*».

No llegarás a casa hasta dos segundos antes que solloces: «¿Por qué le di tanta importancia a las cosas que eran temporales? ¿En qué estaba pensando? ¿Por qué perdí tanto tiempo, esfuerzo e interés en algo que no iba a durar?».

Cuando la vida se pone difícil, cuando te embarga la duda o cuando te cuestionas si vale la pena sacrificarse viviendo para Cristo, recuerda que aún no has llegado a casa. En el momento de la muerte no dejarás tu hogar, más bien *irás* a casa.

DÍA 6

Pensando en mi propósito

PUNTO DE REFLEXIÓN: Este mundo no es mi hogar.

VERSÍCULO PARA RECORDAR: *«Así que no nos fijamos en lo visible sino en lo invisible, ya que lo que se ve es pasajero, mientras que lo que no se ve es eterno».* 2 Corintios 4:18 (NVI).

PREGUNTA PARA CONSIDERAR: ¿Cómo debería cambiar mi manera de vivir hoy el hecho de que la vida en la tierra es solo una asignación temporal?

El porqué de todo

zph.com/vida-pdl/c7

*Porque de Él, por Él y para Él
son todas las cosas.
A Él sea la gloria para siempre.*

ROMANOS 11:36 (LBLA)

*Toda obra del Señor
tiene un propósito.*

PROVERBIOS 16:4 (NVI)

TODO ES PARA ÉL.

El objetivo final del universo es mostrar la gloria de Dios. La gloria de Dios es el porqué de la existencia de todo, incluida tu persona. Dios hizo *todo* para su gloria. Sin la gloria de Dios, no habría nada.

¿Qué es la gloria de Dios? Es Dios. Es la esencia de su naturaleza, el peso de su importancia, el brillo de su esplendor, la demostración de su poder y la atmósfera de su presencia. La gloria de Dios es la expresión de su bondad y todas las demás cualidades intrínsecas y eternas de su persona.

¿Dónde está la gloria de Dios? Observa a tu alrededor. *Todo* lo que Dios creó refleja, de una u otra manera, su gloria. La vemos en todas partes: desde las formas de vida microscópicas más diminutas hasta la extensión de la Vía Láctea, desde los atardeceres y las estrellas hasta las tormentas y las cuatro estaciones. La creación revela la gloria de nuestro Creador. En la naturaleza aprendemos que Dios es poderoso, que disfruta de la variedad, ama la belleza, es organizado, sabio y creativo. La Biblia dice: «*Los cielos cuentan la gloria de Dios*».[1]

A través de la historia, Dios ha revelado su gloria a personas en distintas circunstancias. Al principio la reveló en el jardín del Edén, luego a Moisés, después en el tabernáculo y el templo, más tarde por medio de Jesús, y ahora a través de la iglesia.[2] Se presentó como fuego consumidor, una nube, truenos, humo y una luz brillante.[3] En el cielo, la gloria de Dios proporciona toda la luz necesaria. La Biblia afirma: «*La ciudad no necesita ni sol ni luna que la alumbren, porque la gloria de Dios la ilumina*».[4]

La gloria de Dios se ve mejor en Jesucristo. Él, la luz del mundo, ilumina la naturaleza de Dios. Gracias a Jesús, no estamos más en oscuridad con respecto a lo que Dios realmente es. La Escritura dice: «*El Hijo es el resplandor de la gloria de Dios*».[5] Jesús vino al mundo para que pudiéramos entender cabalmente la gloria de Dios. Su Palabra declara que «*aquel que es la Palabra se hizo hombre y vivió entre nosotros. Y hemos visto su gloria, la gloria que recibió del Padre, por ser su Hijo único, abundante en amor y verdad*».[6]

> *Vivir para la gloria de Dios es el mayor logro que podemos alcanzar en nuestra vida.*

Dios posee una gloria *inherente* porque es Dios. Es así por naturaleza. No podemos agregarle nada a esa gloria, así como tampoco nos sería posible hacer que el sol brillara con más intensidad. El mandamiento que tenemos es que debemos *reconocer* su gloria, *honrar* su gloria, *declarar* su gloria, *alabar* su gloria, *reflejar* su gloria y *vivir* para su gloria.[7] ¿Por qué? ¡Porque Dios se lo merece! Le debemos toda la honra que seamos capaces de darle. Su Palabra afirma: «*Digno eres, Señor y Dios nuestro, de recibir la gloria, la honra y el poder, porque tú creaste todas las cosas*».[8]

En todo el universo hay solo dos creaciones de Dios que fallaron en darle gloria: los ángeles caídos (los demonios) y nosotros (las personas). Todo pecado, por naturaleza, implica fallar en darle gloria a Dios. Pecar es amar cualquier cosa más que a él. Negarse a darle la gloria a Dios es una rebeldía vanidosa: el pecado que provocó la caída de Satanás, y la nuestra también. De distinta manera todos hemos vivido para nuestra propia gloria y no para la de Dios. Su Palabra declara que «*todos han pecado y están privados de la gloria de Dios*».[9]

> Cuando algo en la creación cumple con su propósito, eso le da gloria a Dios.

Ninguno de nosotros le hemos dado a Dios toda la gloria que merece de parte nuestra. Este es el peor pecado y el error más grave que podemos cometer. Por otro lado, vivir para la gloria de Dios es el mayor logro que podemos alcanzar en nuestra vida. Debería ser la meta suprema de nuestra vida, porque Dios dice que «*somos su pueblo, creado para su gloria*».[10]

¿Cómo puedo darle gloria a Dios?

Jesús le dijo al Padre: «*Yo te glorifiqué en la tierra, habiendo terminado la obra que me diste que hiciera*».[11] Jesús honró a Dios cumpliendo su propósito en esta tierra. Nosotros lo honramos del mismo modo. Cuando algo en la creación cumple con su propósito, eso le da gloria a Dios. Las aves le dan gloria a Dios cuando vuelan, trinan, hacen sus nidos y otras actividades propias de las aves según el designio divino. Hasta la humilde hormiguita le da gloria a Dios cuando cumple el propósito para el que fue creada. Dios creó a las hormigas para que fueran hormigas, y te creó a ti para que fueras tú. San Ireneo dijo: «¡La gloria de Dios es un ser humano lleno de vida!».

Hay muchas maneras de darle gloria a Dios, pero se pueden resumir en los cinco propósitos de Dios para nuestra vida. En el resto de este libro estudiaremos estas maneras en detalle, pero podemos adelantar este bosquejo:

Glorificamos a Dios cuando lo adoramos. La adoración es nuestra primera responsabilidad. Adoramos a Dios cuando disfrutamos de su compañía. C.S. Lewis asertó: «Al ordenarnos glorificarlo, Dios nos invita a disfrutar de él». Él quiere que nuestra adoración brote del amor, la gratitud y el gozo, no de la obligación.

John Piper señala: «Cuanto más satisfechos nos sentimos en él, más glorificamos a Dios».

La adoración es más que alabanza, canto y oración a Dios. Es un estilo de vida que implica *gozar de Dios, amarlo y entregarle* nuestra vida para que la use de acuerdo con sus propósitos. Cuando usamos nuestra vida para la gloria de Dios, todo lo que hacemos se convierte en un acto de adoración. La Biblia nos exhorta: «*Entréguense a Dios, como personas que han muerto y han vuelto a vivir, y entréguenle su cuerpo como instrumento para hacer lo que justo ante él*».[12]

Glorificamos a Dios cuando amamos a los demás creyentes. Con el nuevo nacimiento nos convertimos en miembros de la familia de Dios. Seguir a Cristo no es solo cuestión de creer; también implica *pertenecer* a su familia y aprender a amarla. Juan escribió: «*El amor que nos tenemos demuestra que ya no estamos muertos, sino que ahora vivimos*».[13] Pablo dijo: «*Acéptense mutuamente, así como Cristo los aceptó a ustedes para gloria de Dios*».[14]

Nuestra segunda gran responsabilidad en esta tierra es aprender a amar como Dios ama, porque Dios es amor, y así lo honramos. Jesús nos dijo: «*Así como yo los he amado, también ustedes deben amarse los unos a los otros. De este modo todos sabrán que son mis discípulos, si se aman los unos a los otros*».[15]

Glorificamos a Dios cuando nos asemejamos más a Cristo. Cuando nacemos en la familia de Dios, él quiere que crezcamos hasta alcanzar la madurez espiritual. ¿Qué significa esto? La madurez espiritual consiste en pensar, sentir y actuar como lo haría Jesús. Cuanto más desarrollemos nuestro carácter conforme al de Cristo, más reflejaremos la gloria de Dios. La Escritura afirma que «*somos como un espejo que refleja la grandeza del Señor, quien cambia nuestra vida. Gracias a la acción de su Espíritu en nosotros, cada vez nos parecemos más a él*».[16]

Dios nos dio una vida y una naturaleza nuevas cuando aceptamos a Cristo. De ahora en adelante, por el resto de nuestra vida sobre esta tierra, Dios quiere continuar el proceso de transformación de nuestro carácter. La Biblia dice que podemos ser *«llenos del fruto de justicia que se produce por medio de Jesucristo, para gloria y alabanza de Dios».*[17] Entonces Dios recibirá la gloria.

Glorificamos a Dios cuando servimos a los demás con nuestros dones. Dios nos diseñó a cada uno de nosotros de forma única en cuanto a talentos, dones, habilidades y aptitudes. La manera en que has sido «estructurado» no es casual. Dios no te dotó de aptitudes para propósitos egoístas. Cuentas con estas facultades para beneficio de otros, así como las otras personas cuentan con aptitudes para tu beneficio. La Biblia dice: *«Cada uno ponga al servicio de los demás el don que haya recibido, administrando fielmente la gracia de Dios en sus diversas formas... el que presta algún servicio, hágalo como quien tiene el poder de Dios. Así Dios será en todo alabado por medio de Jesucristo».*[18]

Glorificamos a Dios cuando les testificamos a los demás. Dios no quiere que su amor y sus propósitos sean un secreto. Una vez que conocemos la verdad, espera que la comuniquemos a los demás. ¡Qué gran privilegio! Podemos presentarles a Jesús, ayudarles a descubrir su propósito y prepararlos para la eternidad. La Biblia afirma que a medida que *«la gracia... está alcanzando a más y más personas... [abunda] la acción de gracias para la gloria de Dios».*[19]

¿Para qué vivirás?

Vivir el resto de tu vida para la gloria de Dios requiere cambios en tus prioridades, tus planes, tus relaciones, en todo. Algunas veces implicará elegir el camino difícil en lugar del fácil. Incluso Jesús tuvo que luchar contra esto. Cuando sabía que muy pronto habrían de crucificarlo, exclamó: *«Ahora todo mi ser está angustiado, ¿y acaso voy a decir: "Padre, sálvame de esta hora difícil"? ¡Si precisamente para este propósito he venido! ¡Padre, glorifica tu nombre!».*[20]

Jesús estaba en un cruce de caminos. ¿Cumpliría su propósito y glorificaría a Dios, o se retractaría para tener una vida cómoda y egocéntrica? Te enfrentas a una decisión similar. ¿Vivirás para alcanzar tus propias metas, la comodidad y el placer, o para la gloria de Dios, sabiendo que él te prometió recompensas eternas? La Biblia dice que *«el que se aferra a su vida tal como está, la destruye; en cambio, si la deja ir... la conservará para siempre, real y eterna».*[21]

Es hora de definir este asunto. ¿Para quién vivirás? ¿Para ti o para Dios? Jesús te dará todo lo que necesites a fin de vivir para él. No te preocupes. Dios te proveerá de todo lo necesario si decides vivir para él. La Biblia dice que *«todo lo que implica una vida que agrada a Dios nos ha sido dado por milagro, al permitirnos conocer, personal e íntimamente, a aquel que nos invitó a Dios».*[22]

Ahora mismo, Dios te invita a vivir para su gloria, cumpliendo los propósitos para los que te creó. En realidad, es la única manera de vivir. Todo lo demás es mera *existencia*. La verdadera vida comienza con el compromiso absoluto con Jesucristo. Si no estás seguro de haberlo hecho, lo único que necesitas hacer es *aceptarlo y creer*. La Biblia promete: *«Mas a cuantos lo recibieron, a los que creen en su nombre, les dio el derecho de ser hijos de Dios».*[23] ¿Aceptarás el ofrecimiento de Dios?

> *Jesús te dará todo lo que necesites a fin de vivir para él.*

Primero: cree. Cree que Dios te ama y te creó para sus propósitos. Cree que no eres un ser nacido por accidente. Cree que te crearon para vivir por siempre. Cree que Dios te eligió para que tuvieras una relación con Jesús, quien murió en la cruz por ti. Cree que, sin importar lo que hayas hecho, Dios quiere perdonarte.

Segundo: acéptalo. Acepta a Jesús como tu Señor y Salvador. Acepta el perdón de tus pecados. Acepta su Espíritu, que te dará poder para cumplir el propósito de tu vida. La Biblia dice que *«el que acepta y confía en el Hijo, participará de todo, tendrá una vida plena y para siempre».*[24] Dondequiera que te encuentres leyendo esto, te invito a inclinar tu cabeza y susurrar la oración que cambiará tu destino eterno: *«Jesús, creo en ti y te acepto».* Vamos, hazlo ahora mismo.

Si tu oración fue sincera, ¡felicitaciones! ¡Bienvenido a la familia de Dios! Ahora estás listo para comenzar a descubrir y vivir el propósito que Dios tiene para tu vida. Te animo a que se lo comentes a alguien. Necesitarás apoyo.

DÍA 7

Pensando en mi propósito

PUNTO DE REFLEXIÓN: Todo es para él.

VERSÍCULO PARA RECORDAR: *«Porque de Él, por Él y para Él son todas las cosas. A Él sea la gloria para siempre».* Romanos 11:36 (LBLA).

PREGUNTA PARA CONSIDERAR: ¿Dónde puedo estar más consciente de la gloria de Dios en mi diario vivir?

FUISTE PLANEADO PARA AGRADAR A DIOS

Para que sean llamados robles de justicia,
plantío del Señor,
para que Él sea glorificado.

Isaías 61:3 (LBLA)

Planeado para agradar a Dios

Porque tú creaste todas las cosas;
existen y fueron
creadas para ser de tu agrado.
APOCALIPSIS 4:11 (PAR)

Porque el SEÑOR
se complace en su pueblo.
SALMO 149:4 (NVI)

zph.com/vida-pdl/c8

FUISTE PLANEADO PARA AGRADAR A DIOS.

En el momento que llegaste al mundo, Dios estaba allí como un testigo oculto, *sonriendo* porque naciste. Quería que vivieras, y tu llegada a este mundo lo llenó de gozo. Dios no *necesitaba* crearte, pero *decidió* hacerlo para su propio deleite. Existes para el beneficio, gloria, propósito y deleite de Dios.

El primer propósito en la vida debiera ser agradar a Dios con tu vida, vivir para complacerlo. Cuando logres entender por completo esta verdad, sentirte insignificante nunca más será un problema para ti. Es la prueba de cuánto vales. Si *eres* así de importante para Dios, y él te considera lo suficientemente valioso para que lo acompañes por la eternidad, ¿qué significado mayor podrías tener? Eres hijo de Dios, y ninguna otra cosa que él ha creado le produce tanto deleite. La Biblia dice que *«por su amor Dios ha dispuesto que mediante Jesucristo seamos sus hijos, ese fue su propósito y voluntad»*.[1]

Uno de los dones más grandes que Dios nos dio es la capacidad de disfrutar el placer. Nos «diseñó» con cinco sentidos y emociones para que los podamos experimentar. Quiere que disfrutemos de la vida, no que solamente la sobrellevemos. Podemos disfrutar y sentir placer porque Dios nos creó a *su imagen*.

Solemos olvidarnos que él también tiene emociones. Siente las cosas muy a fondo. La Escritura nos dice que Dios se aflige, se enoja y se pone celoso; que se conmueve y siente compasión, lástima y tristeza, así como también alegría, júbilo y satisfacción. Dios ama, se deleita, siente placer, se alegra, disfruta y hasta se ríe.[2]

Agradar a Dios se conoce como «adoración». La Biblia dice que él «*se complace en los que lo adoran, en los que confían en su gran amor*».[3]

Todo lo que hagas para complacer a Dios es un acto de adoración. Así como el diamante, la adoración tiene *muchas facetas*. Requeriría varios volúmenes abarcar todo lo que implica comprender la adoración, pero consideraremos sus aspectos principales en esta sección.

> Todo lo que hagas para complacer a Dios es un acto de adoración.

Los antropólogos han advertido que la adoración es un anhelo universal: el diseño que Dios puso en las mismísimas fibras de nuestro ser; la necesidad innata de vincularnos consigo. La adoración es tan natural como comer o respirar. Si no adoramos a Dios, encontraremos un sustituto para adorar, y hasta podríamos acabar adorándonos. ¡Dios nos creó con este deseo porque quiere tener adoradores! Jesús dijo que el Padre *«busca que le adoren»*.[4]

Según sea el trasfondo religioso que hayas tenido, posiblemente sea necesario aclarar lo que se entiende por «adoración». Quizás tengas por entendido que la adoración se compone de las ceremonias en la iglesia con cantos, oración y un sermón. O puedes pensar en ceremonias, velas y en la Santa Cena. O en sanidades, milagros y experiencia extáticas. La adoración puede incluir estos elementos, pero es *mucho más*. La adoración es un estilo de vida.

La adoración es mucho más que música. Para muchas personas, la adoración es sinónimo de música. Dicen: «En nuestra iglesia comenzamos con adoración y luego tenemos la enseñanza». Esto es un gran malentendido. *Todas* las partes del culto son un acto de adoración: la oración, la lectura de las Escrituras, el canto, la confesión, el silencio, la quietud, la predicación del sermón, el tomar notas, las ofrendas, el bautismo, la Santa Cena, las promesas y tarjetas de compromiso, incluso el saludarse con otros adoradores.

En realidad, el origen de la adoración es anterior a la música. Adán adoraba en el jardín del Edén, pero la música se menciona por primera vez en Génesis 4:21, con el nacimiento de Jubal. Si la adoración fuera solo música, quienes no tuvieran oído musical no podrían adorar. La adoración es mucho más que eso.

Pero en el peor de los casos, la palabra «adoración» se utiliza —y muy mal— para referirse a un *estilo* de música en particular: «Primero cantamos un himno y luego una canción de *alabanza y adoración*». De acuerdo con este uso, si la canción es movida y se canta con brío, o se acompaña con instrumentos de viento, se la considera «alabanza». En cambio, si se trata de una canción lenta, plácida e íntima, quizás con los acordes de una guitarra, entonces es adoración. Eso es una mala utilización del término «adoración».

La adoración no tiene nada que ver con el estilo, el volumen o el ritmo de una canción. Dios ama todos los *estilos* musicales porque él los inventó: los movidos y los lentos, los fuertes y los suaves, los clásicos y los nuevos.

La adoración es mucho más que música.

¡Pueden no gustarte todos, pero a Dios sí! Si cuando le cantamos lo hacemos en espíritu y en verdad, eso es un acto de adoración.

Los cristianos suelen no ponerse de acuerdo acerca del estilo de música a usarse en la adoración, y defienden con pasión su estilo preferido como el más bíblico o digno para Dios. ¡Pero no existe un estilo bíblico! En la Biblia no hay notas musicales; ni siquiera tenemos los instrumentos que se usaban en los tiempos bíblicos.

Con toda franqueza, tu estilo de música preferido dice más de *ti* —de tu entorno social y cultural y de tu personalidad— que de

Dios. Lo que para un grupo étnico son sonidos musicales, para otro puede ser ruido. Sin embargo, a Dios le gusta la variedad y disfruta todos los estilos.

La música «cristiana» no existe como tal: Solo hay música con letra cristiana. Lo que convierte una canción en sagrada son las palabras, no la melodía. No hay melodías espirituales. Si tocaras una canción sin palabras, no habría manera de reconocerla como «cristiana».

La adoración no es para beneficio propio. En mi tarea pastoral recibo notas que dicen: «Hoy me encantó la adoración. Me sirvió de mucho». Se trata de otro concepto erróneo con respecto a la adoración. ¡La misma no es para nuestro propio beneficio! Adoramos para beneficio de Dios. Cuando adoramos, nuestro objetivo debería ser complacer a Dios, no a nosotros mismos.

DÍA 8:

Planeado para agradar a Dios

Si alguna vez has dicho: «Hoy no recibí nada de la adoración», adoraste con una motivación equivocada. La adoración no es para ti. Es para Dios. Por supuesto, la mayoría de los cultos «de adoración» también incluyen elementos de comunión, edificación y evangelización, y adorar *sí tiene* sus beneficios; pero no adoramos para darnos gusto. Nuestro motivo debe ser glorificar a nuestro Creador y complacerlo o agradarlo.

En Isaías 29 Dios se queja de la adoración poco entusiasta e hipócrita. El pueblo le estaba ofreciendo oraciones desanimadas, una alabanza fingida, palabras vacías y rituales elaborados por el hombre, sin siquiera pensar en su significado. No podemos llegar al corazón de Dios con la tradición en la adoración; a Dios lo conmueve la pasión y el compromiso. La Biblia dice: *«Este pueblo me alaba con la boca y me honra con los labios, pero su corazón está lejos de mí. Su adoración no es más que un mandato enseñado por hombres».*[5]

La adoración no es parte de tu vida, es tu vida. La adoración no es solo para el servicio religioso. Se nos dice que debemos *adorarlo continuamente*[6] y alabarlo «*¡desde el amanecer hasta que el sol se ponga!*»[7]. En la Biblia, la gente alababa a Dios en el trabajo, en el hogar, en las batallas, en la cárcel y ¡hasta en la cama! La alabanza debería ser la primera actividad de la mañana cuando despertamos y lo último que hacemos por la noche, antes de cerrar los ojos para descansar.[8] David dijo: «*Bendeciré al Señor en todo tiempo; mis labios siempre lo alabarán*».[9]

Cualquier actividad puede transformarse en un acto de adoración cuando la hacemos para alabar, glorificar y complacer a Dios. La Escritura afirma: «*Ya sea que coman o beban o hagan cualquier otra cosa, háganlo todo para la gloria de Dios*».[10] Martín Lutero declaró: «Una muchacha puede ordeñar vacas para la gloria de Dios».

¿Cómo es posible hacer todo para la gloria de Dios? Lo es si actuamos *como si lo estuviéramos haciendo para Jesús* y conversamos con él mientras lo hacemos. La Biblia dice: «*Hagan lo que hagan, trabajen de buena gana, como para el Señor y no como para nadie de este mundo*».[11]

Este es el secreto para una vida de adoración: *Hacer todo como si lo hicieras para Jesús*. Una paráfrasis lo expresa así: «*Toma tu vida cotidiana, la vida de todos los días —tu descanso, tus comidas, tu trabajo, y tus idas y venidas— y ponlas como una ofrenda ante Dios*».[12] El trabajo se convierte en adoración cuando se lo dedicamos a él y lo llevamos a cabo conscientes de su presencia.

Cuando me enamoré de mi esposa, pensaba en ella todo el tiempo: cuando desayunaba, cuando conducía al colegio, cuando estaba en clase, cuando hacía fila para las compras, cuando cargaba combustible: ¡No podía dejar de pensar en ella! A menudo me hablaba a mí mismo de ella y pensaba en todas las cosas que me agradaban de su persona. Eso me ayudó a sentirme muy cerca de Kay, aunque vivíamos alejados y asistíamos a dos centros de enseñanza distintos. Pensando constantemente en ella, *permanecía en su amor*. La verdadera adoración se trata justamente de eso: *de enamorarse de Jesús*.

DÍA 8

Pensando en mi propósito

PUNTO DE REFLEXIÓN: Fui planeado para agradar a Dios.

VERSÍCULO PARA RECORDAR: *«Porque el Señor se complace en su pueblo».* Salmo 149:4a (NVI).

PREGUNTA PARA CONSIDERAR: ¿Qué puedo comenzar a hacer como si lo hiciera directamente para Jesús?

¿Qué hace sonreír a Dios?

Que el SEÑOR te sonría...
NÚMEROS 6:25 (BAD)

*Sonríe sobre mí como tu siervo;
enséñame tu camino para vivir.*
SALMO 119:135 (PAR)

zph.com/vida-pdl/c9

HACER SONREÍR A DIOS DEBE SER LA META DE NUESTRA VIDA.

Ya que agradar a Dios es el principal propósito de nuestra vida, la tarea más importante que tenemos es descubrir cómo hacerlo con exactitud. La Biblia indica que descubramos «*lo que agrada al Señor para hacerlo*».[1] Es una dicha que la Biblia nos presente un ejemplo claro de una vida que agradó a Dios. El hombre se llamaba Noé.

En su época, el mundo en su totalidad se hallaba en bancarrota moral. Todos vivían procurando su propio placer en lugar de complacer a Dios. Dios no encontró a *nadie* en la tierra interesado en agradarlo; estaba afligido y hasta le pesó haber hecho al ser humano. Estaba tan disgustado con la raza humana que consideró borrarla de la tierra. Sin embargo, hubo un hombre que lo hizo sonreír. La Biblia dice que: «*Noé era del agrado del Señor*».[2]

Dios dijo: «Este individuo me agrada. Me hace sonreír. Voy a comenzar de nuevo con su familia». Tú y yo hoy estamos vivos porque Noé contó con el favor de Dios. Del estudio de su vida aprendemos los cinco actos de adoración que hacen sonreír a Dios.

Dios sonríe cuando lo amamos por encima de todo. Noé amó a Dios más que a nada en el mundo, ¡incluso cuando *nadie más* lo

71

amaba! La Escritura afirma que «*durante toda su vida Noé cumplió fielmente la voluntad de Dios y disfrutó una estrecha relación con Dios*».[3]

Lo que Dios más desea es tener una relación de amor contigo. La verdad más asombrosa del universo es que nuestro Creador quiere estar en comunión con nosotros. Dios nos creó para amarnos, y anhela que nosotros también lo amemos. Él dice: «*Porque más me deleito en la lealtad que en el sacrificio, y más en el conocimiento de Dios que en los holocaustos*».[4]

¿Sientes palpitar la pasión de Dios en este versículo? Él te ama de todo corazón y desea, en reciprocidad, que tú también lo ames. Como el *anhelo* de Dios es que lo conozcamos y pasemos tiempo con él, aprender a amarlo y ser amado por él debería ser el mayor objetivo de nuestra vida. No hay ninguna otra cosa que tenga tanta importancia. Jesús lo llamó el mandamiento más importante. Dijo: «*Ama al Señor tu Dios con todo tu corazón, con todo tu ser y con toda tu mente... Éste es el primero y el más importante de los mandamientos*».[5]

Dios sonríe cuando confiamos en él completamente. Lo segundo que hizo Noé, que agradó a Dios, fue confiar en él, incluso cuando parecía sin sentido. La Biblia dice que «*por la fe Noé construyó un barco en plena tierra. Fue advertido sobre cosas que aún no se veían, y actuó basado en ello... Como resultado, Noé llegó a tener una amistad íntima con Dios*».[6]

Lo que Dios más desea es tener una relación contigo.

Imaginémonos la escena. Un día Dios se acerca a Noé y le dice: «Los seres humanos me han decepcionado. En todo el mundo no hay nadie que piense en mí, salvo tú. Noé, cuando te miro, me haces reír. Estoy satisfecho con tu vida. Voy a inundar el mundo y comenzar de nuevo con tu familia. Quiero que construyas un barco gigante para que tú y los animales se salven».

Había tres problemas que podrían haber hecho dudar a Noé. En primer lugar, él no conocía la lluvia porque antes del diluvio Dios irrigaba la tierra del suelo hacia arriba.[7] La gente nunca había visto un arco iris. En segundo lugar, Noé vivía a mucha distancia del océano más cercano. Aunque pudiera aprender a construir un barco, ¿cómo haría para trasladarlo al mar? En tercer lugar, reunir a los animales y cuidar de ellos era un problema. Pero Noé no se quejó ni se excusó. Tenía plena confianza en Dios, a quien hacía sonreír.

Confiar plenamente en Dios significa tener fe en que él sabe qué es mejor para tu vida. Esperas que cumpla sus promesas, te ayude con los problemas y haga hasta lo imposible cuando fuera necesario. La Biblia dice: «*Dios se complace en los que le honran y en los que confían en su constante amor*».[8]

A Noé le llevó ciento veinte años construir el arca. Supongo que hubo días en que se sintió descorazonado. Después de años y años sin ninguna señal de lluvia, lo tildaban con crueldad como «el loco que piensa que Dios le habla». Me imagino que los hijos de Noé deben haber sentido vergüenza del enorme barco que su padre estaba construyendo en el jardín de la casa. Sin embargo, no dejó de confiar en Dios.

¿En qué aspectos de tu vida necesitas confiar más en Dios? La confianza es un acto de adoración. Así como los padres se alegran cuando sus hijos confían en su amor y sabiduría, nuestra fe contenta a Dios. La Biblia afirma que «*sin fe es imposible agradar a Dios*».[9]

Dios sonríe cuando lo obedecemos de todo corazón. Salvar a la fauna de un diluvio mundial requería poner atención a la logística y los detalles. Había que hacer todo *exactamente de acuerdo con las instrucciones de Dios*. Él no dijo: «Constrúyete cualquier bote que quieras, Noé». No, él le dio instrucciones detalladas acerca del tamaño, la forma y los materiales que debía usar, así como con respecto al número de animales que debía traer a bordo. La Biblia nos relata la respuesta de Noé: «*Y Noé hizo todo según lo que Dios le había mandado*». Otra versión dice que «*hizo exactamente como Dios le mandó*».[10]

Observa que Noé obedeció *absolutamente todo* (no desobedeció ninguna instrucción) y con toda *exactitud* (en tiempo y forma de acuerdo con lo que Dios le mandó). Eso es hacer algo de todo corazón. ¡Cómo no iba a sonreír Dios viendo a Noé!

Si Dios te pidiera que construyeras un barco enorme, ¿tendrías preguntas, objeciones y reparos? Noé no las tuvo. Obedeció a Dios de todo corazón, lo que implica hacer cualquier cosa que Dios nos pida, sin reservas ni titubeos. Nada de andar con dilaciones y decir: «Voy a orar por eso». Debemos hacerlo sin demora. Cualquier padre sabe que la obediencia con retraso es en realidad desobediencia.

Dios no nos debe ninguna aclaración ni explicación de motivos cuando nos pide que hagamos algo. Para entender, podemos esperar; pero para obedecer, no. La obediencia instantánea nos enseñará más acerca de Dios que una vida de estudios bíblicos. En realidad, nunca entenderás algunos mandamientos si no los obedeces primero. Obedecer abre la puerta al entendimiento.

A veces intentamos ofrecerle a Dios una obediencia *parcial*. Queremos elegir y seleccionar qué mandamientos obedecer. Hacemos una lista de los mandamientos que nos gustan y los obedecemos, pero no tomamos en cuenta los que nos parecen irrazonables, difíciles, costosos o mal vistos. Asistiré a la iglesia, pero no diezmaré. Leeré la Biblia, pero no perdonaré a los que me lastimen. La obediencia a medias es desobediencia.

> Confiar plenamente en Dios significa tener fe en que él sabe qué es mejor para tu vida.

Cuando obedecemos de todo corazón lo hacemos con gozo, con entusiasmo. La Biblia nos exhorta: «*Obedécelo alegremente*».[11] La actitud del salmista fue decir: «*Dime solamente qué debo hacer, y lo haré, Señor. Mientras viva, obedeceré de todo corazón*».[12]

Santiago les habló a los cristianos diciéndoles que «*agradamos a Dios por lo que hacemos y no solo por lo que creemos*».[13] La Palabra de Dios nos dice claramente que no podemos ganarnos la salvación. La salvación es por gracia, no por ningún esfuerzo de nuestra parte. Pero como hijos de Dios podemos agradar a nuestro Padre celestial mediante la obediencia. Cualquier acto de obediencia es también un acto de adoración. ¿Por qué a Dios le agrada tanto la obediencia? Porque es la demostración de que realmente lo amamos. Jesús dijo: «*Si ustedes me aman, obedecerán mis mandamientos*».[14]

Dios sonríe cuando lo alabamos y le manifestamos una gratitud continua. Pocas cosas nos hacen sentir tan bien como recibir la alabanza y el aprecio de alguien. A Dios también le encanta. Él sonríe cuando le expresamos nuestra adoración y gratitud.

La vida de Noé complació a Dios porque vivió con un corazón lleno de alabanza y de acción de gracias. Lo primero que hizo Noé después de sobrevivir al diluvio fue expresarle su agradecimiento a Dios: le ofreció un sacrificio. La Biblia afirma: *«Luego Noé construyó un altar al Señor, y sobre ese altar ofreció... holocaustos».*[15]

Gracias al sacrificio de Jesús, hoy no ofrecemos sacrificios de animales como lo hizo Noé. En cambio, se nos manda ofrecer a Dios *«sacrificio de alabanza»*[16] y *«sacrificio de gratitud».*[17] Alabamos a Dios *por lo que él es* y le agradecemos por *lo que ha hecho.* David dijo: *«Con cánticos alabaré el nombre de Dios; con acción de gracias lo exaltaré. Esa ofrenda agradará más al Señor».*[18]

Algo asombroso sucede cuando le ofrecemos a Dios nuestra alabanza y gratitud. ¡Cuando lo alegramos, nuestro propio corazón se llena de gozo!

A mi madre le gustaba cocinar para mí. Incluso después de haberme casado con Kay, cuando íbamos de visita a casa de mis padres, me preparaba una mesa con increíbles platos caseros. Una de las cosas que más le gustaba en la vida era vernos comer y disfrutar de lo que nos preparaba. Cuanto más disfrutábamos la comida, más contenta se sentía.

Pero nosotros también disfrutábamos al hacerla sentir bien. El resultado era recíproco. Mientras comía sus platos, me deshacía en alabanzas y elogios a mi madre. No solo quería disfrutar la comida, sino agradarla también. Todo el mundo se sentía feliz.

La adoración también opera recíprocamente. Puesto que disfrutamos lo que Dios ha hecho por nosotros, le expresamos nuestro gozo, y él también se regocija, lo que a su vez aumenta nuestra alegría. El libro de los Salmos dice que *«los justos se alegran y se regocijan ante su presencia; están felices y gritan de júbilo».*[19]

Dios sonríe cuando usamos nuestras habilidades. Después del diluvio, Dios le dio a Noé estas simples instrucciones: *«Tengan* *muchos hijos y llenen la tierra. Pueden comer todos los animales y verduras que quieran, yo se los doy».*[20]

_____

Dios disfruta observando cada detalle de tu vida.

_____

Dios dijo: «¡Continúen con sus vidas!». Y a nosotros nos dice: «¡Ya es hora de que sigan con su vida! Hagan las cosas para las que concebí a los seres humanos. Tengan relaciones sexuales con su pareja. Tengan bebés. Críen una familia. Siembren una cosecha y coman. ¡Compórtense como humanos! ¡Para eso los creé!».

Es posible que sientas que el único momento en que agradas a Dios es cuando desarrollas una actividad «espiritual», como leer la Biblia, asistir a la iglesia, orar o testificar. Puedes pensar que a Dios no le interesan otros aspectos de tu vida. En realidad, Dios disfruta observando *cada* detalle de tu vida: ya sea que te encuentres trabajando, jugando, descansando o comiendo. No pierde de vista ninguno de tus movimientos. La Biblia nos dice que el Señor *«dirige los pasos del hombre devoto, que él se complace con todos los detalles de su vida».*[21]

Cualquier actividad humana, excepto pecar, puede realizarse para agradar a Dios si la hacemos con una actitud de alabanza. Podemos lavar platos, reparar motores, vender productos, diseñar programas de computación, sembrar la tierra o criar una familia para la gloria de Dios.

Como un padre orgulloso de sus hijos, Dios disfruta de manera especial viéndonos usar los talentos y habilidades que nos dio. Nos ha dado, intencionalmente para su regocijo, diferentes dones a cada uno. A algunas personas las ha creado para destacarse en lo atlético, a otras para ser más analíticas. Podemos tener capacidad para la mecánica, las matemáticas o la música, o para cualquiera de tantas otras habilidades. Al llevar a cabo estas actividades podemos hacer que se dibuje una sonrisa en el rostro de Dios. La Escritura declara que *«él ha formado a cada persona y ahora observa todo lo que hacemos».*[22]

No podemos glorificar ni agradar a Dios cuando escondemos nuestras aptitudes o intentamos ser distintos de lo que somos. Solo puedes agradar a Dios si eres tú mismo. Cada vez que rechazas una parte de tu persona, desprecias la sabiduría y soberanía de Dios al crearte. Dios dice que no tenemos derecho a discutir con nuestro Creador: «*¿Discute la vasija con su hacedor? ¿Disputa la arcilla con quien le da forma?*».[23]

En la película *Carros de fuego*, el corredor olímpico Eric Liddell dice: «Creo que Dios me creó con un propósito, pero también me hizo veloz, y cuando corro, siento el placer de Dios». Más adelante agrega: «Si dejara de correr, lo estaría despreciando». Las aptitudes *no espirituales* no existen, solo existe el *uso indebido* de ellas. Comienza a usar las tuyas para complacer a Dios.

A él también lo complace verte *disfrutar* de su creación. Te dio los ojos para que disfrutaras la belleza, los oídos para los sonidos y la música, el olfato y las papilas gustativas para los aromas y los sabores, y los nervios internos para el tacto. Cada circunstancia que disfrutemos se convertirá en un acto de adoración si le damos gracias a Dios por ella. En realidad, la Biblia dice que Dios «*nos provee de todo en abundancia para que lo disfrutemos*».[24]

¡Dios incluso disfruta mirándote dormir! Todavía recuerdo la profunda satisfacción que me producía ver a mis hijos mientras dormían cuando eran pequeños. A veces llegamos a tener un día cargado de problemas con sus desobediencias, pero cuando dormían se veían satisfechos, seguros y tranquilos, mientras yo pensaba cuánto los amaba.

Mis hijos no tenían que hacer nada para que yo los disfrutara. Los amaba tanto que me alegraba con solo mirarlos *respirar*. Mientras sus pequeños pechos subían y bajaban, sonreía, y hasta alguna vez los ojos se me llenaron de lágrimas por el gozo que sentía. Mientras duermes, Dios te contempla con amor, porque tú fuiste idea suya. Nos ama a cada uno como si fuésemos la única persona en la tierra.

Los padres no pretenden que sus hijos sean perfectos ni maduros para disfrutarlos. Los disfrutan durante todas las etapas del desarrollo. De la misma manera, Dios no espera que lleguemos a la madurez para comenzar a amarnos. Nos ama y disfruta en todas las etapas de nuestro desarrollo espiritual.

Mientras crecías, tus maestros o padres pudieron haber sido desagradables. No supongas que Dios siente lo mismo por ti. Él sabe que eres incapaz de ser perfecto y sin pecado. La Biblia dice: *«Bien sabe nuestro Dios cómo somos; ¡bien sabe que somos polvo!».*[25]

Dios se fija en la actitud de tu corazón: ¿Cuál es tu deseo más íntimo? ¿Agradar a Dios? Pablo estaba *«empeñado en agradarle, ya fuera en su hogar aquí o allá».*[26] Cuando vivimos a la luz de la eternidad, nuestro enfoque cambia. En lugar de plantearnos: «¿Cuánto placer me proporciona la vida?», llegamos a pensar: «¿Cuánto placer le proporciono a Dios con mi vida?».

Dios está buscando personas como Noé en el siglo veintiuno: personas dispuestas a vivir para agradarlo. Su Palabra afirma: *«Dios, desde el cielo, mira a hombres y mujeres; busca a alguien inteligente que lo reconozca como Dios».*[27]

¿Agradar a Dios será la meta de tu vida? No hay nada que Dios no haga por quien se empeñe en alcanzar este objetivo.

DÍA 9

Pensando en mi propósito

PUNTO DE REFLEXIÓN: Dios sonríe cuando confío en él.

VERSÍCULO PARA RECORDAR: *«El Señor se complace en los que lo adoran y confían en su amor»* Salmo 147:11 (PAR).

PREGUNTA PARA CONSIDERAR: Puesto que Dios sabe qué es lo mejor para mí, ¿en qué áreas de mi vida es que más necesito confiar en él?

El corazón de la adoración

Entréguense a Dios…
preséntenle todo su ser
para propósitos justos.
ROMANOS 6:13 (PAR)

zph.com/vida-pdl/c10

El corazón de la adoración es rendirse, entregarse.
La palabra *rendición* es poco popular, es tan rechazada como la palabra *sumisión*. Implica derrota, y nadie quiere ser un *perdedor*. La *rendición* evoca imágenes desagradables: reconocer la derrota en la batalla, darse por vencido en un juego o ceder frente a un oponente más fuerte. Casi siempre se usa en un contexto negativo. Los delincuentes son atrapados y se rinden ante las autoridades.

La cultura actual de competitividad nos enseña que nunca debemos darnos por vencidos y que nunca debemos rendirnos, así que no se oye mucho hablar de rendirse. Si todo se trata de ganar, rendirse es *inconcebible*. Preferimos hablar de ganar, triunfar, superar las dificultades y conquistar; nada de ceder, someternos, obedecer o entregarnos. Pero la entrega a Dios es el corazón de la adoración. Es la respuesta natural al asombroso amor y misericordia de Dios. Nos entregamos a él, no por temor u obligación, sino por amor, «*porque él nos amó primero*».[1]

Después de escribir once capítulos de la carta a los Romanos, explicando la increíble gracia de Dios con nosotros, Pablo nos exhorta a entregarle nuestra vida a Dios en adoración: «*Por lo tanto, mis amigos, mediante la inmensa misericordia de Dios hacia nosotros… ofrézcanse a Dios como sacrificio vivo, dedicados a su servicio y agradables a él. Esta es la verdadera adoración que deben ofrecer».*[2]

La verdadera adoración —agradar a Dios— se da cuando nos entregamos completamente a Dios. La primera y última palabra de ese versículo provienen del mismo verbo: *ofrecer*.

Ofrecerte a Dios es la esencia de la adoración.

A este acto de entrega personal se le llama de diversas maneras: consagración, que Jesús sea el Señor de nuestra vida, tomar la cruz, morir al yo, ponerse en manos del Espíritu. Lo que importa es lo que se haga, no cómo se le llame. Dios quiere nuestra vida: toda nuestra vida. El noventa y cinco por ciento no es suficiente.

> *Ofrecerte a Dios es la esencia de la adoración.*

Hay tres obstáculos que impiden nuestra entrega total a Dios: el temor, el orgullo y la confusión. No nos damos cuenta de cuánto nos ama Dios, queremos controlar nuestra propia vida y malinterpretamos lo que significa la entrega.

¿Puedo confiar en Dios? La confianza es un ingrediente esencial de la entrega. No puedes entregarte a Dios si no confías en él, pero tampoco puedes confiar en él hasta que lo conozcas mejor. El temor impide entregarnos, pero *el amor echa fuera el temor.* Cuanto más nos demos cuenta de lo mucho que Dios nos ama, más fácil nos resultará la entrega.

¿Cómo sabes que Dios te ama? Él te demuestra su amor de muchas maneras: Te dice que te ama;[3] nunca te pierde de vista;[4] cuida de todos los detalles de tu vida;[5] te dio la capacidad de disfrutar toda clase de placeres;[6] tiene buenos planes para tu vida;[7] te perdona[8]; y es cariñoso y paciente contigo.[9] Él te ama mucho más de lo que te puedas imaginar.

La mayor expresión de su amor es el sacrificio del Hijo de Dios por ti: *«Mas Dios muestra su amor para con nosotros, en que siendo aún pecadores, Cristo murió por nosotros».*[10] Si quieres saber cuán importante eres para Dios, mira a Cristo con sus brazos extendidos en la cruz, diciéndote: «¡Mi amor es así de grande! Prefiero morir a vivir sin ti».

Dios no es un esclavizador cruel o un explotador que usa la fuerza bruta y la coerción para someternos. No intenta doblegar nuestra voluntad, sino que nos atrae hacia sí para que podamos ofrecernos libremente a él. Dios es amante y libertador, y cuando nos entregamos a él obtenemos libertad, no esclavitud. Cuando nos entregamos completamente a Jesús, descubrimos que no es un tirano, sino el Salvador; no es jefe, sino hermano; no es dictador, sino amigo.

Reconozcamos nuestras limitaciones. El segundo obstáculo para nuestra entrega total es nuestro orgullo. No queremos admitir que somos meras criaturas y que no podemos controlarlo todo. Esa es la tentación más antigua: *«Llegarán a ser como Dios».*[11] Mucho de nuestro estrés se debe al deseo de control total. ¡La vida es una lucha, pero lo que muchas personas ignoran es que la nuestra, como la de Jacob, es en realidad una lucha con Dios! Queremos ser Dios, y de ninguna manera podremos ganar esa lucha.

A.W. Tozer dijo: «Muchos aún están confusos, buscando; apenas hacen pequeños progresos porque todavía no se han rendido del todo. Todavía pretendemos dar órdenes y entrometernos en la obra de Dios en nosotros».

No somos Dios, y *nunca* lo seremos. Somos seres humanos. Cuando pretendemos ser Dios acabamos pareciéndonos a Satanás, que pretendía eso mismo.

Aceptamos nuestra humanidad con el intelecto, pero no con las emociones. Cuando nos enfrentamos a nuestras propias limitaciones, reaccionamos con irritación, enojo y resentimiento. Queremos ser más altos (o más bajos), más inteligentes, más fuertes, más talentosos, más hermosos y más ricos. Queremos tener de todo y hacer cualquier cosa, y nos disgustamos cuando eso no ocurre. Al darnos cuenta de que Dios dota a otros con las características que no tenemos, respondemos con envidia, celos y autocompasión.

Lo que significa rendirse. La rendición a Dios no es resignación pasiva, ni fatalismo, ni una excusa para la pereza. No es aceptar el estado actual de las cosas. Todo lo contrario: es sacrificar nuestra vida y sufrir para cambiar lo que se debe modificar. Dios suele llamar a las personas consagradas a luchar por él. La entrega no es para cobardes ni para quienes se dejan pisotear por todo el mundo. Tampoco significa dejar de pensar racionalmente. ¡Dios no quiere desperdiciar la mente que te dio! No quiere robots a su servicio. La entrega no implica reprimir nuestra personalidad. Él quiere usar nuestra personalidad, que es única. En lugar de reducirla, la entrega potencia nuestra personalidad. C.S. Lewis señaló: «Cuanto más dejamos que Dios tome nuestra vida, más verdaderamente nos convertimos en lo que somos, porque él nos creó. Él inventó todas las distintas personas que hemos sido destinados a ser... Cuando me vuelvo a Cristo, cuando me rindo a su personalidad, recién entonces comienzo a adquirir mi verdadera personalidad».

La entrega se demuestra mejor con la obediencia y la confianza. Dices: «*Sí, Señor*» a cualquier cosa que te pida. Decirle: «*No, Señor*» sería una contradicción. No podemos llamarle Señor a Jesús si nos negamos a obedecerle. Después de pasar la noche pescando infructuosamente, Simón fue un modelo de entrega cuando Jesús le dijo que intentara de nuevo: «*Maestro, hemos estado trabajando duro toda la noche y no hemos pescado nada... Pero como tú me lo mandas, echaré las redes*».[12] Las personas consagradas obedecen la Palabra de Dios, incluso aunque piensen que no tiene sentido.

Otro aspecto de una vida completamente consagrada es la confianza. Abraham siguió la guía de Dios sin saber *adónde* lo llevaría. Ana esperó el tiempo perfecto de Dios sin saber *cuándo* sería. María esperaba un milagro sin saber *cómo*. José confió en el propósito de Dios sin saber *por qué* las circunstancias se dieron como se dieron. Todos ellos se entregaron a Dios por completo.

Puedes saber que te has entregado a Dios cuando dependes de él para que las cosas resulten bien, en lugar de manipular a los demás, imponer tus ideas y controlar la situación. Uno suelta las riendas y deja que Dios obre. No necesitas estar «siempre al control». La Biblia dice que debemos entregarnos al Señor y *esperar en él con paciencia*.[13] En lugar de esforzarte más, confía más. También sabes que te has rendido cuando no reaccionas a la crítica ni te apresuras a defenderte. Un corazón rendido se destaca en las relaciones personales. Una vez que nos entregamos a Dios, ya no descalificamos a los demás, no exigimos nuestros derechos y no buscamos nuestro propio bien.

Para muchas personas, el elemento más difícil de entregar es su dinero. Muchos han pensado: «Quiero vivir para Dios, pero también quiero ganar suficiente dinero para tener una vida cómoda y jubilarme algún día». La meta de una vida consagrada no es la jubilación, porque compite con Dios por la atención primaria de nuestra vida. Jesús dijo: «*No se puede servir a la vez a Dios y a las riquezas*»[14] y «*donde esté tu tesoro, allí estará también tu corazón*».[15]

El ejemplo supremo de entrega personal es Jesús. La noche antes de su crucifixión, Jesús se entregó al plan de Dios. Oró pidiéndole al Padre que, como todo era posible para él, no le hiciera beber esa copa de sufrimiento; pero que no se hiciera su voluntad, sino la del Padre.[16]

> La entrega se demuestra mejor con la obediencia y la confianza.

Jesús no oró diciendo: «Dios, si pudieras evitarme este dolor, hazlo». ¡Ya había afirmado que todo es posible para Dios! En vez de eso oró: «Dios, si lo mejor *para ti* es librarme de este sufrimiento, hazlo por favor. *Pero* si es para cumplir con tu propósito, yo también lo quiero así».

La entrega auténtica dice: «Padre, si este problema, dolor, enfermedad y circunstancia son necesarios para cumplir tu propósito y para tu gloria en mi vida o en la de otro, no me libres de este trance». Este grado de madurez no se logra fácilmente. En el caso de Jesús, la agonía por el plan de Dios fue tanta que sudó gotas de sangre. La entrega implica trabajo duro. En nuestro caso, es un combate intenso contra nuestra naturaleza egocéntrica.

Las bendiciones de rendirnos. La Biblia no podría ser más clara con respecto a los beneficios que trae una vida completamente entregada a Dios. En primer lugar, experimentamos paz. «*¡Deja de discutir con Dios! Ponte de acuerdo con él, y por fin tendrás paz y las cosas te irán bien*».[17] Luego, experimentamos libertad: «*Sométanse a los caminos de Dios y serán libres para siempre... sus mandatos los liberan para vivir abiertamente su libertad*».[18] En tercer lugar, experimentamos el poder de Dios en nuestra vida. Cristo puede derrotar las tentaciones pertinaces y los problemas acuciantes si se los entregamos a él.

Cuando Josué estaba próximo a la batalla más grande de su vida,[19] se encontró con Dios, se postró en adoración y se puso a sus órdenes, sometiéndole sus planes. Esa entrega le permitió una victoria imponente sobre Jericó. Esta es la paradoja: la victoria viene de rendirse. La entrega no nos debilita, nos fortalece. Cuando nos entregamos a Dios, no tenemos por qué temer o rendirnos a nada más. William Booth, el fundador del Ejército de Salvación, dijo: «La grandeza del poder de un hombre está en el grado de su consagración».

Dios usa a las personas consagradas. Dios eligió a María para ser la madre de Jesús, no porque fuera talentosa o rica o hermosa, sino porque era una persona completamente consagrada a él. Cuando el ángel le explicó el inverosímil plan de Dios, ella con calma le respondió que *era la sierva del Señor y que estaba dispuesta a aceptar lo que él quisiera*.[20] No hay nada más poderoso que una vida consagrada puesta en las manos de Dios. *Así que debemos someternos completamente a Dios*.[21]

La mejor manera de vivir. Al fin y al cabo, todos acabaremos rindiéndonos a algo o a alguien. Si no nos entregamos a Dios, nos entregaremos a las opiniones o expectativas de otros, al dinero, al resentimiento, al temor o a nuestro propio orgullo, a nuestro deseo o a nuestro ego. Dios nos diseñó para adorarlo; si no lo hacemos, crearemos otras cosas (ídolos) para entregarles nuestra vida. Somos libres de elegir a quién nos rendiremos, pero no podremos librarnos de las consecuencias de esa elección. E. Stanley Jones dijo: «Si uno no se entrega a Cristo, se entrega al caos».

Entregarse no es la mejor manera de vivir, es la única.

Entregarse no es la *mejor* manera de vivir, es la *única* manera de vivir. Ninguna otra cosa da resultado. Cualquier otro enfoque conduce a la frustración, la decepción y la destrucción propia. En la versión Reina-Valera de la Biblia a la entrega se le llama «*vuestro culto racional*»[22] y una versión en inglés la traduce como «la manera más *sensata* de servir a Dios».[23] Entregar nuestra vida no es un impulso emocional e insensato, sino una acción inteligente y racional, el acto más responsable y sensato que podemos hacer con nuestra vida. Pablo lo dijo: «*Por eso nos empeñamos en agradarle*».[24] Tus momentos más sabios serán aquellos cuando le digas a Dios que sí.

Puede que te lleve años, pero al fin descubrirás que el mayor estorbo a la bendición de Dios en tu vida no son los demás, sino tú mismo: tu propia voluntad, tu orgullo obstinado y tu ambición personal. No podrás cumplir los propósitos que Dios tiene para tu vida mientras vivas concentrado en tus propios planes.

Si Dios va a trabajar a fondo contigo, comenzará con esto. Así que entrégale todo a Dios: lo que lamentas de tu pasado, tus problemas del presente, tus ambiciones para el futuro, tus temores, tus sueños, tus debilidades, tus costumbres, tus penas y tus complejos. Pon a Cristo en el asiento del conductor de tu vida y suelta las riendas. No tengas miedo; nada que él tenga bajo su control puede quedar a la deriva. Si Cristo tiene el dominio, podrás enfrentarlo todo. Serás como Pablo, que dijo estar «*listo para cualquier cosa y para enfrentarme a cualquier circunstancia, gracias a aquel que me infunde la fuerza interior; o sea, soy autosuficiente en la suficiencia de Cristo*».[25]

Pablo se rindió en el camino a Damasco, después de que una luz deslumbrante lo hiciera caer al suelo. A otras personas Dios les llama la atención con métodos menos drásticos. De todos modos, la consagración nunca es un acontecimiento transitorio. Pablo dijo: «*Cada día muero*».[26] Hay un *instante* de consagración y una *práctica* de consagración, que es a cada momento y por toda la vida. El problema de los sacrificios *vivos* es que se pueden escapar del altar, por lo que puede ser necesario reconsagrar nuestra vida varias veces al día. Debes hacer de la consagración un hábito diario. Jesús afirmó: «*Si alguno quiere seguirme, debe renunciar a las cosas que quiere. Debe estar dispuesto a renunciar a su vida cada día y seguirme*».[27]

Una advertencia: Cuando decidimos tener una vida enteramente consagrada, esta decisión será puesta a prueba. A veces implicará realizar tareas inconvenientes, nada gratas, costosas o aparentemente imposibles. Varias veces implicará ir en contra de lo que deseamos hacer.

Uno de los líderes cristianos más grandes del siglo veinte fue Bill Bright, el fundador de la Cruzada Estudiantil y Profesional para Cristo. Gracias al personal de la Cruzada en todo el mundo, al folleto de las «Cuatro leyes espirituales» y a la película *Jesús* (vista por más de mil millones de espectadores), más de ciento cincuenta millones de personas han aceptado a Cristo y pasarán la eternidad en el cielo.

En una ocasión le pregunté a Bill: «¿Por qué ha usado Dios tu vida y te ha bendecido tanto?». Me contestó: «Cuando era joven, hice un contrato con Dios. Lo escribí y firmé de mi puño y letra. Decía: "A partir de hoy, soy esclavo de Jesucristo"».

¿Alguna vez has firmado un contrato como ese con Dios? ¿O todavía estás discutiendo y luchando con Dios acerca del derecho que él tiene de hacer con tu vida lo que le plazca? Llegó el momento de que te rindas a Dios, su gracia, su amor y su sabiduría.

DÍA 10

Pensando en mi propósito

PUNTO DE REFLEXIÓN: El corazón de la adoración es la rendición y la entrega.

VERSÍCULO PARA RECORDAR: «*Entréguense por completo a Dios... para sus buenos propósitos*». Romanos 6:13 (BAD).

PREGUNTA PARA CONSIDERAR: ¿Hay alguna parte de mi vida que no le haya entregado a Dios?

Hagámonos los mejores amigos de Dios

Porque si, cuando éramos enemigos de Dios,
fuimos reconciliados con él
mediante la muerte de su Hijo,
¡con cuánta más razón...
seremos salvados
del castigo de Dios por su vida!
ROMANOS 5:10 (NVI)

zph.com/vida-pdl/c11

DIOS QUIERE SER TU MEJOR AMIGO.

Nuestra relación con Dios tiene diferentes aspectos: Dios es el Creador y el Hacedor, el Señor y el Maestro, Juez, Redentor, Padre, Salvador y mucho más.[1] ¡Pero la verdad más impactante es que el Dios Todopoderoso anhela ser nuestro Amigo!

En el jardín del Edén vemos la relación ideal de Dios con nosotros: Adán y Eva disfrutaban de una amistad íntima con él. No había rituales, ni ceremonias, ni religión: simplemente una relación sencilla y cariñosa entre Dios y las personas que había creado. Sin los estorbos de la culpa o el temor, Adán y Eva se deleitaban en Dios, y él en ellos.

Dios nos creó para vivir continuamente en su presencia; pero después de la caída, esa relación ideal se estropeó. Solo unas pocas personas en el Antiguo Testamento tuvieron el privilegio de la amistad divina. A Moisés y Abraham se les llamó «amigos de Dios», de David se nos dice que para Dios era «*un hombre conforme a* [su] *corazón*», y Job, Enoc y Noé tenían una amistad íntima con Dios.[2]

Pero en el Antiguo Testamento, el temor de Dios predomina más que la amistad.

Jesús cambió esa situación. Al pagar por nuestros pecados en la cruz, el velo del templo —que simbolizaba nuestra separación de Dios— se rasgó de arriba a abajo, como señal de que el acceso directo a Dios estaba nuevamente abierto.

A diferencia de los sacerdotes del Antiguo Testamento que debían prepararse durante horas antes de reunirse con él, nosotros ahora podemos acercarnos a Dios en cualquier momento. La Biblia dice que *«ahora tenemos la maravillosa alegría del Señor en nuestras vidas, gracias a que Cristo murió por nuestros pecados y nos hizo sus amigos».*[3]

DÍA 11:

Hagámonos los mejores amigos de Dios

La amistad con Dios solo es posible por su gracia y el sacrificio de Jesús: *«Dios nos reconcilió, por medio de Cristo nos transformó de enemigos en amigos».*[4] Un viejo himno dice: *«¡Oh, qué amigo tenemos en Cristo!»,* pero, en realidad, Dios nos invita a disfrutar de amistad y comunión con las tres personas de la Trinidad: nuestro Padre,[5] el Hijo[6] y el Espíritu Santo.[7]

Jesús dijo: *«Ya no los llamo siervos, porque el siervo no está al tanto de lo que hace su amo; los he llamado amigos, porque todo lo que a mi Padre le oí decir se lo he dado a conocer a ustedes».*[8] La palabra amigo en este versículo no se refiere a un conocido ocasional, sino a una relación estrecha y de confianza. El mismo término se usa para referirse al padrino del novio en la boda[9] y al círculo de amigos más íntimo y las personas de confianza del rey. En las cortes reales, los siervos deben mantener cierta distancia prudente del rey, pero sus amigos íntimos disfrutan de un contacto estrecho, así como de acceso directo al rey, y de información confidencial.

Es difícil comprender por qué Dios quiere ser mi amigo íntimo, pero la Biblia declara que *«Dios es apasionado con respecto a su relación con nosotros».*[10]

Dios tiene el anhelo intenso de que lo conozcamos íntimamente. En efecto, planificó el universo y estructuró la historia, incluyendo los detalles de nuestra vida, para que pudiésemos ser sus amigos. La

Escritura afirma: «*De un solo hombre hizo todas las naciones para que habitaran toda la tierra; y determinó los periodos de su historia y las fronteras de sus territorios. Esto lo hizo Dios para que todos lo busquen y, aunque sea a tientas, lo encuentren*».[11]

Conocer y amar a Dios es nuestro gran privilegio; ser conocido y amado por él es su mayor placer. Él dice que «*si alguien ha de gloriarse, que se gloríe de conocerme y de comprender que yo soy el Señor... pues es lo que a mí me agrada*».[12]

Es difícil imaginar cómo es posible una amistad íntima entre un Dios perfecto, invisible y omnipotente y el ser humano finito y pecador. Sería más fácil de entender una relación entre el Amo y el siervo, o entre el Creador y lo creado, incluso entre el Padre y el hijo. Pero, ¿qué significa que Dios quiera ser mi amigo? Si consideramos las vidas de los amigos de Dios en la Biblia, podemos aprender seis secretos de la amistad con Dios. Veamos dos secretos en este capítulo y los cuatro restantes en el siguiente.

Cómo llegar a ser el mejor amigo de Dios

Mediante la conversación constante. No será posible desarrollar una relación estrecha con Dios si solo asistimos a la iglesia una vez a la semana, ni tampoco si solo tenemos un rato a solas con Dios. La amistad con Dios se cultiva cuando compartimos *todas* nuestras vivencias con él.

Por supuesto que es importante establecer el hábito del devocional diario con Dios, pero él quiere ser más que una cita en nuestra agenda.[13] Quiere ser incluido en *cada* actividad, en cada conversación, en cada problema y hasta en cada uno de nuestros pensamientos. Es posible mantener una conversación continua con él y permanecer «a la espera de su respuesta» durante todo el día, comentándole lo que estamos haciendo o pensando *en ese momento*. «*Oren sin cesar*»[14] implica

> *Conocer y amar a Dios es nuestro gran privilegio; ser conocido y amado por él es su mayor placer.*

conversar con Dios mientras realizamos las compras, conducimos el automóvil, trabajamos o desarrollamos cualquier otra tarea cotidiana.

Existe el concepto erróneo de que «pasar tiempo con Dios» significa estar *a solas* con él. Por supuesto, conforme al modelo de Jesús, necesitamos pasar tiempo a solas con Dios, pero eso representa apenas una fracción del tiempo que estamos despiertos. *Todo* lo que hacemos puede ser «tiempo que pasamos con Dios» si lo invitamos a acompañarnos y somos conscientes de su presencia.

Hay un libro clásico para aprender a desarrollar una conversación constante con Dios: *Practicing the Presence of God* [La práctica de la presencia de Dios]. Fue escrito en el siglo diecisiete por el hermano Lawrence, un humilde cocinero de un monasterio francés. El hermano Lawrence fue capaz de convertir hasta las tareas domésticas más comunes y serviles, como preparar las comidas y lavar los platos, en actos de alabanza y comunión con el Creador. «La clave de la amistad con Dios —dijo— no es cambiar lo que uno hace, sino cambiar *la actitud de uno* al hacerlo. Lo que normalmente haces para ti, comienzas a hacerlo para Dios; ya se trate de comer, bañarse, trabajar, descansar o sacar la basura».

En la actualidad a veces sentimos que tenemos que «distanciarnos» de nuestra rutina diaria para poder adorar a Dios, pero eso se debe a que no hemos aprendido a practicar su presencia todo el tiempo. Al hermano Lawrence le resultaba fácil adorar a Dios mientras desarrollaba las tareas comunes de la vida; no tenía que viajar para asistir a retiros espirituales especiales.

Ese es el ideal de Dios. En el Edén, la adoración no era un acontecimiento al que había que asistir, sino una actitud ininterrumpida; Adán y Eva estaban en comunión constante con Dios. Como él está con nosotros todo el tiempo, no hay un lugar donde puedas estar más cerca de Dios que donde te encuentras ahora mismo. La Biblia dice que él gobierna sobre todos: «*Está sobre todos y por medio de todos y en todos*».[15]

Otra de las ideas útiles del hermano Lawrence era pronunciar oraciones más cortas y conversacionales continuamente durante el día, en vez de establecer sesiones largas y oraciones complejas. Para mantener la concentración y evitar la distracción, aconsejaba:

«Sugiero que no usen muchas palabras cuando oren, porque los discursos largos son propicios para la distracción».[16] En estos tiempos de falta de atención, esta sugerencia de hace cuatrocientos cincuenta años es de particular relevancia: Que las oraciones sean sencillas.

La Biblia nos dice que debemos *orar todo el tiempo*.[17] ¿Cómo es posible hacer eso? Una manera es usar «oraciones de aliento» durante todo el día, como lo han venido haciendo muchos cristianos desde hace siglos. Puedes elegir una afirmación o frase sencilla para repetírsela a Jesús que te lleve solo un instante: «Tú estás conmigo». «Acepto tu gracia». «Cuento contigo». «Quiero conocerte». «Pertenezco a ti». «Ayúdame a confiar en ti». También puedes usar pasajes cortos de las Escrituras: «Para mí el vivir es Cristo». «Nunca me abandonarás». «Tú eres mi Dios». Óralas tan seguido como sea posible para que se graben a fondo en tu corazón. Solo asegúrate de que tu intención sea honrar a Dios, nunca controlarlo.

> *Todo lo que hacemos puede ser «tiempo que pasamos con Dios» si lo invitamos a acompañarnos y somos conscientes de su presencia.*

Practicar la presencia de Dios es una destreza, un hábito que se puede desarrollar. Así como los músicos practican escalas todos los días para tocar melodías hermosas con desenvoltura, debes obligarte a pensar en Dios varias veces al día. Debes entrenar tu mente para recordar a Dios.

Al principio necesitarás crear recordatorios para traer regularmente a la memoria el pensamiento de que Dios está a tu lado en ese instante. Comienza colocando notas visuales a tu alrededor. Podrías escribir una nota así: *«¡Dios está conmigo y de mi lado en este mismo instante!»*. Los monjes benedictinos recuerdan que deben hacer una pausa y rezar «la oración horaria» con las campanadas del reloj. Si tienes uno o un teléfono celular con alarma, podrías hacer lo mismo. Algunas veces sentirás la presencia de Dios; otras, no.

Si buscas *experimentar* la presencia de Dios en todo esto, no has entendido nada. No alabamos a Dios para sentirnos bien, sino para *hacer* el bien. Nuestra meta no es tener una sensación, sino una conciencia continua de la *realidad* de que Dios está siempre presente. Ese es el estilo de vida de adoración.

Mediante la meditación continua. La segunda manera de consolidar una amistad con Dios es pensar en su Palabra durante el día. Eso se llama meditación, y la Biblia repetidas veces nos exhorta a meditar en quién es Dios, lo que ha hecho y lo que ha dicho.[18]

Es imposible ser amigos de Dios si no *sabemos lo que dice.* No podemos amar a Dios si no lo conocemos, y no podemos conocerlo si no conocemos su Palabra. Ella dice que Dios *«se revelaba a Samuel y le comunicaba su palabra».*[19]

Si bien no podemos pasarnos veinticuatro horas estudiando la Biblia, podemos pensar en ella durante el día, recordando versículos que hemos leído o memorizado, y reflexionando en ellos.

A veces se cree que la meditación es un ritual difícil y misterioso, practicado por místicos o monjes en aislamiento. Sin embargo, meditar es simplemente pensar con concentración: algo que cualquiera puede aprender y usar en cualquier lado.

Cuando le damos vuelta en la cabeza a un problema, decimos que tenemos una preocupación. Cuando piensas en la Palabra de Dios y le das vuelta en tu cabeza, llamamos a eso meditación. ¡Si sabes cómo preocuparte, ya sabes cómo meditar! En vez de pensar con insistencia en tus problemas, necesitas cambiar la atención de tus problemas a los versículos bíblicos. Cuanto más medites en la Palabra de Dios, tendrás menos de qué preocuparte.

Dios consideraba a Job y a David sus amigos porque valoraban su Palabra por encima de todas las demás cosas, y pensaban en ella continuamente en el transcurso del día. Job admitió: *«No me he apartado de los mandamiento de sus labios; en lo más profundo de mi ser he atesorado las palabras de su boca».*[20] David dijo: *«¡Cuánto amo yo tu ley! Todo el día medito en ella»,*[21] y sus palabras *«constantemente están en mis pensamientos; no puedo dejar de pensar en ellas».*[22]

Los amigos comparten sus secretos, y Dios compartirá sus secretos contigo si desarrollas el hábito de reflexionar en su Palabra durante el día. Dios le contaba a Abraham sus secretos; hizo lo mismo con Daniel, Pablo, los discípulos y otros amigos.[23]

Al leer la Biblia y escuchar un sermón o una grabación, no olvides lo que escuchaste cuando te vayas. Desarrolla la práctica de repasar la verdad en tu mente, reflexiona sobre lo que has leído o escuchado, dale vuelta en la cabeza. Cuanto más tiempo dediques a repasar lo que Dios dijo, más entenderás los «secretos» de esta vida que pasan inadvertidos para muchas personas. La Biblia afirma: *«Ser amigos de Dios es privilegio de quienes lo reverencian; sólo con ellos comparte él los secretos de sus promesas».*[24]

En el capítulo siguiente consideraremos otros cuatro secretos para cultivar una amistad con Dios, pero no esperes hasta mañana. Comienza hoy mismo a practicar una conversación constante con Dios y la meditación continua de su Palabra. La oración nos permite hablar con Dios; la meditación permite que él nos hable. Ambas son esenciales para ser amigos de Dios.

DÍA 11

Pensando en mi propósito

PUNTO DE REFLEXIÓN: Dios quiere ser mi mejor amigo.

VERSÍCULO PARA RECORDAR: *«Ser amigos de Dios es privilegio de quienes lo reverencian».* Salmo 25:14 (BAD).

PREGUNTA PARA CONSIDERAR: ¿Qué puedo hacer para recordar que debo pensar en Dios y hablar con él más a menudo durante el día?

Desarrolla tu amistad con Dios

zph.com/vida-pdl/c12

*El Señor... al íntegro
le brinda su amistad.*
PROVERBIOS 3:32 (NVI)

*Acérquense a Dios,
y él se acercará a ustedes.*
SANTIAGO 4:8 (NVI)

Estás tan cerca de Dios como lo decidas.

Como en cualquier amistad, debemos trabajar para desarrollar la nuestra con Dios. Ella no se da por casualidad. Requiere voluntad, tiempo y energía. Si deseas un vínculo más estrecho e íntimo con Dios, deberás aprender a comunicarle tus sentimientos con sinceridad, a confiar en él cuando le pidas que haga algo, a aprender a interesarte en lo que a él le interesa y a procurar su amistad más que ninguna otra cosa.

Debo ser sincero con Dios. La primera piedra para edificar una amistad profunda con Dios es tener sinceridad con relación a nuestras faltas y sentimientos. Dios no espera que seamos perfectos, pero sí insiste en que seamos completamente sinceros. En las Escrituras, ninguno de los amigos de Dios era perfecto. Si la perfección fuera un requisito para ser amigo suyo, nunca podríamos serlo. Es una dicha que, por la gracia de Dios, Jesús todavía sea *«amigo de pecadores»*.[1]

En la Biblia, los amigos de Dios fueron sinceros con respecto a sus sentimientos, se quejaban y discutían con él, ponían sus decisiones en tela de juicio y hasta lo acusaban. Esta franqueza no parecía molestarle a Dios; es más, la estimuló.

Dios permitió que Abraham pusiera en tela de juicio y cuestionara la destrucción de la ciudad de Sodoma. Abraham insistió con Dios para que no destruyera la ciudad, negoció con él, intercediendo por si hubiera al menos cincuenta justos hasta conseguir llegar a apenas diez.

Dios también escuchó pacientemente las acusaciones de David, que se quejaba de la injusticia, la traición y el abandono. Dios no mató a Jeremías cuando dijo que él le había hecho trampa. Job pudo darle rienda suelta a su amargura durante el calvario que pasó y, al final, Dios mismo lo defendió por ser sincero y amonestó a sus amigos por su falta de autenticidad. Dios les dijo que «*a diferencia de mi amigo Job, lo dicho por ustedes y lo que han dicho sobre mí no es verdad... Mi amigo Job ahora orará por ustedes y yo aceptaré su oración*».[2]

En un ejemplo asombroso de franca amistad,[3] Dios expresó su disgusto total con la desobediencia de Israel. ¡Le dijo a Moisés que cumpliría la promesa de darles a los israelitas la tierra prometida, *pero* que no daba un paso más con ellos en el desierto! Dios estaba harto, y quiso que Moisés supiera exactamente cómo se sentía.

Moisés, hablando como «amigo» de Dios, le respondió con la misma franqueza: «*Tú insistes en que yo debo guiar a este pueblo, pero no me has dicho a quién enviarás conmigo. También me has dicho que soy tu amigo y que soy muy especial para ti... entonces, dime cuáles son tus planes... Ten presente que los israelitas son tu pueblo, tu responsabilidad... Si tu presencia no nos guía, ¡mejor no emprendamos este viaje! Si no vienes con nosotros, ¿cómo sabré que estamos juntos en esto, yo y tu pueblo? ¿Vienes con nosotros o no?*

> *Dios no espera que seamos perfectos, pero sí insiste en que seamos completamente sinceros*

—Está bien, haré lo que me pides —le dijo el Señor a Moisés—, y también haré esto porque te conozco bien y te considero mi amigo».[4]

¿Puede Dios tolerar esa sinceridad franca e intensa de tu parte? ¡Por supuesto! La amistad auténtica se construye basándose en revelaciones. Lo que puede parecer un *atrevimiento*, para Dios es *autenticidad*. Dios escucha las palabras apasionadas de sus amigos; se aburre con los clichés reverentes y previsibles. Si quieres ser amigo de Dios, debes ser sincero con él, comunicarle lo que de verdad sientes, no lo que piensas que deberías sentir o decir.

Es posible que necesites confesar una rabia oculta o algún resentimiento contra Dios por ciertas partes de tu vida donde sientes que Dios no te trató con justicia o te decepcionó. Hasta que maduremos lo suficiente como para entender que Dios usa todo para bien de nuestra vida, estaremos resentidos con él por simplezas como la apariencia física, nuestro trasfondo y formación, oraciones sin respuesta, penas del pasado y otras cosas que cambiaríamos si fuéramos Dios. La gente suele echarle la culpa a él por el dolor que otros les han provocado: William Backus le llama a eso «la grieta oculta con Dios».

> *El resentimiento es el mayor impedimento para amistarse con Dios.*

El resentimiento es el mayor impedimento para amistarse con Dios: ¿Por qué querría ser amigo de Dios si permitió esto? El antídoto, por supuesto, es darse cuenta de que Dios *siempre* actúa defendiendo nuestros intereses, incluso cuando nos resulta doloroso y no podemos entenderlo. Pero expresar nuestro resentimiento y revelar nuestros sentimientos es el primer paso para la recuperación. Como lo hicieron tantas personas en la Biblia, cuéntale a Dios exactamente cómo te sientes.[5]

Dios dejó sus instrucciones con respecto a la sinceridad sin tapujos en el libro de los Salmos: un manual de adoración lleno de protestas y desvaríos, dudas, temores, resentimientos y sentidas pasiones, combinadas con gratitud, alabanza y afirmaciones de fe. En ese libro se han catalogado todas las emociones. Cuando leas las emotivas confesiones de David y otros, entenderás que así es como Dios quiere que lo adores: sin ocultarle ningún sentimiento. Podemos orar como el salmista: «*En su presencia expongo mi queja, en su presencia doy a conocer mi angustia cuando me encuentro totalmente deprimido*».⁶

Es alentador saber que todos los amigos más íntimos de Dios —Moisés, David, Abraham, Job entre otros— tuvieron sus momentos de duda. Pero en vez de disimular su desconfianza con piadosa hipocresía, la expresaron con sinceridad, franca y públicamente. Expresar nuestras dudas suele ser el primer paso hacia el siguiente nivel de intimidad con Dios.

Debo obedecer a Dios en fe. Siempre que confiemos en la sabiduría divina y hagamos todo lo que nos manda, aunque no lo entendamos, estaremos afianzando la amistad con Dios. Usualmente no pensamos en la obediencia como una característica de la amistad; la reservamos para las relaciones con los padres, el jefe o alguien en autoridad, pero no con un amigo. Sin embargo, Jesús dejó bien claro que la obediencia es una condición para la intimidad con Dios. Él dijo: «*Ustedes son mis amigos si hacen lo que yo les mando*».⁷

En el capítulo anterior señalé que la palabra que Jesús usó cuando nos llamó «amigos» podía emplearse para referirse a «los amigos del rey» en la corte real. Si bien estos compañeros cercanos tenían privilegios especiales, aun así estaban sujetos al rey y tenían que obedecer sus órdenes. Somos amigos de Dios, pero no somos sus iguales. Él es nuestro líder cariñoso, y nosotros lo seguimos.

DÍA 12: *Desarrolla tu amistad con Dios*

Obedecemos a Dios no por obligación, temor o compulsión, sino porque lo *amamos* y confiamos en que sabe lo que es mejor para nosotros. *Queremos* seguir a Cristo porque estamos agradecidos por todo lo que ha hecho por nosotros, y cuanto más de cerca lo sigamos, más estrecha será nuestra amistad.

Los no creyentes piensan que los cristianos obedecen por obligación, porque se sienten culpables o por temor al castigo, pero es todo lo contrario. Obedecemos por amor, porque nos ha perdonado y liberado, ¡y nuestra obediencia nos llena de gozo!

Jesús dijo: «*Así como el Padre me ha amado a mí, también yo los he amado a ustedes. Permanezcan en mi amor. Si obedecen mis mandamientos, permanecerán en mi amor, así como yo he obedecido los mandamientos de mi Padre y permanezco en su amor. Les he dicho esto para que tengan mi alegría y así su alegría sea completa*».[8]

Fíjate en que Jesús simplemente espera que hagamos lo mismo que él hizo con el Padre. Esa relación es el modelo para establecer nuestra amistad con él. Jesús hizo todo lo que el Padre le pidió que hiciera, y lo hizo por amor.

La verdadera amistad no es pasiva, sino activa. Cuando Jesús nos pide que amemos a los demás, que ayudemos a los necesitados, compartamos nuestros recursos, tengamos una vida limpia, estemos dispuestos a perdonar y a traer a otros a él, el amor nos impulsa a obedecerlo al instante.

Muchas veces se nos desafía a hacer «*grandes cosas*» para Dios. En realidad, a él le agrada más que hagamos pequeñas cosas con obediencia y por amor. Podrán pasar inadvertidas para los demás, pero Dios las ve y las considera actos de adoración.

Las grandes oportunidades suelen venir una sola vez en la vida, pero estamos rodeados de pequeñas oportunidades todos los días. Podemos alegrar a Dios hasta con actos tan sencillos como decir la verdad, ser generosos y animar a los demás. Dios atesora estos simples gestos de obediencia más que nuestras oraciones, alabanzas y ofrendas. La Biblia nos dice: «*¿Qué le agrada más al Señor: que se le ofrezcan holocaustos y sacrificios, o que se obedezca lo que él dice? El obedecer vale más que el sacrificio*».[9]

Jesús comenzó su ministerio público a la edad de treinta años, cuando Juan lo bautizó. «*Este es mi Hijo amado; estoy muy complacido con él*».[10] ¿Qué hizo Jesús durante treinta años que agradaba tanto a Dios? La Biblia no nos dice nada con respecto a esos años ocultos, a excepción de una frase aislada en Lucas 2:51: «*Regresó con sus padres a Nazaret, y vivió en obediencia a ellos*» (NTV). Treinta años de vivir agradando a Dios se resumen en dos palabras: «*¡Vivió obedientemente!*».

Debo valorar lo que Dios valora. Esto es lo que hacen los amigos: se interesan en lo que la otra persona considera importante.

Mientras más amigo seas de Dios, más te importará lo que a él le importa, más nos afligirá lo que a él le aflige, y más nos alegraremos con lo que a él le agrada.

Pablo es el mejor ejemplo de esto. Los planes de Dios eran los suyos, y se apasionaba por las mismas cosas que apasionaban a Dios: pedía que le aguantaran «*la tontería de estar tan preocupado por los corintios, ¡porque se debía a la pasión de Dios quemándole por dentro!*»[11] David sentía lo mismo, «*la pasión por la casa de Dios lo consumía, y sentía que los que insultaban a Dios también lo insultaban a él*».[12]

¿Qué es lo que más le importa a Dios? La redención de su pueblo. ¡Quiere hallar a todos sus hijos que se han perdido! Jesús vino al mundo por ese motivo principal. El hecho más preciado para Dios es la muerte de su Hijo. Lo segundo más valioso es cuando sus hijos comparten esa noticia con otros. Si somos amigos de Dios, nos deben importar todas las personas a nuestro alrededor, porque también le preocupan a Dios. Los amigos de Dios les hablan a sus amigos acerca de Dios.

Debo desear la amistad con Dios más que nada. Los Salmos están repletos de ejemplos de este anhelo. David deseaba con pasión conocer a Dios por encima de todo; usó palabras como *anhelo, ansia, sed, hambre*. Anhelaba a Dios. Dijo: «*Sólo una cosa he pedido al Señor, sólo una cosa deseo: estar en el templo del Señor todos los días de mi vida, para adorarlo en su templo y contemplar su hermosura*».[13] En otro salmo dijo: «*Tu amor es mejor que la vida*».[14]

> *Mientras más amigo seas de Dios, más te importará lo que a él le importa.*

La pasión con que Jacob deseaba la bendición de Dios en su vida fue tan intensa que luchó toda la noche en el campo con Dios y le dijo: «*¡No te soltaré hasta que me bendigas!*».[15] ¡La parte más llamativa de esta historia es que Dios, que es todopoderoso, lo dejó ganar! Dios no se ofende cuando «luchamos» con él, porque este encuentro requiere contacto personal, ¡y eso nos acerca a él!

También es una actividad apasionada y a Dios le encanta cuando nos emocionamos con él.

Pablo fue otro hombre entusiasmado por su amistad con Dios. No había nada más importante: era prioritaria, el enfoque único y la meta principal de su vida. Dios usó a Pablo de manera tan grande justamente por esta razón. Una versión amplificada de la Biblia expresa cabalmente la intensidad de la pasión que Pablo sentía: «*Mi firme propósito es conocerlo mejor —para poder progresivamente conocerlo más a fondo y más íntimamente, sintiendo, percibiendo y entendiendo las maravillas de su Persona con mayor intensidad y más claridad*».[16]

Lo cierto es que estás tan cerca de Dios *como tú lo deseas*. La amistad íntima con Dios es una opción, no es una casualidad. Debes tener la intención de buscarla. ¿Realmente la quieres? ¿Más que a cualquier otra cosa? ¿Cuánto vale para ti? ¿Vale la pena que dejes otras cosas para conseguirla? ¿Merece el esfuerzo que tendrás que hacer para desarrollar los hábitos y destrezas necesarios?

Quizás en el pasado Dios te haya apasionado, pero has perdido ese fervor. Era el problema que tenían los cristianos de Éfeso: habían dejado su primer amor. Hacían lo correcto, pero por obligación y no por amor. Si solo has estado cumpliendo con gestos espirituales, no deberías sorprenderte si Dios permite el dolor en tu vida.

La aflicción es como el combustible de la pasión: refuerza la energía intensa, que normalmente no tenemos, pero que necesitamos para realizar los cambios. C.S. Lewis dijo: «El dolor es el altavoz de Dios». Dios nos despierta del letargo espiritual mediante el dolor. Nuestros problemas no son un castigo; son los despertadores que usa un Dios cariñoso. Él no está enojado con nosotros; está apasionado *con* nosotros, y hará lo que sea necesario para que volvamos a tener comunión con él. Pero hay una manera más fácil de reencender tu entusiasmo por Dios: Comienza pidiéndole a Dios esta pasión, y continúa pidiéndosela hasta conseguirla. Haz esta oración durante el día: «Querido Jesús, lo que más quiero es conocerte íntimamente». Dios les dijo a los cautivos en Babilonia que «*cuando lo buscaran en serio y de todo corazón, él se aseguraría de no defraudarlos*».[17]

Tu relación más importante

No hay nada, absolutamente nada más importante, que cultivar la amistad con Dios. Es una relación que durará para siempre. Pablo le dijo a Timoteo: «*Algunos de estos individuos se han apartado de lo que es más importante en la vida: conocer a Dios*».[18] ¿Te estás perdiendo lo más importante de la vida? Puedes hacer algo al respecto ahora mismo. Recuerda, es tu decisión. Estarás tan cerca de Dios como lo quieras.

DÍA 12

Pensando en mi propósito

PUNTO DE REFLEXIÓN: Estoy tan cerca de Dios como quiero estar.

VERSÍCULO PARA RECORDAR: «*Acérquense a Dios, y él se acercará a ustedes*». Santiago 4:8 (NVI).

PREGUNTA PARA CONSIDERAR: ¿Qué decisiones tomaré hoy para acercarme a Dios?

La adoración que agrada a Dios

Ama al Señor tu Dios
con todo tu corazón,
con toda tu alma,
con toda tu mente
y con todas tus fuerzas.
MARCOS 12:30 (NVI)

zph.com/vida-pdl/c13

DIOS QUIERE TODO DE TI.

Dios no desea una parte de tu vida. Pide *todo* tu corazón, *toda* tu alma, *toda* tu mente y *todas* tus fuerzas. A Dios no le interesan los compromisos a medias, la obediencia parcial y las sobras de tu tiempo y dinero. Quiere tu devoción plena, no pedacitos de tu vida.

Una mujer samaritana en cierta ocasión discutió con Jesús acerca del mejor tiempo, lugar y estilo de adoración. Jesús le contestó que esos aspectos eran irrelevantes. El lugar de adoración no es tan importante como *por qué adoramos y cuánto de* nuestro ser le ofrecemos a Dios cuando lo hacemos. Hay una manera de adorar buena y mala. La Biblia dice: «*Así que nosotros, que estamos recibiendo un reino inconmovible, seamos agradecidos. Inspirados por esta gratitud, adoremos a Dios como a él le agrada, con temor reverente*».[1] La adoración que agrada a Dios tiene cuatro características:

A Dios le agrada la adoración verdadera. La gente suele decir: «Me gusta pensar en Dios como alguien que...» y plantean la idea de un Dios a quien les gustaría adorar. Pero no podemos simplemente crear nuestra propia imagen de Dios, la que nos resulta cómoda y políticamente correcta, y luego adorarla. Eso es idolatría.

La adoración debe basarse en la verdad de las Escrituras, no en nuestra opinión acerca de Dios. Jesús le dijo a la mujer samaritana: *«Los verdaderos adoradores rendirán culto al Padre en espíritu y en verdad, porque así quiere el Padre que sean los que le adoren».*[2]

«Adorar en verdad» significa adorar a Dios como la Biblia verdaderamente lo revela.

A Dios le agrada la adoración auténtica. Cuando Jesús dijo que debemos *«adorar en espíritu»* no se refería al Espíritu Santo, sino a *nuestro* espíritu. Fuimos creados a imagen de Dios y, por lo tanto, somos un espíritu que reside en un cuerpo, y él diseñó nuestro espíritu para que pudiéramos comunicarnos con él. La adoración es la respuesta de nuestro espíritu al Espíritu de Dios.

Cuando Jesús dijo: «Ama al Señor tu Dios con todo tu corazón y con toda tu alma», quería decir que la adoración debe ser auténtica y sentida, de corazón. No se trata solo de decir las palabras correctas; debes creer en lo que dices. ¡La alabanza que no brota del corazón no es alabanza! No sirve de nada, es un insulto a Dios.

Cuando adoramos, él mira más allá de nuestras palabras, observando la actitud de nuestro corazón. La Escritura afirma: *«La gente se fija en las apariencias, pero yo* [el Señor] *me fijo en el corazón».*[3]

Como la adoración implica agradar a Dios, abarca nuestras emociones. Dios nos dio emociones para que pudiéramos adorarlo con sentimientos intensos; pero esas emociones deben ser genuinas, no fingidas. Dios odia la hipocresía. No quiere teatralidad ni fingimiento ni farsas en la adoración. Quiere nuestro amor sincero y verdadero. Podemos adorarlo con imperfecciones, pero no con *falta de sinceridad*.

Por supuesto, la sinceridad por sí sola no es suficiente; podemos ser sinceros y estar equivocados. Por eso se necesitan tanto el espíritu como la verdad. La adoración debe ser veraz y auténtica. La adoración que agrada a Dios es profundamente emocional y doctrinal. Con nuestro corazón y nuestra cabeza.

> *La adoración que agrada a Dios es profundamente emocional y doctrinal. Con nuestro corazón y nuestra cabeza.*

Muchas personas confunden las emociones conmovedoras producidas por la música con las estimuladas por el Espíritu, pero no son iguales. La verdadera adoración ocurre cuando nuestro espíritu responde a Dios, no a una melodía. En realidad, algunas canciones sentimentales e introspectivas *entorpecen* la adoración, porque de concentrarnos en Dios, pasamos a enfocarnos en nuestros sentimientos. Cuando adoramos, el factor de mayor distracción somos nosotros mismos: nuestros intereses y preocupaciones acerca de la impresión que damos.

Los cristianos no se ponen de acuerdo con respecto a la manera más adecuada o auténtica de alabar a Dios, pero estos argumentos lo que más reflejan son las distintas personalidades y trasfondos. La Biblia menciona diversas formas de alabanza: la confesión, el canto, los clamores, el estar de pie, el arrodillarse, el baile, el hacer ruidos de gozo, el testimonio, la utilización de instrumentos musicales y el alzar las manos.[4] El mejor estilo de adoración es el que más auténticamente representa nuestro amor a Dios, basado en el trasfondo y la personalidad que Dios nos dio.

Mi amigo Gary Thomas se dio cuenta de que muchos cristianos, en lugar de tener una amistad vibrante con Dios, parecen *estancarse* en la costumbre —la adoración se convierte en una rutina insatisfactoria— porque se obligan a usar métodos devocionales o estilos de adoración que no se adaptan a la unicidad con que Dios los creó.

> El mejor estilo de adoración es el que más auténticamente representa nuestro amor a Dios.

Gary se preguntó: «*Si Dios con toda intención nos creó a todos distintos, ¿por qué deberíamos amarlo de la misma manera?*». De la lectura de los clásicos cristianos y basado en entrevistas, Gary descubrió que los cristianos, en el transcurso de dos mil años, han seguido diversos caminos para disfrutar la intimidad con Dios: al aire libre, por medio del estudio, con el canto, con la danza, con expresiones artísticas, en el servicio a los demás, en la soledad, en comunión con otras personas, y participando de muchas otras actividades.

En su libro *Sacred Pathways* [Sendas Sagradas], Gary identifica nueve maneras que las personas usan para acercarse a Dios: a los *naturalistas* nada los inspira más a amar a Dios que estar al aire libre, en un entorno natural. Los *sensoriales* aman a Dios con sus sentidos y aprecian los hermosos cultos de adoración que involucran la vista, el sabor, el olfato y el tacto, además de sus oídos.

Los *tradicionalistas* se acercan a Dios mediante rituales, liturgias, símbolos y estructuras estables. Los *ascéticos* prefieren amar a Dios en soledad y sencillez. Los *activistas* aman a Dios enfrentándose al mal, luchando contra la injusticia y esforzándose por hacer de este mundo un mejor lugar para vivir. Los *cuidadores* aman a Dios cuidando a los demás y satisfaciendo sus necesidades. Los *entusiastas* aman a Dios con celebraciones. Los *contemplativos* aman a Dios con la adoración. Los *intelectuales* aman a Dios entendiéndolo con sus mentes.[5]

En cuanto a la adoración y la amistad con Dios no existen las «tallas únicas». Una cosa sí es cierta: No le darás gloria a Dios intentando ser alguien que él nunca se propuso que fueses. Dios quiere que seas tú mismo. El Padre está «*buscando personas que, cuando lo adoren, sean sencilla y sinceramente ellas mismas cuando se presenten ante él*».[6]

A Dios le agrada la adoración reflexiva. El mandamiento de Jesús de «*amar a Dios con toda tu mente*» se repite cuatro veces en el Nuevo Testamento. A Dios no le agrada que cantemos himnos, oremos con apatía y exclamemos con indiferencia: ¡Gloria a Dios!, sin pensar en lo que hacemos, porque no se nos ocurre otra cosa que decir en ese momento. Si no pensamos en lo que hacemos cuando adoramos, la adoración no sirve. Tu mente debe estar puesta en lo que haces.

DÍA 13:

La adoración que agrada a Dios

Jesús tildó de «*vanas repeticiones*»[7] a la adoración distraída. El mal uso puede convertir hasta a los términos bíblicos en frases gastadas cuando olvidamos su significado. Cuando adoramos, es mucho más fácil ofrecer oraciones rutinarias que esforzarnos por honrar a Dios con palabras y gestos llenos de frescura. Por eso los animo a leer las Escrituras usando distintas versiones y paráfrasis. Eso es útil para enriquecer nuestras expresiones de adoración.

Trata de alabar a Dios sin usar las palabras *alabanza, aleluya, gracias, gloria a Dios o amén*. En vez de decir: «Solo queremos alabarte», haz una lista de sinónimos y usa palabras más novedosas como *admirar, respetar, valorar, reverenciar, honrar y apreciar*.

Además, *sé específico*. Si alguien se te acerca y repite: «¡Te alabo!» diez veces, es probable que pienses: «¿Por qué?». Tú preferirías dos cumplidos específicos a veinte generalidades vagas. Dios también.

Otra idea es hacer una lista de los diferentes nombres que tiene Dios y concentrarse en ellos. Los nombres de Dios no son arbitrarios; expresan distintos aspectos de su carácter. En el Antiguo Testamento, Dios se le reveló gradualmente a Israel, introduciendo nuevos nombres para sí, y nos manda a alabar su nombre.[8]

Dios quiere que nuestras reuniones de adoración en público también tengan sentido. Pablo dedica un capítulo entero a este asunto en 1 Corintios 14, y concluye: «*Pero todo debe hacerse de una manera apropiada y con orden*».[9]

Con respecto a este punto, Dios insiste en que nuestros cultos de adoración puedan ser entendidos por los no creyentes que estén presentes en nuestras reuniones de adoración. Pablo señaló que «*si tú das gracias a Dios con tu espíritu, y te escucha algún extraño, no podrá unirse a tu oración porque no entenderá lo que dices. No podrá hacerlo, porque no habrá comprendido nada. Tu oración podrá ser muy buena, pero no estarás ayudando a nadie*».[10] La Biblia nos ordena ser sensibles con los no creyentes que están de visita en nuestras reuniones de adoración. Si hacemos caso omiso de este mandamiento, somos desobedientes y no tenemos amor. Si deseas una explicación más extensa acerca de este punto, consulta el capítulo «La adoración puede ser testimonio» en *Una iglesia con propósito*.

A Dios le agrada la adoración práctica. La Palabra de Dios afirma: «*Les ruego que cada uno de ustedes, en adoración espiritual, ofrezca su cuerpo como sacrificio vivo, santo y agradable a Dios*».[11]

¿Por qué quiere Dios tu cuerpo? ¿Por qué no dice «ofrezcan su espíritu»? Porque sin el cuerpo no podemos hacer nada en este planeta. En la eternidad recibiremos un cuerpo nuevo, mejorado, actualizado, pero mientras estemos sobre la tierra, Dios dice: «¡Dame lo que tengas!». Él únicamente está siendo práctico con respecto a la adoración.

¿Has escuchado decir a las personas: «Esta noche no puedo ir a la reunión, pero estaré con ustedes en *espíritu*»? ¿Saben lo que significa esto? Nada. ¡No vale nada! Mientras estemos en esta tierra, nuestro espíritu solo puede estar donde esté nuestro cuerpo. Si tu cuerpo no está presente, no estás ahí.

Cuando adoramos debemos ofrecer nuestro «cuerpo como sacrificio *vivo*». En la actualidad asociamos el concepto de «sacrificio» con algo muerto, pero Dios quiere que seamos un sacrificio vivo. ¡Quiere que *vivamos* para él! Sin embargo, el problema de un sacrificio vivo es que se puede escapar del altar, y es lo que solemos hacer. Cantamos: «¡Firmes y adelante!, huestes de la fe» los domingos, y los lunes desertamos.

> La verdadera adoración se arraiga en la Palabra.

En el Antiguo Testamento, a Dios le agradaban los sacrificios de adoración porque anunciaban el sacrificio de Jesús por nosotros en la cruz. Ahora bien, a Dios le agradan diferentes tipos de sacrificio de adoración: la gratitud, la alabanza, la humildad, el arrepentimiento, las ofrendas de dinero, la oración, el servicio a los demás y el compartir los recursos con los necesitados.[12]

La verdadera adoración tiene un precio. David lo sabía y dijo: *«No voy a ofrecer al SEÑOR mi Dios holocaustos que nada me cuesten».*[13]

La adoración sacrifica nuestro egocentrismo. No podemos exaltar a Dios y exaltarnos al mismo tiempo. No podemos adorar para impresionar a los demás y agradarnos a nosotros mismos. Necesitamos retirar deliberadamente el enfoque de nuestra persona.

Cuando Jesús dijo: *«Ama a Dios con todas tus fuerzas»*, quería señalar que la adoración requiere esfuerzo y energía. No es siempre ni lo más conveniente ni lo más cómodo, y en ocasiones la adoración es un acto de la voluntad absoluto: un sacrificio de buena voluntad. La adoración pasiva es una incongruencia.

Ofrecemos sacrificio de adoración a Dios cuando lo alabamos aunque no tengamos ganas, cuando nos levantamos de la cama para adorarle aunque estemos cansados, y cuando ayudamos a los demás aunque estemos agotados. Eso agrada a Dios.

Matt Redman, un líder inglés de adoración, cuenta cómo su pastor le enseñó a la iglesia el verdadero significado de la adoración. Para mostrarles que esta era más que la música, prohibió por un tiempo el canto en los servicios, mientras aprendían otras maneras de adorar. Al cabo de ese tiempo, Matt había escrito el himno clásico *El corazón de la adoración*:

> Te traigo más que una canción,
> porque ella en sí no es lo que me pides.
> Buscas más adentro
> que lo que a simple vista parece:
> miras dentro de mi corazón.[14]

El corazón de este asunto es un asunto del corazón.

DÍA 13

Pensando en mi propósito

PUNTO DE REFLEXIÓN: Dios quiere todo de mí.

VERSÍCULO PARA RECORDAR: *«Ama al Señor tu Dios con todo tu corazón, con toda tu alma, con toda tu mente y con todas tus fuerzas».* Marcos 12:30 (NVI).

PREGUNTA PARA CONSIDERAR: ¿Qué le agrada más a Dios en este momento: mi adoración en público o en privado? ¿Qué haré al respecto?

Cuando Dios parece distante

*El Señor ha escondido
su rostro del pueblo...
pero yo esperaré en él,
pues en él tengo
puesta mi esperanza.*
ISAÍAS 8:17 (NVI)

zph.com/vida-pdl/c14

DIOS ES REAL, SIN IMPORTAR CÓMO TE SIENTAS.

Cuando las cosas marchan bien en nuestra vida, es fácil adorar a Dios: cuando nos ha provisto alimento, amigos, familia, salud y alegría. Pero las circunstancias no siempre son tan agradables. ¿Cómo adoramos a Dios, entonces? ¿Qué hacemos cuando Dios parece estar a millones de kilómetros de distancia?

El grado de adoración más profundo implica alabar a Dios a pesar del dolor: agradecerle a Dios durante una prueba, confiar en él durante la tentación, aceptar el sufrimiento y amarlo aunque parezca distante.

Las amistades son probadas a menudo por la separación y el silencio; cuando estamos separados por una distancia física o nos vemos imposibilitados de hablar. En el caso de nuestra amistad con Dios, no siempre nos *sentimos* cercanos a él. Philip Yancey puntualiza: «En cualquier relación hay momentos de intimidad y momentos de distanciamiento, y en la relación con Dios, no importa lo íntima que sea, el péndulo también se moverá de un lado a otro».[1] Entonces sí que la adoración se pone difícil.

Para madurar nuestra amistad, Dios la pondrá a prueba con periodos de *aparente* separación: momentos en que sentiremos que nos abandonó o nos olvidó. Dios parecerá estar a millones de kilómetros. San Juan de la Cruz se refirió a esos días de sequía espiritual, duda y distanciamiento de Dios como «la oscura noche del alma». Henri Nouwen los llamó «el ministerio de la ausencia». A.W. Tozer los denominó «el ministerio de la noche». Otros los llamaron «el invierno del corazón».

Aparte de Jesús, David fue quien posiblemente tuvo más amistad con Dios. El Señor tenía el placer de llamarlo «*un hombre conforme a mi corazón*».[2] Sin embargo, David con frecuencia se quejaba de la aparente ausencia de Dios: «*Dios mío, ¿por qué te quedas tan lejos? ¿por qué te escondes de mí cuando más te necesito?*»;[3] «*Dios mío, Dios mío, ¿por qué me has abandonado? Lejos estás para salvarme, lejos de mis palabras de lamento*»;[4] «*¿Por qué me has rechazado?*».[5]

Por supuesto, Dios en realidad no había dejado a David, como tampoco te dejará a ti. Ha prometido varias veces: «*Nunca* te dejaré ni te abandonaré».[6] Pero Dios *no te* promete: «Siempre *sentirás* mi presencia». En efecto, Dios reconoce que a veces oculta su rostro de nosotros.[7] A veces es como si fuera un *DEA*, un «desaparecido en acción» en nuestra vida.

DÍA 14:

Cuando Dios parece distante

Floyd McClung lo describe de la siguiente manera: «Te despiertas una mañana y todos tus sentimientos espirituales han desaparecido. Oras, pero no pasa nada. Reprendes al diablo, pero nada cambia. Realizas tus ejercicios espirituales... les pides a tus amigos que oren por ti... confiesas todos los pecados que puedas imaginar y les pides perdón a todos tus conocidos. Ayunas... pero no pasa nada. Comienzas a preguntarte cuánto tiempo durará esta penumbra espiritual. ¿Días? ¿Semanas? ¿Meses? ¿Terminará algún día?... sientes que tus oraciones rebotan en el techo. Al borde de la desesperación, gritas: "¿Qué me pasa?"».[8]

¡La verdad es que nada está mal! Es una parte normal de la prueba y la maduración de nuestra amistad con Dios. Todos los cristianos atravesamos esta situación por lo menos una vez, y por lo general varias veces. Es dolorosa y desconcertante, pero es absolutamente vital para el desarrollo de la fe. Job no perdió la esperanza cuando no sentía la presencia de Dios en su vida porque tenía esa certeza. Dijo: «*Si me dirijo hacia el este, no está allí; si me encamino al oeste, no lo encuentro. Si está ocupado en el norte, no lo veo; si se vuelve al sur, no alcanzo a percibirlo. Él, en cambio, conoce mis caminos; si me pusiera a prueba, saldría yo puro como el oro*».[9]

Cuando Dios parece distante, puedes sentir que está enojado contigo o que te está disciplinando por algún pecado. Es cierto, el pecado *sí* nos puede desvincular de la amistad íntima con Dios.

> *Dios reconoce que a veces oculta su rostro de nosotros.*

Entristecemos al Espíritu de Dios y apagamos nuestra comunión por medio de la desobediencia, el conflicto con los demás, las múltiples ocupaciones, la amistad con el mundo y otros pecados.[10]

Pero este sentimiento de abandono y distanciamiento de Dios no suele tener nada que ver con el pecado. Es una prueba de fe, una que todos debemos enfrentar: ¿Seguirás amando, confiando, obedeciendo y adorando a Dios aunque no sientas su presencia ni tengas prueba evidente y visible de su obra en tu vida?

En la actualidad, el error más común de los cristianos con respecto a la adoración es que buscan una *experiencia* más que a Dios. Buscan un sentimiento, y si lo encuentran, concluyen que han adorado. ¡Qué equivocación! En realidad, Dios suele retirar nuestros sentimientos para que no dependamos de ellos. La adoración no es la búsqueda de un sentimiento, incluso si se trata de uno de intimidad con Cristo.

Cuando eres un cristiano «en pañales», Dios te da varias emociones y contesta tus oraciones inmaduras y egocéntricas para que confirmes su existencia. Pero a medida que crecemos en la fe, nos aparta gradualmente de esas dependencias.

La omnipresencia de Dios y la manifestación de su presencia son dos cosas distintas. Una, es un hecho; la otra, es un sentimiento. Dios está siempre presente, aunque no estemos conscientes de él; su presencia es demasiado profunda para medirla con meras emociones.

Sí, Dios quiere que sientas su presencia, pero prefiere que *confíes* en él aunque no lo *sientas*. A Dios le agrada la fe, no los sentimientos.

Las situaciones que más apelarán a tu fe serán aquellas en que tu vida se derrumbe y no puedas percibir a Dios. Fue lo que le sucedió a Job. En un solo día perdió *todo*: su familia, su negocio, su salud, todas sus posesiones. Fue de lo más desalentador... ¡por treinta y siete capítulos Dios no dijo nada!

> El error más común de los cristianos con respecto a la adoración es que buscan una experiencia más que a Dios.

¿Cómo podemos alabar a Dios cuando no entendemos lo que pasa en nuestra vida y él calla? ¿Cómo mantener el vínculo en medio de una crisis si no hay comunicación? ¿Cómo mantener la vista en Jesús cuando nuestros ojos están llenos de lágrimas? Hagamos lo que hizo Job: «*Se dejó caer al suelo en actitud de adoración. Entonces dijo: "Desnudo salí del vientre de mi madre, y desnudo he de partir. El Señor ha dado; el Señor ha quitado. ¡Bendito sea el nombre del Señor!"*».[11]

Cuéntale a Dios exactamente cómo te sientes. Derrama tu corazón ante Dios. Descarga todas tus emociones y sentimientos. Job lo hizo cuando dijo: *¡No guardaré silencio! Estoy enojado y amargado. ¡Tengo que hablar!*[12] Cuando Dios parecía distante, añoraba: «*¡Qué días aquellos, cuando yo estaba en mi apogeo y Dios bendecía mi casa con su íntima amistad!*».[13] Dios puede encargarse de las dudas, el enojo, el temor, el dolor, la confusión y las preguntas que tengas.

¿Sabes que reconocer tu desesperanza ante Dios puede ser una afirmación de fe? Es posible confiar en Dios y sentirse afligido al mismo tiempo. David escribió: «*Aunque digo: "Me encuentro muy afligido", sigo creyendo en Dios*».[14] Puede parecer una contradicción: ¡Confío en Dios, pero estoy destrozado! La franqueza de David en realidad revela una profunda fe. En primer lugar, creía en Dios. Segundo, creía que Dios escuchaba su oración. Tercero, creía que Dios le permitiría decir lo que sentía y lo seguiría amando.

Concéntrate en quién es Dios, en su naturaleza inmutable.
A pesar de las circunstancias y de los sentimientos, depende del
carácter inmutable de Dios. Recuerda las verdades eternas de Dios:
Él es bueno, me ama, está conmigo, sabe lo que me pasa, se interesa
en mí, tiene un plan para mi vida. V. Raymond Edman dijo: «Nunca
dudes en la oscuridad de lo que Dios te dijo en la luz».

Cuando la vida de Job se desmoronó y Dios mantuvo silencio,
Job todavía encontró motivos para alabar a Dios:

- Él es bueno y amoroso.[15]
- Él es todopoderoso.[16]
- Él conoce todos los detalles de mi vida.[17]
- Él tiene el control.[18]
- Él tiene un plan para mi vida.[19]
- Él me salvará.[20]

Confía en que Dios cumplirá sus promesas. Durante las
épocas de sequía espiritual debemos depender pacientemente de las
promesas de Dios y no de nuestras emociones; debemos reconocer
que nos está conduciendo a un grado más profundo de madurez.
Una amistad basada en las emociones es, sin duda, superficial.

No te preocupes por tus preocupaciones. El carácter de Dios no
cambia con las circunstancias. La gracia de Dios todavía tiene toda
su fuerza; él todavía está *de tu lado*, aunque no lo sientas. Cuando
Job sintió la ausencia de Dios, siguió dependiendo de su Palabra:
*«No me he apartado de los mandamientos de sus labios; en lo más
profundo de mi ser he atesorado las palabras de su boca».*[21]

Gracias a que confiaba en la Palabra de Dios, Job pudo
mantenerse fiel, aunque nada parecía tener sentido. Su fe era fuerte
en medio del dolor: *«Dios podrá matarme, pero todavía confiaré en
él».*[22]

Adoras a Dios de una manera más profunda cuando mantienes
tu confianza en él a pesar de que sientas que te ha abandonado.

Recuerda lo que Dios hizo por ti. Aunque Dios nunca hubiera
hecho algo por ti, aun así merecería tu continua alabanza durante

el resto de tu vida por lo que Jesús hizo en la cruz. ¡*El Hijo de Dios murió por ti!* Ese es el motivo más importante de la adoración.

Por desgracia, olvidamos la crueldad del sacrificio y la agonía que Dios sufrió en nuestro lugar. La familiaridad genera complacencia. Incluso antes de su crucifixión, al Hijo de Dios lo desnudaron y lo golpearon hasta dejarlo irreconocible; lo azotaron, lo insultaron y se burlaron de él, le pusieron una corona de espinas y lo escupieron con desprecio. Hombres crueles abusaron de Jesús y lo ridiculizaron, lo trataron peor que a un animal.

> *Adoras a Dios de una manera más profunda cuando mantienes tu confianza en él a pesar de que sientas que te ha abandonado.*

Después de estar casi inconsciente por las hemorragias, lo obligaron a cargar una pesada cruz por un camino ascendente, lo clavaron a una cruz y lo dejaron morir lentamente, con una muerte atroz por crucifixión. Mientras se desangraba, tuvo que escuchar las burlas y los insultos del gentío que se divertía viendo su dolor, desafiando su afirmación de ser Dios.

Además, mientras el Señor cargaba todo el pecado y la culpa de la humanidad sobre su persona, Dios miró a otro lado y Jesús exclamó: «Dios mío, Dios mío, ¿por qué *me has* desamparado?». Él pudo haberse salvado a sí mismo, pero entonces no habría podido salvarte a ti.

No hay palabras que puedan explicar la oscuridad de ese momento. ¿Por qué Dios permitió y toleró ese maltrato tan espantoso y malvado? ¿Por qué? Para que no tuvieras que pasar la eternidad en el infierno y pudieras estar en su gloria para siempre. La Biblia dice: «*Al que no cometió pecado alguno, por nosotros Dios lo trató como pecador, para que en él recibiéramos la justicia de Dios*».[23]

Jesús dio todo de sí para que tuvieras todo. Murió a fin de que pudieras vivir para siempre. *Eso por sí solo* ya es suficiente para merecer tu gratitud y alabanza continua. Nunca más te preguntes qué motivos tienes para agradecerle a Dios.

DÍA 14

Pensando en mi propósito

PUNTO DE REFLEXIÓN: Dios es real, no importa cómo me sienta.

VERSÍCULO PARA RECORDAR: «*Porque Dios ha dicho: "Nunca te dejaré; jamás te abandonaré"*». Hebreos 13:5 (NVI).

PREGUNTA PARA CONSIDERAR: ¿Cómo puedo no perder de vista la presencia de Dios, especialmente cuando lo sienta distante?

FUISTE HECHO PARA LA FAMILIA DE DIOS

«Yo soy la vid y ustedes son las ramas».

JUAN 15:5 (NVI)

Formamos un solo cuerpo en Cristo, y cada miembro está unido a todos los demás.

Romanos 12:5 (NVI)

DÍA 15

Hecho para la familia de Dios

*Dios es quien hizo todas las cosas,
y todas las cosas son para su gloria.
Quería tener muchos hijos para
compartir su gloria.*

HEBREOS 2:10 (PAR)

zph.com/vida-pdl/c15

*Miren cuánto nos ama el Padre celestial
que permite que seamos llamados
hijos de Dios. ¡Y... lo somos!*

1 JUAN 3:1 (BAD)

Fuiste hecho para pertenecer a la familia de Dios.

Dios quiere tener una familia y nos creó para formar parte de ella. Este es el segundo propósito de Dios para tu vida; él lo planificó así antes de que nacieras. Toda la Biblia es la historia de Dios formando una familia para amarlo, honrarlo y reinar con él por siempre. Su Palabra lo expresa así: «*Su plan inmutable siempre ha sido adoptarnos en su propia familia, trayéndonos a él mediante Cristo Jesús. Esto ha sido muy de su agrado*».[1]

Dios valora las relaciones porque él es amor. Es relacional por naturaleza propia y se identifica con imágenes fraternales: Padre, Hijo y Espíritu. La Trinidad representa la relación de Dios consigo mismo. Es el patrón perfecto para una relación armónica, y deberíamos estudiar lo que implica.

Como Dios siempre ha existido en una relación plural consigo, nunca ha estado solo. Él no *necesitaba* tener familia, quería tenerla. Por lo tanto, diseñó un plan para crearnos y adoptarnos y compartir

119

con nosotros todo lo que él tenía, porque eso le agradaba mucho. La Biblia afirma: «*Él, porque así lo quiso, nos dio vidas nuevas a través de las verdades de su Santa Palabra y nos convirtió, por así decirlo, en los primeros hijos de su nueva familia*».[2]

Cuando depositamos nuestra fe en Cristo, Dios se convierte en nuestro Padre y nosotros en sus hijos, los demás creyentes se convierten en nuestros hermanos y hermanas, y la iglesia en nuestra familia espiritual. La familia de Dios está compuesta de todos los creyentes del pasado, el presente y el futuro.

Dios creó a todos los seres humanos, pero no todos son sus *hijos*. Para llegar a formar parte de la familia de Dios hay una única manera: nacer de nuevo. Con el primer nacimiento formamos parte de una familia humana, pero nos convertimos en miembros de la familia de Dios con el segundo. Dios nos ha dado «*el privilegio de nacer de nuevo, para poder pertenecer a la propia familia de Dios*».[3]

La invitación a formar parte de la familia de Dios es universal,[4] pero hay una condición: tener fe en Jesús. La Escritura dice: «*Todos ustedes son hijos de Dios mediante la fe en Cristo Jesús*».[5]

Tu familia espiritual es aun más importante que tu familia física, porque durará para siempre. Nuestras familias en esta tierra son dones maravillosos de Dios, pero son pasajeras y frágiles, en ocasiones divididas por el divorcio, la distancia, la vejez e, inevitablemente, la muerte. En cambio, nuestra familia espiritual —nuestras relaciones con los demás creyentes— continuará por la eternidad. Es una unión más fuerte, un vínculo más permanente que la consanguinidad. Cuando Pablo se detenía a considerar el propósito eterno de Dios para nosotros, dejaba escapar la alabanza: «*Cuando pienso en lo sabio y amplio de su plan, me arrodillo y oro al Padre de la gran familia, algunos miembros de esta gran familia ya están en el cielo y otros están todavía aquí en la tierra...*».[6]

Beneficios de pertenecer a la familia de Dios

Cuando nacimos espiritualmente en la familia de Dios, recibimos algunos regalos asombrosos: ¡El nombre de la familia, la semejanza a la familia, los privilegios familiares, el acceso a la

intimidad de la familia y la herencia familiar![7] La Biblia dice que
«*como somos hijos de Dios, todo lo que él tiene nos pertenece*».[8]

El Nuevo Testamento pone de relieve nuestra rica «herencia».
Nos dice que «*Dios les proveerá de todo lo que necesiten, conforme
a las gloriosas riquezas que tiene en Cristo Jesús*».[9] Como hijos
de Dios tenemos parte en la fortuna familiar. Aquí en la tierra
Dios nos da «*las riquezas... de su gracia... bondad... paciencia...
gloria... sabiduría... poder... y misericordia*».[10] Pero en la eternidad
recibiremos aun más.

Pablo quiere que sepamos «*cuál es la riqueza de su gloriosa
herencia entre los santos*».[11] ¿Qué incluye exactamente esa herencia?
Primero, estaremos con Dios para siempre.[12] Segundo, seremos
completamente transformados para ser como Cristo.[13] Tercero,
estaremos libres de penas, muertes y
sufrimientos.[14] Cuarto, recibiremos una
recompensa y nos asignará puestos de
servicio.[15] Quinto, podremos compartir
la gloria de Cristo.[16] ¡Qué herencia! Eres
mucho más rico de lo que crees.

> *Tu familia espiritual es
> aun más importante que
> tu familia física, porque
> durará para siempre.*

La Biblia afirma que Dios «*tiene
reservada una herencia incalculable
para sus hijos. Está conservada para ti, pura e indestructible,
incontaminada e inmarchitable*».[17] Esto significa que nuestra
herencia eterna es invalorable, pura, permanente y está protegida.
Nadie nos la puede quitar; tampoco hay guerras, economías recesivas
o desastres naturales que la puedan destruir. Nuestro objetivo y
empeño debería ser esta herencia eterna, no la jubilación. Pablo dice:
«*Hagan lo que hagan, trabajen de buena gana, como para el Señor
y no como para nadie en este mundo, conscientes de que el Señor los
recompensará con la herencia*».[18] La jubilación es una meta a corto
plazo. Deberíamos vivir a la luz de la eternidad.

El bautismo nos identifica con la familia de Dios

Las familias saludables tienen orgullo familiar: sus miembros
no se avergüenzan de ser reconocidos como parte de ella. Por

desgracia, he conocido a muchos creyentes que nunca se han identificado públicamente con su familia espiritual, como Jesús lo ordenó, por medio del bautismo.

Este no es un ritual opcional, que pueda retrasarse o postergarse. Representa nuestra pertenencia a la familia de Dios. Es el anuncio público al mundo de que «no me avergüenzo de ser parte de la familia de Dios». ¿Te bautizaste? Jesús ordenó este acto hermoso para todos los miembros de su familia. Su mandamiento fue: «*Vayan y hagan discípulos de todas las naciones, bautizándolos en el nombre del Padre, del Hijo y del Espíritu Santo*».[19]

DÍA 15:

Hecho para la familia de Dios

Durante años me pregunté por qué la Gran Comisión de Jesús le asignaba tanta relevancia al bautismo, tanta importancia, como a las grandes tareas de la evangelización y la edificación. ¿Por qué es tan importante el bautismo? Pero entonces me di cuenta de que el bautismo simboliza el segundo propósito de Dios para nuestra vida: la participación en la comunión de la familia eterna de Dios.

El bautismo está lleno de significado. Con él declaramos nuestra fe y compartimos la sepultura y la resurrección de Cristo, representa nuestra muerte a la vieja vida y anuncia nuestra nueva existencia en Cristo. También es una celebración de nuestra incorporación a la familia de Dios.

El bautismo es la representación física de una verdad espiritual. Simboliza lo que sucedió en el momento cuando Dios nos adoptó en su familia: «*Todos fuimos bautizados por un solo Espíritu para constituir un solo cuerpo —ya seamos judíos o gentiles, esclavos o libres*».[20] Todos recibimos el mismo Espíritu.

El bautismo no nos *convierte* en miembros de la familia de Dios; eso es posible solo mediante la fe en Cristo. El bautismo es una *muestra* de que somos parte de esa familia. Es como el anillo de bodas: una señal visible de un compromiso interno hecho en el corazón. Es un acto de *iniciación*, no algo que podamos postergar hasta que nos consideremos espiritualmente maduros. La única condición bíblica es que hay que creer.[21]

En el Nuevo Testamento, la gente se bautizaba enseguida, después de haber creído. En Pentecostés, el *mismo día* que aceptaron a Cristo se bautizaron tres mil personas. En otra ocasión, un líder etíope se bautizó en el *mismo lugar* donde se convirtió, y Pablo y Silas bautizaron al carcelero de Filipos y a su familia a *medianoche*. Los bautismos no se dejaban para otro momento en el Nuevo Testamento. Si todavía no te has bautizado como expresión de tu fe en Cristo, hazlo tan pronto como sea posible, como Jesús lo mandó.

> *Ser incluido en la familia de Dios es el más alto honor y privilegio que jamás recibirás.*

El privilegio más grande de la vida

La Palabra de Dios declara: «*Jesús y el pueblo que santificó pertenecemos a la misma familia; por lo tanto, Jesús no se avergüenza de llamarnos hermanos y hermanas*».[22] Permite que esta espléndida verdad se te grabe a fondo. ¡Eres parte de la familia de Dios y, como Jesús te santificó, Dios está orgulloso de ti! Las palabras de Jesús son indiscutibles: «*Señalando a sus discípulos* [Jesús] *añadió: "Aquí tienen a mi madre y a mis hermanos. Pues mi hermano, mi hermana y mi madre son los que hacen la voluntad de mi Padre que está en el cielo"*».[23] Ser incluido en la familia de Dios es el más alto honor y privilegio que jamás recibirás. No hay nada que se le parezca. Cuando te sientas inseguro, o que no eres importante, o que nadie te quiere, recuerda a quién perteneces.

DÍA 15

Pensando en mi propósito

PUNTO DE REFLEXIÓN: Dios me hizo para pertenecer a su familia.

VERSÍCULO PARA RECORDAR: *«Su plan inmutable siempre ha sido adoptarnos en su propia familia, trayéndonos a él mediante Cristo Jesús».* Efesios 1:5 (BAD).

PREGUNTA PARA CONSIDERAR: ¿De qué manera puedo comenzar a tratar a los demás creyentes como miembros de mi propia familia?

Lo que más importa

No importa lo que diga,
lo que crea o lo que haga,
sin amor estoy en quiebra.

1 CORINTIOS 13:3 (PAR)

zph.com/vida-pdl/c16

En esto consiste el amor:
en que pongamos en práctica
sus mandamientos.
Y éste es el mandamiento:
que vivan en este amor, tal como
ustedes lo han escuchado
desde el principio.

2 JUAN 1:6 (NVI)

LA VIDA CONSISTE EN AMAR.

Como Dios es amor, la lección más importante que quiere que aprendamos en esta tierra es cómo amar. El amor es el fundamento de todos los mandamientos que nos ha dado, porque cuando amamos, somos más semejantes a él: «*Porque la ley se resume en este mandamiento: "Amarás a tu prójimo como a ti mismo"*».[1]

Aprender a amar desinteresadamente no es una tarea sencilla. Es contraria a nuestra naturaleza egocéntrica. Por eso contamos con toda una vida para aprender a amar. Por supuesto, Dios quiere que amemos a todos, pero está particularmente interesado en que aprendamos a amar a los miembros de su familia. Como ya hemos visto, este es el segundo propósito para tu vida. Pedro nos dice que «*debemos mostrar un amor especial por el pueblo de Dios*».[2] Pablo se

125

hace eco de este sentimiento: «*Por lo tanto, siempre que tengamos la oportunidad, hagamos bien a todos, y en especial a los de la familia de la fe*».[3]

¿Por qué insiste Dios en que demos un amor especial y les prestemos atención a otros creyentes? ¿Por qué ellos tienen prioridad en el amor? Porque Dios quiere que su familia sea fundamentalmente conocida por el amor que se manifiesten entre sí. Jesús dijo que el amor *de los unos a los otros*, y no nuestras creencias doctrinales, sería nuestro mayor testimonio al mundo. Dijo: «*De este modo todos sabrán que son mis discípulos, si se aman los unos a los otros*».[4]

En el cielo disfrutaremos de la familia de Dios para siempre, pero primero tenemos que realizar un trabajo difícil en la tierra, como preparación para una eternidad de amor. Dios nos entrena dándonos «responsabilidades familiares» y la principal es que practiquemos amarnos unos a otros.

Él quiere que tengas una comunión estrecha y regular con otros creyentes para desarrollar la práctica del amor. El amor no puede aprenderse en aislamiento. Necesitas estar rodeado de personas: insoportables, imperfectas y molestas. Gracias a la comunión podemos aprender tres verdades importantes.

El mejor uso de la vida es amar

El amor debe ser tu prioridad, tu objetivo y tu mayor ambición. El amor no es *una buena* parte de tu vida; es la parte *más importante*. La Palabra de Dios declara: «*¡Que el amor sea para ustedes la más alta meta!*».[5]

No basta con decir: «*Una* de las cosas que quiero en esta vida es amar», como si el amor fuera uno de los diez objetivos principales que tenemos. Las relaciones tienen prioridad sobre todo lo demás. ¿Por qué?

La vida sin amor no tiene sentido. Pablo dice: «*No importa lo que diga, lo que crea o lo que haga, sin amor estoy en quiebra*».[6]

En ocasiones nos conducimos como si las relaciones fueran algo que conseguimos introducir en nuestros planes. Hablamos de *hallar* tiempo para nuestros hijos o de *hacer* tiempo para las personas en nuestra vida. Damos la impresión de que las relaciones son apenas una parte de nuestra vida, junto con tantas otras ocupaciones. Pero Dios dice que lo esencial de la vida consiste en nuestras relaciones con los demás.

Cuatro de los Diez Mandamientos se refieren a nuestra relación con Dios, mientras que los seis restantes tratan de nuestra relación con las personas. ¡Pero los diez tienen que ver con relaciones! Posteriormente, Jesús resumió lo que más le importa a Dios en dos afirmaciones: amar a Dios y amar a los demás. Dijo: «*Ama al Señor tu Dios con todo su corazón...» Éste es el primero y el más importante de los mandamientos. El segundo se parece a éste: "Ama a tu prójimo como a ti mismo." De estos dos mandamientos dependen toda la ley y los profetas*».[7] Después de aprender a amar a Dios, lo que es la adoración, aprender a amar a los demás debería ser el segundo propósito de la vida.

Lo que más importa en mi existencia son las relaciones y no los logros o la adquisición de bienes. Entonces, ¿por qué le prestamos tan poca atención a las relaciones? Cuando estamos muy ocupados, afectamos el tiempo que dedicamos a las relaciones, quitándoles la energía y la atención necesarias. Lo urgente desplaza a lo más importante para Dios.

La ocupación en múltiples actividades compite con las relaciones. Nos preocupamos por ganarnos la vida, realizar nuestro trabajo, pagar las cuentas y lograr metas, como si vivir consistiera en cumplir esas tareas. No es así. El sentido de la vida está en aprender a amar: a Dios y a las personas. El resultado de la resta «vida menos amor» es cero.

El amor durará por siempre. Otra razón por la que Dios nos manda a hacer del amor una prioridad es porque es eterno: «*Ahora, pues, permanecen estas tres virtudes: la fe, la esperanza y el amor. Pero la más excelente de ellas es el amor*».[8]

El amor deja un legado. El impacto más perdurable que puedes dejar en la tierra es el trato que tuviste con las personas, no tu riqueza o tus logros. Como lo expresó la Madre Teresa: «Lo que importa no es tanto lo que uno hace, sino cuánto amor pone en hacerlo». El amor es el secreto de un legado duradero.

He tenido que acompañar a muchas personas en sus últimos momentos, cuando están al borde de la eternidad, y nunca las he escuchado decir: «¡Traigan mis diplomas! Me gustaría mirarlos una vez más. Muéstreme mis premios, mi medalla, el reloj de oro que me regalaron». Cuando nuestra vida sobre esta tierra llega a su fin, no nos rodeamos de objetos. Queremos estar rodeados de personas: de seres queridos y aquellos con quienes nos relacionamos.

Llegados los últimos momentos, todos nos damos cuenta de que la vida consiste de relaciones. La sabiduría se basa en aprender esta verdad lo antes posible. No esperes a estar en tu lecho de muerte para reconocer que esto era lo más importante.

El amor será la norma para evaluarnos. Aprender a amar debe ser el objetivo de la vida, ya que será la norma que Dios usará para evaluarnos en la eternidad. Una de las maneras que Dios utiliza para medir la madurez espiritual es la calidad de nuestras relaciones. En el cielo él no nos pedirá que le contemos sobre nuestra carrera profesional, nuestra cuenta bancaria y nuestros pasatiempos, sino que revisará cómo tratamos a otras personas, en especial a los necesitados.[9] Jesús dijo que la manera de amarlo es amar a su familia y atender sus necesidades prácticas: «*De cierto os digo que en cuanto lo hicisteis a uno de estos mis hermanos más pequeños, a mí lo hicisteis*».[10]

Cuando nos transfieran a la eternidad, dejaremos todo detrás. Lo único que llevaremos encima será nuestro carácter. Por eso la Biblia dice: «*En Cristo Jesús... lo que vale es la fe que actúa mediante el amor*».[11]

Con esto en mente, te sugiero que, cuando te despiertes todas las mañanas, te arrodilles junto a tu cama o te sientes en el borde de ella, y ores: «Dios, haga lo que haga hoy, quiero asegurarme de dedicar tiempo a amarte y amar a los demás: mi vida consiste en eso. No quiero desperdiciar este día». ¿Por qué habría Dios de darte otro día si no lo vas a aprovechar?

El tiempo es la mejor expresión de amor

Es posible evaluar la importancia que le asignamos a algo considerando el tiempo que estamos dispuestos a dedicarle. Cuanto más tiempo le dedicamos a algo, más evidente resulta la relevancia y el valor que tiene para nosotros. Si quieres conocer las prioridades de una persona, fíjate en cómo usa el tiempo.

El tiempo es el regalo más preciado que tenemos, porque es limitado. Podemos producir más dinero, pero no más tiempo. Cuando le dedicamos tiempo a una persona, le estamos entregando una porción de nuestra vida que nunca podremos recuperar. Nuestro tiempo es nuestra vida. El mejor regalo que le puedes dar a alguien es tu tiempo.

No es suficiente con *decir* que las relaciones son importantes; debemos demostrarlo con acciones, invirtiendo tiempo en ellas. Las palabras por sí solas nada valen: «*Hijos míos, no solamente debemos decir que amamos, sino que debemos demostrarlo por medio de lo que hacemos*».[12] Las relaciones exigen tiempo y esfuerzo. Amor se deletrea así: «T-I-E-M-P-O».

> El mejor regalo que le puedes dar a alguien es tu tiempo.

La esencia del amor no es lo que pensamos o hacemos, o lo que aportamos a los demás; antes bien, es cuánto entregamos de *nosotros* mismos. A los hombres, en particular, les cuesta entender esto. Muchos me han dicho: «No puedo entender a mi esposa ni a mis hijos. Les proveo todo lo que necesitan. ¿Qué más quieren?». ¡Te quieren a ti! Quieren tus ojos, tus oídos, tu tiempo, tu atención, tu presencia, tu interés: tu tiempo. No hay nada que pueda suplir eso.

El mejor regalo de amor no son los diamantes ni las rosas ni los dulces. Es brindar tu *atención*. El amor se concentra tanto en otra persona que por un instante uno se olvida de quién es. La atención dice: «Te valoro tanto que te entrego mi bien más valioso: mi tiempo». Siempre que dediques tu tiempo, estarás haciendo un sacrificio, y el sacrificio es la esencia del amor. Jesús nos dejó el ejemplo: «*Estén llenos de amor hacia los demás; sigan en esto el ejemplo de Cristo, quien nos amó y se entregó en sacrificio a Dios por nuestros pecados».*[13]

Es posible dar sin amar, pero no se puede amar sin dar. *«Tanto amó Dios al mundo, que dio...».*[14] Amar es entregarse: dejar a un lado mis preferencias, comodidad, objetivos personales, seguridad, dinero, energía y tiempo en beneficio de otra persona.

El mejor momento para amar es ahora

La postergación de algunos asuntos es una respuesta legítima cuando se trata de una tarea trivial. Sin embargo, como el amor es lo más importante, debe tener prioridad. La Biblia repetidas veces destaca este punto: *«Siempre que tengamos la oportunidad, hagamos bien a todos».*[15] Hagamos el bien *«aprovechando al máximo cada momento oportuno».*[16] *«No niegues un favor a quien te lo pida, si en tu mano está el otorgarlo. Nunca digas a tu prójimo: "Vuelve más tarde; te ayudaré mañana", si hoy tienes con qué ayudarlo».*[17]

¿Por qué este es el mejor momento para expresar nuestro amor? Porque no sabemos por cuánto tiempo tendremos esta oportunidad. Las circunstancias cambian; las personas se mueren; los hijos crecen; no hay garantías para el mañana. Si quieres expresar tu amor, más vale que lo hagas ahora mismo.

Sabemos que un día deberemos presentarnos ante Dios; por lo tanto, deberíamos considerar las siguientes preguntas: ¿Qué justificación tendré para explicar que le di más importancia a los proyectos y las cosas que a las personas? ¿Con quién debería comenzar a pasar más tiempo? ¿Qué cosas necesito limitar de mi agenda para conseguir ese tiempo? ¿Qué sacrificios debo hacer?

El mejor uso que le puedes dar a la vida es amar. La mejor expresión de amor es el tiempo. El mejor momento para amar es ahora.

DÍA 16

Pensando en mi propósito

PUNTO DE REFLEXIÓN: La vida consiste en amar.

VERSÍCULO PARA RECORDAR: «*Toda la ley se resume en un solo mandamiento: "Ama a tu prójimo como a ti mismo"*». Gálatas 5:14 (NVI).

PREGUNTA PARA CONSIDERAR: Con toda franqueza, ¿son las relaciones mi prioridad? ¿Qué medidas puedo tomar para asegurarme de que lo sean?

Un lugar al cual pertenecer

Ya son ustedes... miembros de la familia de Dios,
ciudadanos del país de Dios y conciudadanos
de los cristianos de todas partes.

EFESIOS 2:19 (BAD)

zph.com/vida-pdl/c17

...la familia de Dios,
que es la iglesia del Dios viviente,
la cual sostiene y defiende la verdad.

1 TIMOTEO 3:15B (DHH)

ERES LLAMADO A PERTENECER, NO SOLO A CREER.

Incluso en el entorno perfecto y sin pecado, en el jardín del Edén, Dios dijo: «*No es bueno que el hombre esté solo*».[1] Fuimos creados para vivir en comunidad, para la comunión y para tener una familia, y no podemos cumplir los propósitos de Dios solos.

En la Biblia no hay ningún ejemplo de santos solitarios o ermitaños espirituales aislados de otros creyentes y privados de la comunión. La Biblia dice que formamos un cuerpo, *somos sus miembros, hemos sido edificados juntamente, formamos articulaciones, somos herederos conjuntos, estamos sostenidos y ajustados en conjunto, y seremos arrebatados juntos.*[2] Ya no podemos valernos por nosotros mismos.

Aunque nuestra relación con Cristo es personal, la intención de Dios no es que sea privada. En la familia de Dios estamos conectados con todos los demás creyentes, y nos pertenecemos mutuamente *por la eternidad.* La Biblia dice: «*También nosotros, siendo muchos, formamos un solo cuerpo en Cristo, y cada miembro está unido a todos los demás*».[3]

Seguir a Cristo implica *participación*, no solamente creer. Somos miembros de su cuerpo: la iglesia. C.S. Lewis señaló que la palabra *miembro* tiene un origen cristiano, pero que el mundo la ha vaciado de su significado original. Las casas comerciales ofrecen descuentos a sus «miembros» y los publicistas usan los nombres de sus miembros para crear listas de correspondencia. En muchas iglesias, la membresía suele reducirse a agregar tu nombre a un registro, sin más requisito ni obligaciones.

Para Pablo, ser «miembro» de la iglesia significaba ser un órgano vital de un cuerpo con vida, una parte indispensable y ligada al cuerpo de Cristo.[4] Necesitamos recuperar y poner en práctica el significado bíblico de *ser miembro*. La iglesia es un cuerpo, no un edificio; es un organismo, no una organización.

Para que los órganos de tu cuerpo cumplan su propósito, deben estar conectados al cuerpo. Lo mismo es cierto en tu caso, como parte del cuerpo de Cristo. Dios te creó para desempeñar un papel específico, pero si no te vinculas a una iglesia viva y local, te perderás el segundo propósito de tu vida. Descubrirás tu papel en la vida mediante tu relación con los demás.

La Biblia dice en Romanos 12:4-5: «*El sentido de cada una de las partes lo da el cuerpo en su totalidad y no al contrario. Estamos hablando del cuerpo de Cristo formado por su pueblo elegido. Cada uno de nosotros encontramos nuestro sentido y función como parte de su cuerpo. Si somos un dedo de la mano o del pie cortados y sueltos, no servimos de mucho, ¿no?*».[5]

> Descubrirás tu papel en la vida mediante tu relación con los demás.

Fuera del cuerpo, los órganos se secan y mueren. No pueden sobrevivir solos; nosotros tampoco. Desvinculada y sin la fuente de vida que brinda el cuerpo local, tu vida espiritual se marchitará y dejará de existir.[6] Por ese motivo, el primer síntoma del enfriamiento espiritual suele ser la asistencia irregular a los cultos de adoración y otros encuentros de creyentes. Cuando descuidamos la comunión, todo lo demás también se va a pique.

Ser miembro de la familia de Dios tiene repercusiones y no es algo para ser ignorado casualmente. La iglesia es parte del plan de

Dios para el mundo. Jesús dijo: «*Edificaré mi iglesia, y las puertas del reino de la muerte no prevalecerán contra ella*».[7] La iglesia es indestructible y existirá por la eternidad. Sobrevivirá al universo, y tu papel en ella también. La persona que dice: «No necesito a la iglesia», es arrogante o ignorante. La iglesia es tan importante que Jesús murió en la cruz por ella. «*Cristo amó a la iglesia entregó su vida por ella*».[8]

> La iglesia sobrevivirá al universo y tu papel en ella también.

La Biblia le llama a la iglesia «*la esposa de Cristo*» y «*el cuerpo de Cristo*».[9] No me puedo imaginar diciéndole a Jesús: «Te amo, pero no me gusta tu esposa» o «Te acepto, pero rechazo tu cuerpo». Sin embargo, eso es lo que hacemos cuando le restamos importancia, menospreciamos o nos quejamos de la iglesia. Por el contrario, Dios nos manda a amarla tanto como la ama Jesús. La Biblia nos ordena «*amar a nuestra familia espiritual*».[10] Es triste ver que muchos cristianos *usan* la iglesia, pero no la aman.

La congregación local

Con pocas excepciones importantes que tienen que ver con todos los creyentes en la historia, casi todas las veces que se usa la palabra *iglesia* en la Biblia se refiere a la congregación local y visible. El Nuevo Testamento da por sentado que los creyentes eran miembros de una congregación local. Los únicos cristianos que no pertenecían a una comunidad, eran los que estaban sujetos a la disciplina de la congregación o habían dejado de tener comunión por casos de inmoralidad.[11]

La Biblia dice que un cristiano sin iglesia materna es como un órgano sin un cuerpo, una oveja sin rebaño o un niño sin familia. No es su estado natural. La Biblia dice que somos «*miembros de la familia de Dios, conciudadanos de todos los creyentes en Cristo*».[12]

En la actualidad, el individualismo independiente de nuestra cultura ha creado muchos huérfanos espirituales, «creyentes conejos» que saltan de una iglesia a otra sin identificarse, sin rendir cuentas ni comprometerse con ninguna. Muchos creen que es posible ser un «buen cristiano» sin unirse (a veces sin siquiera asistir) a una iglesia local, pero Dios no está de acuerdo con eso. Su Palabra ofrece muchas razones de peso para justificar la necesidad de estar comprometidos y ser activos en la comunión.

La necesidad de la familia eclesiástica

Ser una familia eclesiástica te permite identificarte como creyente genuino. No puedo decir que sigo a Cristo si no tengo ningún compromiso con otro grupo específico de discípulos. Jesús dijo: *«De este modo todos sabrán que son mis discípulos, si se aman los unos a los otros».*[13]

Somos un testimonio para el mundo cuando, viniendo de distintas culturas, razas y clases sociales, nos reunimos en amor como una familia en la iglesia.[14] No somos parte del cuerpo de Cristo en soledad. Necesitamos a los demás para expresar que somos miembros del cuerpo. *Juntos*, no por separado, somos miembros de su cuerpo.[15]

Ser una familia eclesiástica te aparta del aislamiento egocéntrico. La iglesia local es el salón de clases donde aprendes a vivir en la familia de Dios. Es el laboratorio donde se practica el amor comprensivo y sin egoísmo. Como miembro participante podrás aprender a interesarte en los demás y a conocer la experiencia de otros: *«Si uno de los miembros sufre, los demás comparten su sufrimiento; y si uno de ellos recibe honor, los demás se alegran con él».*[16] Únicamente por medio del contacto regular con creyentes comunes e imperfectos podremos aprender a tener comunión verdadera y experimentar la verdad del Nuevo Testamento que afirma que estamos ligados y dependemos unos de otros.[17]

La comunión bíblica consiste en estar tan comprometidos con los demás como lo estamos con Jesucristo. Dios espera que entreguemos nuestra vida unos por otros. Muchos cristianos conocen el versículo de Juan 3:16, pero se olvidan de 1 Juan 3:16: *«En esto conocemos lo que es el amor: en que Jesucristo entregó su vida por nosotros. Así también nosotros debemos entregar la vida*

DÍA 17:
Un lugar al cual pertenecer

por nuestros hermanos».[18] Este es el tipo de sacrificio de amor que Dios espera que les demostremos a los demás creyentes: una disposición a amarlos del mismo modo que Dios nos amó.

Ser una familia eclesiástica te ayuda a mantenerte en forma espiritualmente. No podrás madurar si solo asistes a los cultos de adoración y eres un espectador pasivo. Solo podemos mantenernos espiritualmente en forma si participamos en toda la vida de una congregación local. La Biblia declara: *«Por su acción todo el cuerpo crece y se edifica en amor, sostenido y ajustado por todos los ligamentos, según la actividad propia de cada miembro».*[19]

El Nuevo Testamento emplea más de cincuenta veces la frase «unos a otros» o «unos con otros». Se nos manda a *amar, orar, alentar, amonestar, saludar, servir, enseñar, aceptar, honrar, llevar las cargas, perdonar, someternos, comprometernos* y muchas otras tareas mutuas y recíprocas. ¡Esto es membresía bíblica! Estas son tus «responsabilidades familiares» que Dios espera que cumplas por intermedio de una congregación local. ¿Con *quién* estás cumpliendo estas obligaciones?

Puede parecer más fácil ser santo cuando no hay nadie a nuestro alrededor que pueda frustrar nuestras preferencias, pero esta santidad es falsa y no verificable. El aislamiento genera engaño. Es fácil engañarse creyendo que somos maduros si no nos comparamos con otros. La verdadera madurez se demuestra en las relaciones.

Para crecer necesitamos algo más que la Biblia, necesitamos a otros creyentes. Creceremos más rápido y seremos más fuertes si aprendemos de los demás y asumimos nuestra responsabilidad. Cuando otros comparten lo que Dios les está enseñando, aprendo y crezco.

El cuerpo de Cristo te necesita. Dios tiene un papel exclusivo para que lo desempeñes en su familia. Es tu «ministerio», y a fin de desempeñarlo Dios te ha dado dones. *«Para ayudar a toda la iglesia Dios ha provisto a cada uno con dones espirituales».*[20]

La congregación local es el lugar que Dios ha provisto para descubrir, desarrollar y usar tus dones. Es posible que además tengas un ministerio más amplio, pero eso es un *agregado* al servicio del cuerpo local. Jesús no prometió edificar tu ministerio, sino edificar su iglesia.

Compartirás la misión de Cristo en el mundo. Cuando Jesús caminó sobre esta tierra, Dios obró mediante el cuerpo físico de Cristo; hoy usa su cuerpo espiritual. La iglesia es el instrumento de Dios sobre la tierra. No solamente debemos ser ejemplo del amor de Dios amándonos unos a otros, también debemos llevar juntos ese amor al resto del mundo. Es un privilegio increíble que compartimos. Como miembros del cuerpo de Cristo, *somos sus manos*, sus pies, sus ojos y su corazón. Él obra en el mundo por nuestro intermedio. Pablo nos dice que «*Dios nos ha creado en Cristo Jesús para trabajar juntos en su obra, en las buenas obras que Dios ha dispuesto para que hagamos, en la obra que más vale que pongamos en práctica*».[21]

La familia eclesiástica evitará que te apartes. Nadie es inmune a la tentación. Dadas las circunstancias apropiadas, tanto tú como yo podríamos ser capaces de cometer cualquier pecado.[22] Como Dios sabe eso, nos ha asignado como individuos la responsabilidad de cuidarnos mutuamente. La Biblia dice: «*Anímense unos a otros cada día, para que ninguno de ustedes se endurezca por el engaño del pecado*».[23] «No te metas en mi vida» no es una frase que un cristiano debiera decir. Dios nos llama y nos manda a asumir un compromiso con los demás. Si sabes de alguien que en este mismo momento está flaqueando espiritualmente, es tu responsabilidad buscar a esa persona y devolverla a la comunión. Santiago dice que «*si sabemos de alguno que se extravía de la verdad de Dios, no lo descartemos, busquémoslo y hagámoslo volver*».[24]

Otro beneficio relacionado con la iglesia local es que brinda la protección espiritual de líderes consagrados. Dios les ha dado a los líderes pastorales la responsabilidad de guardar, proteger, defender y velar por el bienestar espiritual de su rebaño.[25] La Biblia dice: «*Ellos cuidan de ustedes sin descanso, y saben que son responsables ante Dios de lo que a ustedes les pase*».[26]

> *Jesús no prometió edificar tu ministerio, sino edificar su iglesia.*

A Satanás le gustan los creyentes desarraigados, desconectados de la energía del cuerpo, aislados de la familia de Dios, sin responsabilidades frente a sus líderes espirituales, ya que sabe que están indefensos y sin fuerza para enfrentarse a sus tácticas.

Todo está en la iglesia

En mi libro *Una iglesia con propósito* expliqué cómo formar parte de una iglesia espiritualmente saludable es esencial para tener una vida sana. Espero que también leas ese libro, porque te ayudará a entender cómo Dios diseñó su iglesia específicamente con el objetivo de ayudarte a cumplir los cinco propósitos que él tiene para tu vida. Él creó la iglesia a fin de satisfacer las cinco necesidades más básicas de tu vida: un propósito para vivir, personas con quienes vivir, principios para vivir, una profesión que desarrollar y el poder para vivir. Solo hay un lugar en la tierra donde es posible encontrar estos cinco beneficios reunidos en el mismo sitio.

Los propósitos de Dios para su iglesia son los mismos que tiene para tu vida. La adoración te ayudará a *concentrarte en Dios;* la comunión te ayudará a *enfrentar los problemas de la vida;* el discipulado te ayudará a *fortalecer tu fe;* el ministerio te ayudará a *descubrir tus talentos;* el evangelismo te ayudará a *cumplir tu misión.* ¡No hay nada como la iglesia en la tierra!

Tu elección

Cuando nace un bebé, él o ella se convierte automáticamente en parte de la familia universal de los seres humanos. Pero ese bebé también necesita ser miembro de una familia en particular a fin de recibir el cuidado y el cariño que requiere para crecer, tener salud y ser fuerte. Lo mismo es cierto en el aspecto espiritual. Cuando nacemos de nuevo, automáticamente pasamos a formar parte de la familia universal de Dios, pero también necesitamos ser miembros de una expresión local de esa comunidad de creyentes.

La diferencia entre ser un mero *asistente* al templo y un *miembro* de la iglesia es el compromiso. Los asistentes son espectadores frente al escenario; los miembros están comprometidos con el ministerio. Los asistentes son consumidores; los miembros, contribuyentes. Los asistentes desean tener los beneficios de la iglesia sin compartir las obligaciones. Son como parejas que quieren vivir juntas sin comprometerse y formar un matrimonio.

¿Por qué es importante unirse a la familia de una iglesia local? Porque es en la práctica, no en la teoría, como demuestras tu compromiso con tus hermanos y hermanas. Dios quiere que ames a personas *reales*, no *ideales*. Puedes pasarte toda tu vida buscando la iglesia perfecta, pero nunca la encontrarás. Dios nos llama a amar a los pecadores como él nos amó.

En Hechos, los cristianos de Jerusalén tenían compromisos muy específicos entre sí. Se dedicaban a la comunión. La Biblia nos dice *«que se comprometían con la enseñanza de los apóstoles, la vida en comunidad, las comidas comunitarias y las oraciones»*.[27] Dios hoy espera el mismo compromiso de tu parte.

La vida cristiana es más que el simple compromiso con Cristo, esta también implica el compromiso con otros cristianos. Los creyentes de Macedonia entendieron esto. Pablo dijo de ellos: *«Se entregaron a sí mismos, primeramente al Señor y después a nosotros, conforme a la voluntad de Dios»*.[28] Después de convertirte en hijo de Dios, el siguiente paso natural que debes dar es convertirte en miembro de una congregación local. Cuando te comprometes con Cristo, te conviertes en cristiano, pero te conviertes *en miembro de una iglesia* cuando te comprometes con un grupo específico de creyentes. La primera decisión trae la salvación; la segunda, la comunión.

DÍA 17
Pensando en mi propósito

PUNTO DE REFLEXIÓN: Soy llamado a pertenecer, no solo a creer.

VERSÍCULO PARA RECORDAR: *«También nosotros, siendo muchos, formamos un solo cuerpo en Cristo, y cada miembro está unido a todos los demás»*. Romanos 12:5 (NVI).

PREGUNTA PARA CONSIDERAR: El grado de compromiso que tengo con mi iglesia local, ¿refleja mi amor y compromiso con la familia de Dios?

DÍA 18

Viviendo la vida juntos

*Ustedes fueron llamados a formar
un solo cuerpo, el cuerpo de Cristo.*
COLOSENSES 3:15 (BLS)

*¡Cuán bueno y cuán agradable es que
los hermanos convivan en armonía!*
SALMO 133:1 (NVI)

zph.com/vida-pdl/c18

LA VIDA FUE DISEÑADA PARA COMPARTIR.

La intención de Dios es que experimentemos la vida juntos.
En la Biblia esta experiencia comunitaria se conoce como *vivir en
comunión*. En la actualidad, sin embargo, la palabra ha perdido
mucho de su significado bíblico. «Tener comunión» se usa para
referirse a la conversación espontánea, la socialización, las comidas y
la diversión. La pregunta: «¿Dónde tienes comunión?» significa: «¿A
qué iglesia asistes?». Afirmar: «Quédate después del servicio para un
momento de comunión» quiere decir: «Tendremos un refrigerio».

La verdadera comunión es mucho más que asistir a los servicios
dominicales. Es experimentar la vida juntos. Consiste en amar
desinteresadamente, compartir con corazón sincero, servir en la
práctica, hacer sacrificios, consolar y solidarizarse con los que
sufren, y todos los demás mandamientos que el Nuevo Testamento
nos manda a hacer «unos a otros».

Con todo aquello relacionado con la comunión, el tamaño
importa: *Cuanto más pequeño, mejor.* Con una multitud se puede
adorar, pero no se puede tener comunión. Cuando los grupos son
superiores a diez personas, algunas dejarán de participar —por lo
general, las más calladas— y otras ejercerán dominio.

Jesús ministró en el contexto de los pequeños grupos de discípulos. Pudo haber elegido a más, pero sabía que doce es prácticamente el tamaño máximo posible para permitir la participación de todos.

El cuerpo de Cristo, como el tuyo, es en realidad una colección de varias células pequeñas. La vida del cuerpo de Cristo, como el tuyo, está en las células. Debido a esto, todos los cristianos necesitan estar comprometidos con un pequeño grupo dentro de cada iglesia, ya sea uno de reflexión en los hogares, una clase de la Escuela Dominical o un grupo de estudio bíblico. La verdadera comunidad se gesta en esos lugares, no en las reuniones masivas. Piensa en la iglesia como en un barco, los pequeños grupos son los botes salvavidas.

Dios ha hecho una promesa increíble con respecto a los pequeños grupos de creyentes: *«Porque donde dos o tres se reúnen en mi nombre, allí estoy yo en medio de ellos»*.[1] Por desgracia, pertenecer a un pequeño grupo tampoco es ninguna garantía de que se experimentará una verdadera comunión. Muchas clases de la Escuela Dominical y los grupos pequeños son superficiales, no tienen idea de lo que es experimentar la comunión genuina. ¿Cuál es la diferencia entre la comunión verdadera y la falsa?

En la comunión verdadera experimentamos autenticidad. La comunión auténtica no es superficial. Consiste en la expresión genuina, de corazón a corazón, desde lo más íntimo de nuestro ser. El verdadero compañerismo ocurre cuando la gente es honesta con lo que es y con lo que sucede en su vida, comparte sus penas, revela sus sentimientos, confiesa sus fracasos, manifiesta sus dudas, reconoce sus temores, admite sus debilidades, y pide la ayuda y la oración de los demás.

La autenticidad es exactamente lo contrario de lo que encuentras en algunas iglesias. En estas, en vez de una atmósfera de sinceridad y humildad, hay fingimiento, roles, politiquería, una cordialidad superficial y una conversación trivial. La gente se pone máscaras, está a la defensiva y se conduce como si su vida fuera un lecho de rosas. Estas actitudes matan la verdadera comunión.

Podremos experimentar la verdadera comunión solo si somos transparentes en nuestra vida. La Biblia dice: *«Si vivimos en la luz, así como él está en la luz, tenemos comunión unos con otros... Si afirmamos que no tenemos pecado, nos engañamos a nosotros mismos y no tenemos la verdad».*[2] El mundo cree que la intimidad necesita oscuridad, pero Dios dice que esta ocurre en la luz. La oscuridad sirve para esconder nuestros dolores, culpas, temores, fracasos y fallas. Pero al sacarlos a la luz, los ponemos a la vista y admitimos quiénes somos en realidad.

> *El verdadero compañerismo ocurre cuando la gente es honesta con lo que es y con lo que sucede en su vida.*

Por supuesto, la autenticidad exige valor y humildad. Implica enfrentar nuestro temor a la exposición, al rechazo y a ser heridos nuevamente. ¿Por qué habríamos de correr ese riesgo? Porque es la única manera de crecer espiritualmente y conservar nuestra salud emocional. La Escritura indica que *«nuestra práctica debería ser: confesarnos unos a otros nuestros pecados y orar unos por otros para poder vivir todos juntos y ser sanados».*[3] Solo podemos crecer si nos arriesgamos, y no hay riesgo mayor que ser sinceros con nosotros mismos y con otros.

En la comunión verdadera experimentamos reciprocidad. La reciprocidad es el arte de dar y recibir. Depende de cada uno de nosotros. La Biblia dice que *«Dios diseñó nuestros cuerpos como un modelo para que pudiéramos entender nuestras vidas reunidas como iglesia: cada parte dependiente de todas las demás».*[4] La reciprocidad es el corazón de la comunión: la construcción de relaciones recíprocas, compartiendo responsabilidades y ayudándose unos a otros. Pablo dice que desea que nos ayudemos *«entre nosotros con la fe que compartimos. Tu fe me ayudará y mi fe te ayudará».*[5]

Somos más sólidos en nuestra fe cuando caminamos junto a otros que nos animan. La Biblia nos ordena rendirnos cuentas unos a otros, animarnos, servirnos y honrarnos mutuamente.[6] Más de cincuenta veces el Nuevo Testamento nos manda a hacer distintas tareas «unos a otros» y «unos con otros». La Palabra de Dios señala: *«Esforcémonos por promover todo lo que conduzca a la paz y a la mutua edificación».*[7]

No eres responsable de cada persona del cuerpo de Cristo, pero tienes una responsabilidad *con* ellos. Dios espera que hagas lo que esté a tu alcance para ayudarlos.

En la comunión verdadera experimentamos compasión. La compasión no se limita a dar consejos o a una ayuda rápida y cosmética; la compasión implica comprender y compartir el dolor de los demás. La compasión dice: «Entiendo lo que te está pasando, y lo que sientes no es raro ni es una locura». Hoy también se conoce como «empatía», pero la palabra bíblica es «compasión».

La Escritura afirma que, como escogidos de Dios, santos y amados, debemos vivir con *«verdadera compasión, bondad, humildad, mansedumbre y paciencia».*[8]

La compasión satisface dos necesidades humanas esenciales: ser entendidos y que nuestros sentimientos sean apreciados.

> *Cada vez que entiendes y aprecias los sentimientos de alguien, estableces una comunión.*

Cada vez que entiendes y aprecias los sentimientos de alguien, estableces comunión. El problema es que muchas veces tenemos tanta prisa por arreglar las cosas, que no tenemos tiempo para expresar nuestra compasión. O estamos preocupados con nuestros propios dolores. La autocompasión agota la compasión por los demás.

La comunión tiene diferentes niveles, cada uno apropiado para diferentes momentos. Los grados más simples de comunión son *al compartir y al estudiar* la Palabra de Dios en comunidad. Un nivel más profundo es la *comunión al servir,* como cuando ministramos entre varios en los viajes misioneros o los proyectos de caridad. El nivel más profundo e intenso es la *comunión en el sufrimiento,*[9] cuando nos solidarizamos con la pena y el dolor de los demás y nos ayudamos unos a otros a sobrellevar las cargas. Los cristianos que mejor entienden este nivel son aquellos que en este mundo sufren persecución, desprecio y hasta la muerte como mártires por su fe.

La Palabra de Dios nos manda: *«Cuando tengan dificultades, ayúdense unos a otros. Esa es la manera de obedecer la ley de Cristo».*[10] Es en los momentos más intensos de crisis, dolor y duda que más nos necesitamos unos a otros. Cuando las circunstancias nos aplastan y nuestra fe se derrumba, es cuando más necesitamos a nuestros amigos creyentes. Necesitamos contar con un pequeño grupo de amigos que tengan fe en Dios *por* nosotros para permitirnos salir adelante. En un pequeño grupo, el cuerpo de Cristo es real y tangible, aunque Dios parezca distante. Durante su sufrimiento, Job necesitó con desesperación contar con ese grupo. Clamó: *«Aunque uno se aparte del temor al Todopoderoso, el amigo no le niega su lealtad».*[11]

DÍA 18:
Viviendo la vida juntos

En la comunión verdadera experimentamos misericordia. La comunión es un lugar de gracia, donde en vez de enfatizar los errores, estos se resuelven. La comunión se genera cuando la misericordia triunfa sobre la justicia.

Todos necesitamos misericordia, porque todos tropezamos y caemos y necesitamos que alguien nos ayude a ponernos en pie y en camino. Necesitamos brindarnos misericordia unos a otros y estar dispuestos a recibirla. Dios declara que cuando alguien peca, debemos *«perdonarlo y consolarlo para que no sea consumido por la excesiva tristeza».*[12]

No es posible tener comunión sin perdón. Dios nos dice: *«No guarden rencor»,*[13] porque la amargura y el resentimiento destruyen la comunión. Como somos pecadores e imperfectos, inevitablemente nos lastimamos. En ocasiones lo hacemos intencionalmente y otras veces sin mala intención, pero de una u otra manera requiere cantidades enormes de misericordia y gracia crear y sostener la comunión. La Escritura dice: *«Tengan paciencia unos con otros, y perdónense si alguno tiene una queja contra otro. Así como el Señor los perdonó, perdonen también ustedes».*[14]

La misericordia de Dios es el motor que nos motiva a mostrar compasión a los demás. Recordemos que nunca se nos pedirá perdonar más de lo que Dios nos perdonó a nosotros. Cuando alguien te lastime, tienes que decidir: ¿Usaré mi energía y mis emociones *para vengarme* o para *buscar una solución*? No es posible hacer ambas cosas.

Muchas personas son renuentes a mostrar misericordia porque no entienden la diferencia entre confianza y perdón. Perdonar es soltar las riendas del pasado. La confianza tiene que ver con el comportamiento en el futuro.

El perdón debe ser inmediato, lo pida o no quien ofendió. La confianza se reconstruye con el tiempo. Esta requiere llevar un registro. Si una persona nos lastima repetidas veces, Dios nos manda a perdonarla al instante, pero no espera que confiemos en ella de inmediato, y tampoco supone que debemos permitir que siga lastimándonos. Deberá demostrar que el tiempo la ha transformado. El mejor lugar para restaurar la confianza es dentro del ambiente de apoyo provisto por un grupo pequeño que ofrezca la posibilidad de animarnos mutuamente y rendirnos cuentas unos a otros.

Experimentarás muchos otros beneficios si formas parte de un pequeño grupo comprometido con tener una comunión verdadera. Esta es una parte esencial de tu vida cristiana que no puedes desatender. Por más de dos mil años los cristianos se han reunido regularmente en pequeños grupos para vivir en comunión. Si nunca has formado parte de uno, no tienes idea de lo que te estás perdiendo.

En el capítulo siguiente analizaremos lo que se requiere para crear este tipo de comunidad con otros creyentes, pero espero que este capítulo haya despertado el hambre por la experiencia llena de autenticidad, reciprocidad, compasión y misericordia que experimentarás con la comunión verdadera. Fuiste creado para esa comunión.

DÍA 18

Pensando en mi propósito

PUNTO DE REFLEXIÓN: Necesito a otras personas en mi vida.

VERSÍCULO PARA RECORDAR: «*Ayúdense unos a otros a llevar sus cargas, y así cumplirán la ley de Cristo*». Gálatas 6:2 (NVI).

PREGUNTA PARA CONSIDERAR: ¿Qué primer paso puedo dar hoy para relacionarme con otro creyente en un mayor grado de intimidad y autenticidad?

Cultiva la vida en comunidad

*Podrán desarrollar una comunidad
saludable y robusta que viva bien con Dios
y disfrutar los resultados únicamente
si se esfuerzan por llevarse bien unos con otros,
tratándose entre sí con dignidad y honra.*

SANTIAGO 3:18 (PAR)

zph.com/vida-pdl/c19

*Todos seguían firmes en lo que los apóstoles
les enseñaban, y compartían lo que tenían,
y oraban y se reunían para partir el pan.*

HECHOS 2:42 (DHH)

LA VIDA EN COMUNIDAD REQUIERE COMPROMISO.

Solo el Espíritu Santo puede crear la comunión verdadera entre los creyentes, pero la cultiva con las elecciones que hagamos y los compromisos que asumamos. Pablo señala esta doble responsabilidad: *«Esfuércense por mantener la unidad del Espíritu mediante el vínculo de la paz».*[1] Para producir una comunidad cristiana que perpetúa el amor se necesita tanto el poder de Dios como nuestro esfuerzo.

Por desgracia, muchas personas se crían en familias con relaciones malsanas y, por lo tanto, carecen de las habilidades relacionales necesarias para la comunión verdadera. Debemos enseñarles cómo llevarse bien y entablar relaciones con otros miembros de la familia de Dios. Afortunadamente, el Nuevo Testamento reboza de instrucciones acerca de cómo vivir juntos. Pablo afirmó: *«Escribo estas instrucciones para que... sepas cómo hay que portarse en la casa de Dios, que es la iglesia del Dios viviente»*.[2]

Si estás harto de la comunión falsa y deseas cultivar una comunión verdadera y desarrollar una comunidad fraternal en tu grupo pequeño, en tu clase de la Escuela Dominical o la iglesia, necesitas tomar algunas decisiones difíciles y arriesgarte.

Cultivar la vida en comunidad requiere sinceridad. Debes estar lo suficiente interesado para decir la verdad fraternalmente, incluso cuando prefieras pasar por alto un problema o no tratar un asunto espinoso. Si bien es mucho más fácil permanecer en silencio cuando las personas a nuestro alrededor tienen un patrón de pecado que les duele o lastima a otros, no es lo que el afecto nos manda a hacer. La mayoría de las personas no tienen a nadie que las ame lo suficiente como para decirles la verdad (aunque duela), por lo cual persisten en sus conductas autodestructivas. Por lo general *sabemos* lo que es necesario decirle a esa persona, pero nuestros temores nos impiden abrir la boca. Muchas relaciones han sido perjudicadas por el temor, ya que nadie tuvo el valor de hablar en el grupo mientras la vida de uno de sus miembros se desmoronaba.

La Palabra de Dios nos ordena vivir *«hablando la verdad con amor»*[3], porque no podemos formar una comunidad sin franqueza. Salomón dijo: *«Una respuesta sincera es el signo de una verdadera amistad»*.[4] A veces esto implica preocuparnos lo suficiente por quien peca o está siendo tentado como para enfrentarlo afablemente. Pablo dijo: *«Hermanos, si ven que alguien ha caído en algún pecado, ustedes que son espirituales deben ayudarlo a corregirse. Pero háganlo amablemente; y que cada cual tenga mucho cuidado, no suceda que él también sea puesto a prueba»*.[5]

Muchas congregaciones y grupos pequeños son superficiales porque le temen al conflicto. Siempre que surja un asunto que pueda provocar tensión o incomodidad, inmediatamente se pasa por alto para preservar un falso sentido de paz. Alguien sugiere «no complicar las cosas» y apaciguar los ánimos, pero el asunto nunca se resuelve, y todos se resignan. Todos saben cuál es el problema, pero nadie lo expresa francamente. Esto produce un ambiente viciado, en el que hay secretos y se multiplican los chismes. La solución de Pablo era directa: «*No más mentiras, no más falsas impresiones. Díganle a su prójimo la verdad. En el cuerpo de Cristo todos estamos conectados entre sí a fin de cuentas. Cuando les mienten a otros, se mienten a ustedes mismos*».[6]

> Cuando un conflicto es bien manejado y se encaran y solucionan las diferencias, se estrechan las relaciones.

La comunión verdadera depende de la franqueza, ya se trate de un matrimonio, una amistad o tu iglesia. Aun más, en una relación, el túnel de los conflictos puede ser la puerta a la intimidad. Hasta que no nos importe lo suficiente como para enfrentar y solucionar los obstáculos subyacentes, nunca podremos tener una relación más estrecha. Cuando un conflicto es bien manejado y se encaran y solucionan las diferencias, se estrechan las relaciones. La Biblia dice: «*A fin de cuentas, más se aprecia al que reprende que al que adula*».[7]

La franqueza no debe ser una licencia para decir lo que a uno se le antoja, dondequiera y cuando quiera. Eso es impertinencia. La Escritura afirma que «*para todo... hay un cuándo y un cómo*».[8] Las palabras irreflexivas dejan cicatrices profundas. Dios nos manda a hablarnos unos a otros en la iglesia como miembros afables de una familia: «*No reprendas con dureza al anciano, sino aconséjalo como si fuera tu padre. Trata a los jóvenes como a hermanos; a las ancianas como a madres; a las jóvenes como a hermanas*».[9]

Es triste, pero la falta de sinceridad ha destruido miles de relaciones. Pablo tuvo que reprender a la iglesia en Corinto por su pasivo código de silencio, que permitía la inmoralidad dentro de su comunidad. Como no había nadie con suficiente valor para enfrentarla, les dijo: «*No miren para otro lado con la esperanza de que el problema desaparecerá. Sáquenlo a la luz y trátenlo... Mejor es un poco de devastación y vergüenza que la maldición... Ustedes creen que se trata de algo sin importancia, pero por el contrario... no deberían actuar como si todo estuviera bien cuando uno de sus compañeros cristianos es inmoral o calumniador, es arrogante con Dios o grosero con sus amigos, se emborracha o es avaro y estafador. No toleren esta situación, ni consideren aceptable ese comportamiento. No soy responsable de lo que hagan los de afuera, pero, ¿acaso no tenemos responsabilidad hacia los de adentro, los que conforman nuestra comunidad de creyentes?*[10]

Cultivar la vida en comunidad requiere humildad. Nada destruye la comunión tan rápido como la arrogancia, la autocomplacencia y el orgullo empedernido. El orgullo erige murallas entre las personas; la humildad construye puentes. La humildad es como el aceite que suaviza las relaciones y lima las asperezas. Por eso la Biblia dice: *«Revístanse todos de humildad en su trato mutuo».*[11] La vestimenta apropiada para la comunión es una actitud de humildad.

El resto del versículo continúa: *«Dios se opone a los orgullosos, pero da gracia a los humildes».*[12] Este es otro motivo por el que debemos ser humildes: el orgullo bloquea la gracia de Dios en nuestra vida, la

> *La humildad no es pensar menos de ti mismo, sino pensar menos en ti mismo.*

que necesitamos para crecer, cambiar, sanar y ayudar a los demás. Recibimos la gracia de Dios cuando reconocemos con humildad que la necesitamos. ¡La Biblia nos dice que ser orgullosos es *oponernos* a Dios! Es una manera de vivir necia y peligrosa.

Podemos desarrollar la humildad de manera práctica: reconociendo nuestras debilidades, siendo tolerantes con las debilidades de otros, estando dispuestos a ser corregidos y destacando lo que hacen los demás. Pablo aconsejó: *«Vivan siempre en armonía. Y no sean orgullosos, sino traten como iguales a la gente humilde. No se crean más inteligentes que los demás».*[13] A los cristianos de Filipos les escribió: *«Honren más a los demás que a ustedes. No se interesen solo en ustedes, sino interésense en la vida de los demás».*[14]

La humildad no es pensar *menos de* ti mismo, sino pensar *menos en* ti mismo. Humildad es pensar más en los demás. Las personas humildes se interesan tanto en servir a otros que no piensan en sí mismas.

Cultivar la vida en comunidad requiere amabilidad. La cortesía o amabilidad consiste en respetar nuestras diferencias, tener consideración con los sentimientos de otras personas y ser tolerantes con los que nos molestan. La Palabra de Dios dice: «*Hagamos cuanto contribuya al bien... con el fin de edificarnos*».[15] Pablo le dijo a Tito: «*El pueblo de Dios debe tener un gran corazón y ser amable*».[16]

En todas las iglesias, y en cualquier grupo pequeño, habrá siempre por lo menos una persona «difícil», a veces más de una. Estas pueden tener necesidades emocionales especiales, profundas inseguridades, costumbres irritantes o hábitos sociales no desarrollados. Podríamos llamarlas personas *NGE*; que «necesitan gracia extra».

Dios puso a tales personas en medio de nosotros tanto para nuestro beneficio como para el de ellas. Son una oportunidad para el crecimiento y a fin de poner a prueba la comunión: ¿Las amaremos como hermanos y hermanas y las trataremos con dignidad?

Los miembros de una familia no se aceptan porque sean inteligentes, hermosos o talentosos. Se aceptan porque pertenecen a la misma familia. Defendemos y protegemos a la familia. Uno de sus miembros puede ser algo tonto, pero es de nuestra familia. De la misma manera, la Biblia dice: «*Ámense los unos a los otros con amor fraternal, respetándose y honrándose mutuamente*».[17]

> *El compañerismo de la iglesia es más importante que cualquier individualidad.*

Lo cierto es que todos tenemos nuestras manías y caprichos. Pero la comunidad no tiene nada que ver con compatibilidades. La base de nuestra comunión es nuestra relación con Dios: Somos una familia.

Una de las claves para la amabilidad es conocer los orígenes de una persona. Descubrir su historia. Cuando sepas lo que esa persona ha atravesado, serás más comprensivo. En lugar de pensar en lo que todavía tiene que aprender, pensarás en lo que ha progresado a pesar de todo.

Otro aspecto de la amabilidad consiste en no subestimar las dudas ajenas. El hecho de que no tengamos determinados temores no le quita validez a esos sentimientos. La comunidad verdadera se produce cuando la gente se siente suficientemente segura para poder expresar sus dudas y temores con la certeza de que no la juzgarán.

Cultivar la vida en comunidad requiere confidencialidad.
Para que las personas sean sinceras y expresen sus más profundas
penas, necesidades y errores, se requiere una condición: una atmósfera
segura que las haga sentirse cálidamente aceptadas y donde
puedan desahogarse con confianza. La confidencialidad no implica
permanecer en silencio si nuestro hermano o hermana peca.
Significa que lo que se expresa dentro del grupo no sale afuera de él,
que el grupo tratará el asunto internamente y nadie saldrá a contar
chismes.

Dios odia los chismes, sobre todo cuando se
disfrazan superficialmente como «pedidos de
oración» por parte de una persona. Él afirma: «*El
perverso provoca contiendas, y el chismoso divide a los
buenos amigos*».[18] Los chismes provocan sufrimiento
y divisiones, y destruyen la comunión. Dios es muy claro al
respecto, ordenándonos que debemos enfrentar «*al que cause
divisiones*».[19] Estas personas pueden enojarse y abandonar el grupo
o la iglesia cuando se les amonesta por sus acciones divisivas, pero
el compañerismo de la iglesia es más importante que cualquier
individualidad.

DÍA 19:
Cultiva la
vida en
comunidad

**Cultivar la vida en comunidad requiere un contacto
frecuente.** *Debes* tener un contacto frecuente y regular con tu
grupo para construir una comunión genuina. A fin de cultivar una
relación se requiere tiempo. La Biblia nos dice: «*No dejemos de
congregarnos, como acostumbran hacerlo algunos, sino animémonos
unos a otros*».[20] Debemos desarrollar el *hábito* de reunirnos. Un
hábito es algo que hacemos con frecuencia y regularidad, no
ocasionalmente. Debemos pasar tiempo juntos —*mucho tiempo*—
para construir relaciones sólidas. Por eso la comunión es tan
superficial en muchas iglesias, justamente porque no pasamos
suficiente tiempo juntos, y cuando nos reunimos, por lo general
pasamos ese tiempo escuchando hablar a una sola persona.

La comunidad no se construye sobre la base de la conveniencia
(«Nos reuniremos cuando nos parezca»), sino que se apoya en
la convicción de que la comunidad es necesaria para la salud
espiritual. Si deseas cultivar una comunión verdadera, eso implicará

reunirte incluso cuando no tengas ganas, porque estás convencido de que es importante. ¡Los primeros cristianos se reunían todos los días! «*No dejaban de reunirse en el templo ni un solo día. De casa en casa partían el pan y compartían la comida con alegría y generosidad*».[21] Para tener comunión debes invertir tiempo.

Si eres miembro de un pequeño grupo o clase, te animo a que hagas un pacto en el grupo que incluya las nueve características de la comunión bíblica: expresaremos nuestros verdaderos sentimientos (autenticidad), nos animaremos unos a otros (reciprocidad), nos apoyaremos unos a otros (compasión), nos perdonaremos unos a otros (misericordia), hablaremos la verdad en amor (sinceridad), reconoceremos nuestras debilidades (humildad), respetaremos nuestras diferencias (amabilidad), no andaremos con chismes (confidencialidad) y haremos del grupo una prioridad (contacto frecuente).

Al leer esta lista de características, te resultará obvio por qué la comunión genuina es tan poco corriente. Consiste en renunciar a nuestro egocentrismo e independencia para transformarnos en interdependientes. Sin embargo, los beneficios de compartir la vida juntos superan largamente los costos y nos preparan para el cielo.

DÍA 19
Pensando en mi propósito

PUNTO DE REFLEXIÓN: La vida en comunidad requiere compromiso.

VERSÍCULO PARA RECORDAR: «*En esto conocemos lo que es el amor: en que Jesucristo entregó su vida por nosotros. Así también nosotros debemos entregar la vida por nuestros hermanos*». 1 Juan 3:16 (NVI).

PREGUNTA PARA CONSIDERAR: ¿Cómo puedo cultivar hoy las características de una comunidad verdadera en mi grupo pequeño o mi iglesia?

Restaura el compañerismo

*Dios... por medio de Cristo nos reconcilió
consigo mismo y nos dio
el ministerio de la reconciliación.*

2 CORINTIOS 5:18 (NVI)

zph.com/vida-pdl/c20

SIEMPRE ES VALIOSO RESTAURAR LAS RELACIONES.
Como la vida se resume en aprender a amar, Dios quiere que valoremos las relaciones y nos esforcemos por mantenerlas, en lugar de descartarlas siempre que se produzca una división, un disgusto o conflictos. De hecho, su Palabra nos dice que Dios nos ha dado el ministerio de restaurar las relaciones.[1] Por lo tanto, gran parte del Nuevo Testamento se ocupa de la enseñanza de cómo tratarnos mutuamente. Pablo escribió: «*Por tanto, si sienten algún estímulo en su unión con Cristo, algún consuelo en su amor, algún compañerismo en el Espíritu, algún afecto entrañable, llénenme de alegría teniendo un mismo parecer, un mismo amor, unidos en alma y pensamiento*».[2] El apóstol nos enseñó que la capacidad de llevarnos bien entre nosotros es señal de madurez espiritual.[3]

Como Cristo quiere que su familia sea conocida por el amor que sienten unos por otros,[4] el compañerismo roto es un mal testimonio para los incrédulos. Por eso Pablo sentía tanta vergüenza de los miembros de la iglesia de Corinto, que se dividían en facciones de distinta tendencia y hasta se demandaban a juicio. Él escribió: «*Digo esto para que les dé vergüenza. ¿Acaso no hay entre ustedes nadie lo bastante sabio como para juzgar un pleito entre creyentes?*».[5] No podía creer que no hubiera nadie en la iglesia lo suficientemente maduro para resolver el conflicto en paz. En la misma carta, dijo: «*Les suplico, hermanos, en el nombre de nuestro Señor Jesucristo, que todos vivan en armonía y que no haya divisiones entre ustedes, sino que se mantengan unidos en un mismo pensar y en un mismo propósito».*[6]

Si quieres la bendición de Dios en tu vida y que te conozcan como su hijo, debes aprender a ser pacificador. Jesús señaló: *«Dichosos los que trabajan por la paz, porque serán llamados hijos de Dios».*[7] Fíjate que Jesús no dijo: «Dichosos los que aman la paz», porque todos la *amamos*. Tampoco indicó «Dichosos los pacíficos», a los que nada los perturba. Al contrario, afirmó: «Dichosos los que *trabajan* por la paz»: los que activamente procuran resolver los conflictos. Los pacificadores son difíciles de encontrar, porque la pacificación es una tarea difícil.

DÍA 20:

Restaura el compañerismo

Como fuimos creados para formar parte de la familia de Dios y el segundo propósito de nuestra vida en la tierra es aprender a amar y relacionarnos con otros, trabajar por la paz es una de las habilidades más importantes que podemos desarrollar. Por desgracia, a la mayoría de nosotros nunca se nos enseña cómo resolver los conflictos.

Trabajar por la paz no es *evitar los conflictos*. Huir de los problemas, aparentar que no existen o tener miedo de hablar de ellos es cobardía. Jesús, el Príncipe de Paz, nunca le tuvo miedo al conflicto. En cierta ocasión hasta lo provocó para bien de todos. A veces necesitamos evitar los conflictos; otras, necesitamos crearlos; y aun otras, resolverlos. Por eso debemos orar pidiendo la guía continua del Espíritu Santo.

Trabajar por la paz no es *apaciguar*, siempre cediendo, dejándonos pisar y permitiendo que los demás nos pasen por encima. Eso no es lo que Jesús tenía en mente. Él se negó a ceder en muchos asuntos, se mantuvo firme en su posición frente a la oposición del mal.

Cómo restaurar una relación

Como creyentes, Dios nos ha *llamado a restablecer nuestras relaciones unos con otros.*[8] Hay siete pasos bíblicos para restaurar el compañerismo:

Habla con Dios antes que con la persona. Conversa con Dios acerca del problema. Si oras acerca del conflicto antes de irle con el chisme a un amigo, descubrirás que tú o la otra persona cambian de parecer sin ayuda de nadie. Nuestras relaciones serían mejores si solo oráramos más por ellas.

Como lo hizo David con sus salmos, usa la oración para *ventilar hacia arriba*. Cuéntale a Dios tus frustraciones. Clama a Dios. Él nunca se sorprende ni se disgusta por nuestro enojo, dolor, inseguridad o cualquier otra emoción. Cuéntale exactamente cómo te sientes.

Muchos conflictos se originan en las necesidades insatisfechas. Algunas de ellas solo pueden ser satisfechas por Dios. Cuando esperamos que una persona, ya sea un amigo, un cónyuge, un jefe o un pariente, satisfaga una necesidad que solo Dios puede suplir, nos exponemos a la decepción y la amargura. *Nadie* puede satisfacer todas nuestras necesidades, solo Dios puede hacerlo.

Como bien señaló el apóstol Santiago, muchos de nuestros conflictos obedecen a la falta de oración: *«¿De dónde surgen las guerras y los conflictos entre ustedes?... Desean algo y no lo consiguen... No tienen porque no piden».*[9] En vez de depender de Dios, dependemos de los demás para ser felices y luego nos enojamos cuando nos fallan. Dios nos invita a acudir a él primero.

Toma la iniciativa siempre. No importa quién haya sido el ofendido o quién ofendió a quién, Dios espera que tú des el primer paso. No esperes por la otra persona. Preséntate ante ella. Restaurar el compañerismo cuando se rompe es tan importante que Jesús le asignó prioridad por encima de la adoración colectiva. Dijo: *«Si entras en tu lugar de adoración y, al presentar tu ofrenda, recuerdas de pronto que tu hermano tiene algo contra ti, deja tu ofrenda, ve directamente a donde se encuentra tu amigo y hagan las paces. Entonces, y solo entonces, vuelve y relaciónate con Dios.*[10]

Cuando el compañerismo sea tirante o se rompa, planifica inmediatamente una conferencia de paz. No la postergues, no pongas excusas o prometas: «Ya me encargaré de este asunto algún día». Fija una fecha para tener una reunión personal tan pronto como sea posible. La demora solo sirve para aumentar el resentimiento y complicar las cosas. En casos de conflicto, el tiempo no cura las heridas, las inflama.

Actuar prontamente, además, reduce el daño espiritual que puedes sufrir. La Biblia dice que nuestros pecados, incluyendo los conflictos no resueltos, impiden nuestra comunión con Dios y que nuestras oraciones sean contestadas,[11] además de hacernos sentir desgraciados. Los amigos de Job le recordaron que «*preocuparse hasta la muerte con el resentimiento sería una necedad, una insensatez*» y que así «*sólo consigues lastimarte con tu enojo*».[12]

El éxito de una conferencia de paz muchas veces depende de escoger el momento y el lugar correctos para reunirse. No se reúnan cuando estén cansados ni cuando puedan ser interrumpidos. El mejor momento es cuando las dos personas se encuentren en un buen estado de ánimo.

Sé comprensivo. Usa tus oídos más que tu boca. Antes de intentar resolver un desacuerdo, escucha atentamente los sentimientos de la otra persona. Pablo aconsejó: «*Cada uno debe velar no sólo por sus propios intereses sino también por los intereses de los demás*».[13] El término «velar» es el vocablo griego *skopos*, de donde provienen nuestras palabras *telescopio* y *microscopio*. Significa ver de cerca. Enfócate en los sentimientos, no en los hechos. Comienza con la compasión, no con las soluciones.

Dios espera que tú des el primer paso.

Al principio, no discutas con las personas acerca de sus sentimientos. Solo escucha y permite que se desahoguen emocionalmente sin ponerte a la defensiva. Asiente con tu cabeza para demostrar que entiendes, aunque no estés de acuerdo. Los sentimientos no siempre son infalibles o lógicos. Por el contrario, el resentimiento hace que pensemos o hagamos tonterías. David admitió su equivocación: «*Cuando mis pensamientos estaban llenos de amargura y mis sentimientos estaban heridos, ¡fui tan estúpido como un animal!*».[14] Todos podemos actuar bestialmente cuando nos sentimos lastimados.

Por el contrario, la Biblia dice: «*El buen juicio hace al hombre paciente; su gloria es pasar por alto la ofensa*».[15] La sabiduría produce paciencia y se adquiere escuchando otras perspectivas. Cuando escuchamos, le decimos a la persona: «Valoro tu opinión, me interesa nuestra relación y me importas tú». Esto es cierto: Me importa saber lo que sabe un amigo porque me importa mi amigo.

A fin de restaurar el compañerismo debemos «*agradar al prójimo para su bien, con el fin de edificarlo*».[16] Aguantar con paciencia el enojo de los demás es un sacrificio, sobre todo si no tiene fundamento. Pero recuerda, eso fue lo que Jesús hizo por ti. Soportó el enojo malicioso e infundado para salvarte: «*Porque ni siquiera Cristo se agradó a sí mismo sino que, como está escrito: "Sobre mí han recaído los insultos de tus detractores"*».[17]

Confiesa tu parte en el conflicto. Si realmente te interesa restaurar una relación, debes comenzar admitiendo tus propios errores o pecados. Jesús dijo que debes sacar *primero «la viga de tu propio ojo, y entonces verás con claridad para sacar la astilla del ojo de tu hermano»*.[18]

Como todos tenemos un punto ciego, puede ser necesario pedirle ayuda a un tercero para que te ayude a evaluar tus propias acciones antes de reunirte con la persona con quien tienes un conflicto. Pídele a Dios que te muestre tu parte de culpa en el problema. Pregúntale: «¿Soy yo el problema? ¿Soy poco realista, insensible o demasiado sensible?». La Biblia dice que «*si decimos que estamos libres de pecado, lo único que conseguimos es engañarnos*».[19]

La confesión es una herramienta muy poderosa para la reconciliación. A veces la manera en que tratamos un conflicto produce un daño mayor que el problema original. Cuando comenzamos por reconocer con humildad nuestras equivocaciones, el enojo de la otra persona se apaga y la desarmas, porque posiblemente esperaba que estuvieras a la defensiva. No te excuses ni culpes al otro; reconoce con sinceridad la parte que te corresponde en el conflicto. Asume la responsabilidad que te corresponde por tus errores y pide perdón.

Ataca al problema, no a la persona. No es posible arreglar el problema si lo que te interesa es encontrar quién tuvo la culpa. Debes optar por una cosa u otra.

La Biblia dice: *«La respuesta amable calma el enojo, pero la agresiva echa leña al fuego».*[20] Si estás enojado nunca lograrás persuadir a la otra persona, así que elige tus palabras con mucho cuidado. Una respuesta amable es siempre mejor que el sarcasmo.

Al resolver conflictos, *la manera* en que se dicen las cosas es tan importante como *lo que* se dice. Si eres agresivo, tus palabras se recibirán a la defensiva. Dios nos dice: *«A la persona sabia y madura se le conoce por su inteligencia. Cuanto más agradables sus palabras, más convincente es la persona».*[21] Ser fastidioso nunca sirve. No podemos ser convincentes cuando somos ásperos.

> *Al resolver conflictos, la manera en que se dicen las cosas es tan importante como lo que se dice.*

Durante la Guerra Fría, ambas partes acordaron que algunas armas de guerra eran tan destructivas que nunca deberían usarse. En la actualidad, las armas químicas y biológicas están prohibidas, y los arsenales de armas nucleares se reducen y se destruyen. Para salvar el compañerismo, es necesario destruir nuestro arsenal de armas nucleares relacionales: la desaprobación, el menosprecio, las comparaciones, las etiquetas, los insultos, la condescendencia y el sarcasmo. Pablo lo resume de la siguiente manera: *«Eviten las palabras dañinas, usen solo palabras constructivas, que sirvan para edificación y sostén, de modo que lo que digan haga bien a quienes escuchan».*[22]

Coopera tanto como puedas. Pablo dijo: *«En cuanto dependa de ustedes, vivan en paz con todos».*[23] La paz siempre tiene un precio. Puede costarnos nuestro orgullo; a menudo nos cuesta nuestro egoísmo. Por amor al compañerismo, haz lo mejor que puedas para llegar a un compromiso, adaptarte a otros y mostrar preferencia por lo que ellos necesitan.[24] Una paráfrasis de la séptima bienaventuranza de Jesús lo expresa así: *«Ustedes son benditos cuando son capaces de mostrarle a la gente cómo cooperar en lugar de competir o luchar. Entonces pueden descubrir quiénes son realmente y cuál es su lugar en la familia de Dios».*[25]

Haz hincapié en la reconciliación, no en la resolución. No es realista esperar que todos nos pongamos de acuerdo en todo. La reconciliación se enfoca en la relación, mientras que la resolución se concentra en el problema. Cuando nos concentramos en la reconciliación, el problema pasa a un segundo plano de importancia y hasta puede tornarse irrelevante.

Podemos restablecer una relación incluso sin haber podido resolver nuestras diferencias. Los cristianos solemos tener, con toda legitimidad, desacuerdos francos y opiniones distintas, pero podemos discutir sin ser desagradables. El mismo diamante, visto de diferentes ángulos, parece distinto. Dios quiere la unidad, no la uniformidad, y podemos caminar juntos del brazo sin ver todas las cosas de la misma forma.

Eso no quiere decir que debamos desistir de encontrar una solución. Puede ser necesario que continuemos discutiendo y hasta debatiendo, pero siempre con un espíritu de armonía. La reconciliación consiste en enterrar el arma, no el asunto.

> *La reconciliación se enfoca en la relación, mientras que la resolución se concentra en el problema.*

¿A quién debes contactar como resultado de haber leído este capítulo? ¿Con quién necesitas restaurar el compañerismo? No lo postergues ni un segundo. Haz una pausa ahora mismo y conversa con Dios en cuanto a esa persona. Luego toma el teléfono y comienza el proceso. Estos siete pasos son sencillos, pero no fáciles. Restaurar una relación exige mucho esfuerzo. Por eso Pedro nos exhorta a *«esforzarnos por vivir en paz unos con otros»*.[26] Sin embargo, cuando trabajas por la paz, haces lo que Dios haría. Por eso Dios llama pacificadores a sus hijos.[27]

DÍA 20

Pensando en mi propósito

PUNTO DE REFLEXIÓN: Siempre vale la pena restaurar las relaciones.

VERSÍCULO PARA RECORDAR: *«Si es posible, y en cuanto dependa de ustedes, vivan en paz con todos».* Romanos 12:18 (NVI).

PREGUNTA PARA CONSIDERAR: ¿Qué debo hoy hacer para restaurar una relación rota?

Cuida tu iglesia

Esfuércense por mantener la unidad del
Espíritu mediante el vínculo de la paz.

EFESIOS 4:3 (NVI)

Que el amor sea el árbitro de sus vidas,
porque entonces la iglesia permanecerá
unida en perfecta armonía.

COLOSENSES 3:14 (BAD)

zph.com/vida-pdl/c21

TE TOCA A TI PROTEGER LA UNIDAD DE TU IGLESIA.

La unidad en la iglesia es tan importante que el Nuevo
Testamento presta más atención a ella que al cielo o al infierno.
Dios desea intensamente que experimentemos la *unidad* y la
armonía unos con otros.

La unidad es el alma de la comunión. Destrúyela y arrancarás
el corazón del cuerpo de Cristo. Es la esencia, el núcleo de cómo
Dios quiere que experimentemos juntos la vida en su iglesia.
Nuestro modelo supremo para la unidad es la Trinidad. Padre, Hijo
y Espíritu Santo están completamente unificados como uno solo.
Dios mismo es el ejemplo supremo del amor sacrificado, la humilde
consideración hacia los demás y la armonía perfecta.

Al igual que todo padre, nuestro Padre celestial se regocija
viendo cómo sus hijos se llevan bien entre sí. En los momentos
finales antes de su arresto, Jesús oró apasionadamente por nuestra
unidad.[1] Esto era lo que predominaba en su mente durante esas
horas de agonía, lo cual demuestra cuán importante es este asunto.

Nada en la tierra es más valioso para Dios que su iglesia. Él pagó el precio más alto por ella y quiere que la protejamos, sobre todo del daño devastador que causan la división, el conflicto y la falta de armonía. Si formas parte de la familia de Dios, es tu responsabilidad proteger la unidad en el lugar donde te congregas. Jesucristo te encomendó hacer todo lo que esté a tu alcance para conservar la unidad, proteger la comunión y promover la armonía en la familia de su iglesia y entre todos los creyentes. La Biblia indica: «*Esfuércense por mantener la unidad del espíritu en el vínculo de la paz*».[2] ¿Cómo podemos hacerlo? La Palabra de Dios nos da consejos prácticos:

> Nada en la tierra es más valioso para Dios que su iglesia.

Enfoquémonos en lo que tenemos en común, no en las diferencias. Pablo nos dice: «*Esforcémonos por promover todo lo que conduzca a la paz y a la mutua edificación*».[3] Como creyentes compartimos un Señor, un cuerpo, un propósito, un Padre, un Espíritu, una esperanza, una fe, un bautismo y un amor.[4] Compartimos la misma salvación, la misma vida y el mismo futuro, factores mucho más relevantes que cualquier diferencia que podríamos enumerar. Estos son los asuntos en los que debemos enfocarnos, no en nuestras diferencias personales.

Debemos recordar que fue Dios quien nos escogió para darnos personalidades, trasfondos, razas y preferencias diferentes, de modo que podamos valorar y disfrutar esas diferencias, no meramente tolerarlas. Dios quiere unidad, no uniformidad. Y por causa de la unidad nunca debemos permitir que las diferencias nos dividan. Debemos permanecer concentrados en lo que más importa: aprender a amarnos como Cristo nos amó y cumplir los cinco propósitos de Dios para cada uno de nosotros y su iglesia.

Por lo general el conflicto es una señal de que nos estamos concentrando en otros asuntos menos importantes, lo que la Biblia llama «*discusiones necias*».[5] La división siempre surge cuando dirigimos la mirada hacia las personalidades, las preferencias, las interpretaciones, los estilos o los métodos. Pero si nos concentramos en amarnos y cumplir los propósitos de Dios, el resultado es la armonía. Pablo rogaba por esto: «*Que haya verdadera armonía para que no surjan divisiones en la iglesia. Les suplico que tengan la misma mente, que estén unidos en un mismo pensamiento y propósito».*[6]

Sé realista con respecto a tus expectativas. En cuanto descubrimos cómo quiere Dios que sea la *verdadera* comunión, es fácil desanimarnos por la diferencia entre lo *ideal* y la *realidad* en nuestra iglesia. Sin embargo, debemos amar a la iglesia con pasión pese a sus imperfecciones. Anhelar lo ideal mientras criticamos lo real es señal de inmadurez. Por otro lado, si uno se conforma con la realidad sin esforzarse por alcanzar lo ideal, es señal de complacencia. La madurez consiste en vivir con esta tensión.

Habrá creyentes que *sí* te defraudarán y te decepcionarán, pero eso no es ninguna excusa para no tener comunión con ellos. Ellos son tu familia, aun cuando no actúen como tal, y simplemente no puedes abandonarlos.

> *Debemos amar a la iglesia con pasión pese a sus imperfecciones.*

En cambio, Dios nos dice: *«Tengan paciencia unos con otros, siendo indulgentes con las fallas de los demás por su amor».*[7]

Las personas se desilusionan con la iglesia por muchas razones entendibles. La lista podría ser bastante larga: conflictos, heridas, hipocresía, negligencia, mezquindad, legalismo y otros pecados. En lugar de asustarnos y sorprendernos, debemos recordar que la iglesia está formada por pecadores de carne y hueso, incluyéndonos a nosotros mismos. Nos lastimamos unos a otros, a veces en forma intencional y otras veces sin mala intención, porque somos pecadores. Pero en vez de abandonar la iglesia, necesitamos quedarnos para resolver el asunto si esto es de alguna manera posible. La reconciliación, no la evasión, es el camino a un carácter más fuerte y una comunión más profunda.

Si te divorcias de tu iglesia a la primera señal de decepción o desilusión, eso es señal de inmadurez. Dios tiene cosas que quiere enseñarte, y a los demás también. Además, es imposible huir hasta encontrar la iglesia perfecta, porque no existe. Todas las iglesias tienen sus propias debilidades y problemas. Pronto volverás a sentirte decepcionado.

Groucho Marx tenía un dicho famoso que decía que no querría pertenecer a ningún club que lo aceptara como socio. Si una iglesia debe ser perfecta para satisfacerte, ¡esa misma perfección te excluirá de su membresía, porque tú no eres perfecto!

Dietrich Bonhoffer, el pastor alemán que fue martirizado por resistirse a los nazis, escribió *Vida en comunidad*, un libro clásico sobre la comunión. En su obra sugiere que la desilusión con nuestra iglesia local es algo bueno, porque destruye nuestras falsas expectativas de la perfección. Cuanto más pronto dejamos la ilusión de que una iglesia debe ser perfecta para amarla, más pronto dejaremos de fingir y empezaremos a admitir que *todos* somos imperfectos y necesitamos de la gracia de Dios. Este es el comienzo de la verdadera comunidad.

Todas las iglesias podrían poner un letrero que diga: «No es necesario que se presente ninguna persona perfecta. Este lugar es solamente para los que admiten que son pecadores, necesitan de la gracia divina y quieren crecer».

Bonhoffer señaló: «Aquel que ama más su sueño de una comunidad cristiana que a la comunidad en sí misma se convierte en destructor de toda ella... Si no damos gracias diariamente por la fraternidad cristiana en la que nos desenvolvemos, aun cuando no tengamos una gran experiencia, no descubriremos riquezas, sino mucha debilidad, una fe vacilante y dificultades; si en lugar de ello nunca hacemos otra cosa que quejarnos ante Dios por ser todo tan miserable, tan mezquino, tan poco de acuerdo con lo que hemos esperado... entonces le impedimos a Dios hacer crecer nuestra comunidad de acuerdo con la medida y riqueza que nos espera a todos en Jesucristo».[8]

Decídete a animar más que a criticar. Siempre es más fácil eludir el compromiso y hacerse a un lado para disparar dardos contra los que trabajan, que participar y hacer una contribución. Dios nos advierte una y otra vez que no debemos criticarnos, compararnos ni juzgarnos unos a otros.[9]

Cuando criticas lo que otro creyente está haciendo con fe y convicción sincera, interfieres en los asuntos de Dios: «*¿Qué derecho* *tienes de criticar a los siervos de otro? Sólo su Señor puede decidir si están haciendo lo correcto».*[10]

Pablo agrega que no debemos juzgar o despreciar a otros creyentes cuyas convicciones son diferentes a las nuestras: *«¿Por qué criticas las acciones de tu hermano, por qué intentas empequeñecerlo? Todos seremos juzgados un día, no por las normas de otros, ni siquiera por las nuestras, sino por el juicio de Dios».*[11]

Cuando juzgo a otro creyente, pasan cuatro cosas al instante: pierdo mi comunión con Dios, saco a relucir mi propio orgullo e inseguridad, me coloco bajo el juicio de Dios y daño la comunión de la iglesia. Un espíritu de censura es un vicio costoso.

La Biblia llama a Satanás *«el acusador de nuestros hermanos».*[12] El trabajo del diablo consiste en culpar, quejarse y criticar a los miembros de la familia de Dios. Todo el tiempo que pasamos haciendo lo mismo es porque hemos sido embaucados y estamos haciendo el trabajo de Satanás. Recuerda que los otros cristianos, no importa cuánto discrepes con ellos, no son el verdadero enemigo. Todo el tiempo que pasamos comparando o criticando a los otros hermanos debería ser utilizado para construir la unidad de nuestra comunidad. La Escritura dice: *«Pongámonos de acuerdo en usar toda nuestra energía para llevarnos bien entre nosotros. Ayuden a los demás con palabras alentadoras; no los derrumben con la crítica».*[13]

Niégate a escuchar chismes. Chismear es divulgar una información cuando uno no es parte del problema ni de la solución. Tú sabes que chismear está mal, pero tampoco debes *escuchar,* si quieres proteger tu iglesia. Escuchar los chismes es como aceptar algo robado, y te convierte también en culpable del delito.

Cuando alguien empiece a contarte un chisme, ten el valor de decirle: «Hágame el favor de parar. No necesito saber eso. ¿Ha hablado usted directamente con esa persona?». Las personas que te cuentan chismes también rumorean *acerca* de ti. No se puede confiar en ellas. Si le prestas atención a los chismes, Dios te llama alborotador.[14] *«Los alborotadores escuchan a los alborotadores».*[15] *«Estos son los que dividen las iglesias, pensando solo en ellos mismos».*[16]

Es triste que en el rebaño de Dios las heridas más grandes generalmente provengan de las otras ovejas y no de los lobos. Pablo advirtió acerca de los «cristianos caníbales» que se *«devoran unos a otros»* y destruyen la comunión.[17] La Biblia dice que esta clase de alborotadores debe ser evitada porque *«el chismoso revela los secretos; por lo tanto, no te asocies con el charlatán».*[18] La manera más rápida de terminar con un conflicto en una iglesia o un grupo pequeño es enfrentar a los que están difundiendo rumores e insistir en que no lo hagan más. Salomón señaló: *«Sin combustible se apaga el fuego, y las tensiones desaparecen cuando se acaban los chismes».*[19]

Practica el método de Dios para solucionar conflictos. Además de los principios mencionados en el último capítulo, Jesús le dio a la iglesia un proceso de tres pasos sencillos: *«Si tu hermano peca contra ti, ve a solas con él y hazle ver su falta. Si te hace caso, has ganado a tu hermano. Pero si no, lleva contigo a uno o dos más, para que "todo asunto se resuelva mediante el testimonio de dos o tres testigos". Si se niega a hacerles caso a ellos, díselo a la iglesia».*[20]

Durante los conflictos, serás tentado a quejarte con un tercero en lugar de hablar con valentía la verdad y amar a la persona con quien te disgustaste. Esto hace que el asunto se torne peor. En vez de eso, deberías ir directamente con la persona involucrada.

El enfrentamiento en privado siempre es el primer paso, y debes darlo tan pronto como te sea posible. Si entre los dos no son capaces de resolver las cosas, el paso siguiente es pedir la ayuda de uno o dos testigos para confirmar el problema e intentar restablecer la relación. ¿Qué deberíamos hacer si la persona persiste en su obstinación? Jesús dice que debemos plantear el problema ante la iglesia. Si la persona todavía se niega a escuchar después de eso, deberemos tratarla como a un incrédulo.[21]

Apoya a tu pastor y a los líderes. No hay líderes perfectos, pero Dios les da la responsabilidad y la autoridad para mantener la unidad de la iglesia. Sin embargo, cuando hay conflictos interpersonales que resolver, eso es un trabajo ingrato. A menudo los pastores tienen la desagradable tarea de actuar como mediadores entre miembros heridos, que tienen conflictos o son inmaduros.

También tienen la tarea imposible de intentar que *todos* estén contentos, ¡algo que ni siquiera Jesús pudo lograr!

La Biblia es clara con respecto a la manera en que debemos relacionarnos con los que nos sirven: *«Respondan a sus líderes pastorales. Escuchen su consejo. Ellos están alertas a la condición de sus vidas y obran bajo la supervisión estricta de Dios. Contribuyan al gozo de su liderazgo».*[22]

Un día los pastores estarán delante de Dios y rendirán cuentas de cuán bien velaron por ti. *«Ellos cuidan de ustedes como quienes tienen que rendir cuentas».*[23] Pero tú también eres responsable. Del mismo modo tendrás que rendirle cuentas a Dios por cuán bien los seguiste a ellos.

La Biblia les da a los pastores instrucciones muy específicas con respecto a la manera en que deben tratar a las personas que causan divisiones en la comunidad. Ellos deben evitar las discusiones, enseñar con delicadeza a los que se oponen mientras oran para que cambien, advertir a los contenciosos, rogar porque haya armonía y unidad, reprender a los que son irrespetuosos con los líderes, y destituir a los que causan divisiones en la iglesia si hacen caso omiso de dos amonestaciones.[24]

> *Protegemos la comunión cuando honramos a los que nos sirven por medio del liderazgo.*

Protegemos la comunión cuando honramos a los que nos sirven por medio del liderazgo. Los pastores y los ancianos necesitan nuestras oraciones, estímulo, aprecio y amor. Se nos ordena: *«Honren a los líderes que trabajan tanto por ustedes, que han recibido la responsabilidad de exhortarlos y guiarlos en la obediencia. ¡Cólmenlos de aprecio y amor!».*[25]

Te desafío a aceptar tu responsabilidad de proteger y promover la unidad en tu iglesia. Pon todo tu esfuerzo para lograrlo, y así agradarás a Dios. No siempre será fácil. A veces tendrás que hacer lo que es mejor para el cuerpo, no para ti mismo, dando muestras de tu preferencia por otros. Por eso Dios nos ha puesto en la familia de una iglesia: para aprender a no ser egoístas. En la comunidad aprendemos a decir «nosotros» en lugar de «yo», y «nuestro» en vez de «mío». Dios dice: «*No piensen sólo en su propio bien. Piensen en los otros cristianos y en lo que es mejor para ellos*».[26]

Dios bendice a las congregaciones que están unidas. En la Iglesia Saddleback, todos los miembros firman un pacto que incluye la promesa de proteger la unidad de nuestra congregación. Como resultado, nunca hemos tenido un conflicto que divida la comunión. Tan importante como lo anterior es el hecho de que dado que es una comunidad fraternal y unida, ¡muchas personas *quieren* ser parte de ella! En los últimos siete años, la iglesia ha bautizado a más de nueve mil cien creyentes nuevos. Cuando Dios tiene un puñado de creyentes bebés que quiere «dar a luz», busca la iglesia incubadora más cálida que pueda encontrar.

¿Qué estás haciendo particularmente para hacer que la familia de tu iglesia sea más cálida y fraternal? Hay muchas personas en tu comunidad en busca de amor y un hogar donde sean aceptadas. La verdad es que *todos* necesitamos y queremos que nos amen, y cuando las personas hallan una congregación donde los miembros se aman y se preocupan auténticamente los unos por los otros, habría que cerrar las puertas con llave para que no entren más.

DÍA 21
Pensando en mi propósito

PUNTO DE REFLEXIÓN: Es mi responsabilidad proteger la unidad de mi iglesia.

VERSÍCULO PARA RECORDAR: «*Esforcémonos por promover todo lo que conduzca a la paz y a la mutua edificación*». Romanos 14:19 (NVI).

PREGUNTA PARA CONSIDERAR: ¿Qué estoy haciendo particularmente para proteger la unidad de la familia de mi iglesia?

FUISTE CREADO PARA SER COMO CRISTO

*Vivan en unión vital con él, enraizados en él,
y nútranse de él. Mantengan un ritmo de
crecimiento en el Señor, y fortalézcanse
y vigorícense en la verdad.*

COLOSENSES 2:6, 7 (BAD)

Creado para ser como Cristo

Desde el mismo principio Dios decidió que los que se acercaran a él (y él sabía quiénes se habrían de acercar) fueran como su Hijo, para que él fuera el mayor entre muchos hermanos.

ROMANOS 8:29 (BAD)

zph.com/vida-pdl/c22

Vemos a este hijo y vemos el propósito original de Dios en todo lo creado.

COLOSENSES 1.15 (PAR)

Fuiste creado para ser como Cristo.

Desde el comienzo mismo, el plan de Dios fue crearnos a semejanza de su Hijo Jesús. Este es nuestro destino y el tercer propósito de nuestra vida. Dios anunció su intención en la creación: Entonces Dios dijo: «*Hagamos a los seres humanos a nuestra imagen y semejanza*».[1]

En toda la creación, solo los seres humanos fuimos hechos «a la imagen de Dios». Esto es un gran privilegio y nos dignifica. No sabemos *todo* lo que abarca esta frase, pero sabemos que incluye algunos aspectos: Como Dios, somos *seres espirituales* (nuestros espíritus son inmortales y perdurarán más que nuestros cuerpos terrenales), somos *intelectuales* (podemos pensar, razonar y resolver problemas), a semejanza de Dios, nosotros nos *relacionamos* (podemos dar y recibir amor verdadero), y tenemos una *conciencia moral* (podemos discernir el bien del mal, lo cual nos hace responsables ante Dios).

La Biblia dice que todas las personas, no solo los creyentes, poseen una parte de la imagen de Dios; por eso el asesinato y el aborto son malos.[2] Pero esta imagen está incompleta, el pecado la dañó y distorsionó. Por lo tanto, Dios envió a Jesús con la misión de restaurar la imagen completa que perdimos.

¿A qué se parece la «imagen y semejanza» completa de Dios? ¡Se parece a Jesucristo! La Biblia dice que Jesús es *«la imagen exacta de Dios»*, es *«la imagen visible del Dios invisible»*, y es *«la fiel imagen de lo que él es».*[3]

A menudo la gente cita la frase «De tal palo, tal astilla» para referirse al parecido familiar. Cuando las personas ven mis características en mis hijos, eso me agrada. Dios quiere que también sus hijos sean a su imagen y semejanza. Su Palabra dice que fuimos *«creados para ser como Dios, verdaderamente justos y santos».*[4]

Permíteme expresar esto con toda claridad: Nunca llegarás a ser Dios, ni siquiera *un* dios. Esa mentira orgullosa es la tentación más antigua de Satanás. Satanás le prometió a Adán y Eva que si seguían su consejo, serían *«como dioses».*[5] Muchas religiones y la filosofía de la Nueva Era aún difunden esta mentira antigua de que somos divinos o podemos llegar a ser dioses.

> *La meta final de Dios para tu vida sobre la tierra no es la comodidad, sino el desarrollo de tu carácter.*

Manifestamos este deseo cada vez que intentamos controlar nuestras circunstancias, nuestro futuro y a las personas que nos rodean. Pero como criaturas, nunca seremos *el Creador*. Dios no quiere que llegues a ser un dios; él quiere que seas *piadoso*: que asumas los valores, las actitudes y el carácter propio de él. La Biblia dice que *«adoptemos una manera enteramente nueva de vivir, una vida moldeada por Dios, una vida que, renovada desde dentro, forme parte de su conducta mientras Dios reproduce con toda precisión su carácter en nosotros».*[6]

La meta final de Dios para tu vida sobre la tierra no es la comodidad, sino el desarrollo de tu carácter. Él quiere que crezcas espiritualmente y llegues a ser como Cristo. Esto no significa que pierdas tu personalidad o llegues a ser un clon sin inteligencia. Dios creó tu singularidad, por lo cual ciertamente no quiere destruirla. Ser semejante a Cristo significa la transformación de tu carácter, no de tu personalidad. Dios quiere que desarrolles la clase de carácter que se describe en las bienaventuranzas de Jesús,[7] cuando se hace referencia al fruto del Espíritu,[8] en el gran capítulo de Pablo sobre el amor,[9] y en la lista de Pedro de las características de una vida provechosa y productiva.[10] Cada vez que olvidamos que ese carácter es uno de los propósitos de Dios para nuestra vida, nuestras circunstancias nos hacen sentir frustrados. Nos preguntamos: «¿Por qué me sucede esto a mí? ¿Por qué estoy pasando por tantas dificultades?». ¡Una respuesta es que la vida *está hecha* para ser difícil! Eso es lo que nos permite crecer. ¡Recuerda que la tierra no es el cielo!

Muchos cristianos interpretan mal la promesa de Jesús acerca de la «*vida abundante*»,[11] como si eso quisiera decir una salud perfecta, un estilo de vida rodeado de comodidades, la felicidad permanente, la plena realización de los sueños, y el alivio instantáneo de los problemas mediante la fe y la oración. En pocas palabras, esperan que la vida cristiana sea fácil. Esperan el cielo aquí en la tierra.

Esta perspectiva egocéntrica trata a Dios como un «genio de una lámpara» que simplemente existe para servirte en tu búsqueda egoísta de la realización personal. Pero Dios *no* es tu sirviente, y si pretendes que la vida debe ser fácil, pronto te desilusionarás muchísimo o vivirás negando la realidad.

¡No olvides nunca que la vida no gira en torno a ti! Existes para los propósitos de Dios, no a la inversa. ¿Por qué habría de proporcionarte Dios *el cielo en la tierra* cuando él ha hecho planes para darte algo mayor en la eternidad? Dios nos da nuestro tiempo sobre la tierra a fin de edificar y fortalecer nuestro carácter para el cielo.

La obra del espíritu de Dios en tu vida

La función del Espíritu Santo es producir el carácter de Cristo en ti. La Biblia afirma: «*Mientras el Espíritu del Señor obra dentro de nosotros, llegamos a ser cada vez más como él y reflejamos su gloria más aún*».[12] Este proceso de transformarnos para ser más como Jesús se llama santificación, y es el tercer propósito de tu vida sobre la tierra.

No puedes reproducir el carácter de Jesús si dependes de tu propia fuerza. Las resoluciones de Año Nuevo, la fuerza de voluntad y las mejores intenciones no son suficientes. Solo el Espíritu Santo tiene poder para hacer los cambios que Dios quiere efectuar en nuestras vidas. La Escritura dice: «*Dios es quien produce en ustedes tanto el querer como el hacer, para que se cumpla su buena voluntad*».[13]

DÍA 22:
Creado para ser como Cristo

La sola mención de «el poder del Espíritu Santo» basta para que muchas personas piensen en demostraciones milagrosas y emociones intensas. Pero la mayor parte del tiempo ese poder es liberado en tu vida de una manera tranquila y discreta, de modo que ni siquiera eres consciente de él ni lo percibes. A menudo Dios nos llama la atención con «*un suave murmullo*».[14]

La semejanza con Cristo no se produce por imitación, sino porque Cristo mora en nosotros. Permitimos que Cristo viva *a través* de nosotros. «*Porque este es el secreto: Cristo vive en ustedes*».[15] ¿Cómo sucede esto en la vida real? Por medio de las opciones que escogemos. Dadas las situaciones, escogemos hacer lo correcto y luego confiamos en que el Espíritu de Dios nos dará su poder, amor, fe y sabiduría para lograrlo. Dado que el Espíritu de Dios vive dentro de nosotros, estas cosas siempre están disponibles si se lo pedimos.

Debemos cooperar con el trabajo del Espíritu Santo. A lo largo de la Biblia vemos expresada una verdad importante: El Espíritu Santo libera su poder en *el momento* en que das un paso de fe. Cuando Josué se enfrentó con una barrera infranqueable, las aguas desbordadas del río Jordán solo retrocedieron *después* que, en obediencia y fe, los líderes entraran en la impetuosa corriente.[16]

La obediencia libera el poder de Dios.

Dios espera que actúes primero. No esperes hasta que te sientas poderoso o seguro. Sigue adelante pese a tu debilidad, haciendo lo correcto a pesar de tus temores y sentimientos. Así es como cooperas con el Espíritu Santo, y es como se desarrolla tu carácter.

La Biblia compara el crecimiento espiritual con una semilla, un edificio o un niño en crecimiento. Cada metáfora requiere una participación activa: las semillas deben ser plantadas y cultivadas, los edificios deben ser construidos —no surgen de la nada— y los niños deben comer y hacer ejercicio para crecer.

Aunque el esfuerzo no tiene nada que ver con nuestra salvación, tiene mucho que ver con nuestro crecimiento espiritual. Por lo menos ocho veces en el Nuevo Testamento se nos dice que «*hagamos todo esfuerzo*»[17] en nuestro crecimiento para llegar a ser como Jesús. Uno no se sienta simplemente a esperar que suceda.

> *Tu carácter es esencialmente la suma de tus hábitos.*

En Efesios 4:22-24, Pablo explica nuestras tres responsabilidades para llegar a ser como Cristo. Primero, debemos escoger abandonar nuestras maneras antiguas de actuar: «*Deshágase de todo lo que tenga que ver con su viejo estilo de vida. Está totalmente podrido. ¡Líbrense de él!*».[18]

Segundo, debemos cambiar nuestra manera de pensar: «*Permitan que el Espíritu cambie su manera de pensar*».[19] La Biblia dice que somos «*transformados*» mediante la renovación de nuestra mente.[20] La palabra griega para transformados, *metamorphosis* (usada en Romanos 12:2 y 2 Corintios 3:18), es la que se emplea para describir el cambio asombroso que permite que una oruga se transforme en una mariposa. Es un hermoso cuadro de lo que nos pasa espiritualmente cuando permitimos que Dios dirija nuestros pensamientos: Él nos transforma de adentro hacia afuera, nos hace más hermosos y nos libera para alcanzar nuevas alturas.

Tercero, debemos «vestirnos» con el carácter de Cristo, desarrollando hábitos nuevos y consagrados. Tu carácter es esencialmente la suma de tus hábitos; es la manera en que te conduces *habitualmente*. La Biblia nos manda a ponernos el nuevo yo, «*la nueva naturaleza, creada a imagen de Dios, en verdadera justicia y santidad*».[21]

Dios usa su Palabra, a las personas y las circunstancias para moldearnos.

Estas tres condiciones son indispensables para el desarrollo del carácter. La Palabra de Dios proporciona la *verdad* que necesitamos para crecer; el pueblo de Dios proporciona el *apoyo* que necesitamos para crecer; y las circunstancias proporcionan el *ambiente* para practicar la semejanza a Cristo. Si estudias y aplicas la Palabra de Dios, si te vinculas regularmente con otros creyentes y aprendes a confiar en Dios en las circunstancias difíciles, te garantizo que llegarás a ser más como Jesús. Analizaremos cada uno de estos ingredientes de crecimiento en los capítulos siguientes.

Muchas personas dan por sentado que todo lo que se necesita para el crecimiento espiritual es estudio bíblico y oración. Pero ambas cosas por sí solas nunca cambiarán algunas cuestiones de la vida. Dios usa a las personas. Él casi siempre prefiere trabajar por medio de las personas en vez de realizar milagros, a fin de que dependamos unos de otros para la comunión. Él quiere que crezcamos juntos.

En muchas religiones, las personas consideradas espiritualmente más maduras y santas son las que se aíslan de los demás en monasterios situados en lo alto de una montaña, sin peligro de contagio por el contacto con otros. Pero esta es una grave equivocación. ¡La búsqueda de la madurez espiritual no es una ocupación solitaria e individual! No puedes llegar a ser como Cristo en el aislamiento. Debes estar cerca de otras personas e interactuar con ellas. Necesitas ser miembro de una iglesia y una comunidad. ¿Por qué? Porque la verdadera madurez espiritual consiste en aprender a amar como Jesús amó, y no puedes practicar esa disciplina si no estas en relación y contacto con otras personas. Recuerda, todo es cuestión de amor: amar a Dios y a los demás.

Llegar a ser como Cristo es un proceso largo y lento de crecimiento.

La madurez espiritual no es instantánea ni automática; es un desarrollo gradual y progresivo que llevará el resto de tu vida.

Refiriéndose a este proceso, Pablo dijo: «*Esto continuará hasta que seamos... maduros, así como Cristo lo es, y seamos completamente como él*».[22]

Eres una obra en progreso. Tu transformación espiritual en cuanto al desarrollo del carácter de Jesús seguirá por el resto de tu vida, y aun así, no se completará aquí en la tierra. La obra se terminará cuando llegues al cielo o Jesús vuelva. En ese momento, cualquier trabajo en tu carácter que todavía quede por terminar se dará por finalizado. La Biblia dice que cuando al fin podamos ver a Jesús perfectamente, llegaremos a ser exactamente como él: «*Ni siquiera nos podemos imaginar cómo seremos cuando Cristo vuelva. Pero sabemos que cuando él venga, seremos como él, porque lo veremos como él realmente es*».[23]

> Dios está mucho más interesado en lo que eres que en lo que haces.

Hay mucha confusión en la vida cristiana por ignorar la simple verdad de que Dios está más interesado en construir tu carácter que en cualquier otra cosa. Nos preocupamos cuando Dios parece permanecer en silencio con respecto a determinados temas, como por ejemplo: «¿Qué carrera profesional debo elegir?». La verdad es que hay *muchas* en las que podrías cumplir la voluntad de Dios para tu vida. Elijas la que elijas, a Dios lo que le importa es que lo hagas como si lo hicieras para Cristo.[24]

Dios está mucho más interesado en lo que eres que en lo que haces. Somos «seres humanos», no «quehaceres humanos». Dios está mucho más preocupado por tu carácter que por tu carrera profesional, porque tu carácter te acompañará toda la eternidad, no así tu carrera profesional.

La Biblia advierte: «*No se acomoden tan bien a su cultura que se conformen a ella sin siquiera notarlo. En cambio, pongan su atención en Dios. Serán cambiados de adentro hacia fuera... A diferencia de la cultura que los rodea, que siempre los arrastra hacia un nivel inferior de inmadurez, Dios hace que surja lo mejor de ustedes, y desarrolla una madurez bien compuesta en ustedes*».[25] Para concentrarnos en llegar a ser más como Jesús, deberemos tomar decisiones opuestas a la cultura imperante. De lo contrario, influencias como la de nuestros compañeros, padres, colaboradores y la cultura misma intentarán amoldarnos a su imagen.

Lamentablemente, una ojeada rápida a varios libros cristianos populares revela que muchos creyentes han dejado de vivir para los grandes propósitos de Dios y se han amoldado a fin de lograr su realización personal y su estabilidad emocional. Eso es egocentrismo, no discipulado. Jesús no murió en la cruz únicamente para que pudiéramos vivir cómodos y bien adaptados. Su propósito es mucho más profundo: Él quiere hacernos iguales a sí mismo antes de llevarnos al cielo. Este es nuestro privilegio principal, nuestra responsabilidad inmediata y nuestro destino final.

DÍA 22

Pensando en mi propósito

PUNTO DE REFLEXIÓN: Fui hecho para llegar a ser como Cristo.

VERSÍCULO PARA RECORDAR: «*En la medida en que el Espíritu del Señor opera en nosotros, nos parecemos más a él y reflejamos más su gloria*». 2 Corintios 3:18 (BAD).

PREGUNTA PARA CONSIDERAR: ¿En qué área de mi vida necesito pedir el poder del Espíritu para ser como Cristo hoy?

Cómo crecemos

*Dios quiere que crezcamos hasta ser
en todo como... Cristo.*
EFESIOS 4:15 (PAR)

Así ya no seremos niños.
EFESIOS 4:14 (NVI)

zph.com/vida-pdl/c23

DIOS QUIERE QUE CREZCAS.

La meta de nuestro Padre celestial es que maduremos y desarrollemos las características de Jesucristo. Lamentablemente, millones de cristianos *envejecen*, pero nunca *maduran*. Están atascados en una infancia espiritual perpetua, permanecen en pañales y zapatitos de lana porque nunca tuvieron la *intención* de crecer.

El crecimiento espiritual no es automático. Requiere un compromiso intencional. Debes desear crecer, decidir crecer, hacer un esfuerzo por crecer y persistir en el crecimiento. El discipulado, el proceso de convertirnos en personas más semejantes a Cristo, siempre empieza con una decisión. Jesús nos llama y nosotros respondemos: «*"Sígueme y sé mi discípulo", le dijo Jesús. Entonces Mateo se levantó y lo siguió*».[1]

Cuando los primeros discípulos decidieron seguir a Jesús, no entendieron todo el alcance de su decisión. Simplemente respondieron a la invitación del Maestro. Eso es lo único que se necesita para empezar: *Decidir* convertirse en discípulo.

Nada le da más forma a tu vida que los compromisos que asumas. Ellos pueden servir para tu desarrollo o destrucción, pero en ambos casos te definirán. Dime con qué estás comprometido, y te diré lo que serás en veinte años. Llegamos a ser lo que nos comprometemos a ser.

Llegado ese momento de compromiso, la mayoría de las personas pierden el propósito de Dios para sus vidas. Muchas temen comprometerse con algo y simplemente vagan sin rumbo por la vida. Otras, sin mucho entusiasmo, se comprometen con valores incompatibles y acaban en la frustración y la mediocridad. Otras asumen un compromiso total con metas mundanas, tales como llegar a ser ricas o famosas, solo para terminar defraudadas y amargadas.

Llegamos a ser lo que nos comprometemos a ser.

Como todo lo que se elige hacer tiene consecuencias eternas, será mejor que elijas con sabiduría. Pedro advierte: «*Ya que todo lo que nos rodea será consumido por el fuego, ¡qué vidas santas y piadosas deberíamos vivir!*[2]

El papel de Dios y el tuyo. Ser semejante a Cristo es el resultado de que tomes las mismas decisiones que él y dependas de su Espíritu para ayudarte a cumplir con tus decisiones. En cuanto decidas con seriedad llegar a ser semejante a Cristo, deberás empezar a actuar de una manera nueva. Tendrás que abandonar algunas rutinas viejas, desarrollar hábitos nuevos y cambiar intencionalmente tu manera de pensar. Podrás estar seguro de que el Espíritu Santo te ayudará con tales cambios. La Biblia dice: «*Lleven a cabo su salvación con temor y temblor, pues Dios es quien produce en ustedes tanto el querer como el hacer para que se cumpla su buena voluntad*».[3]

Este versículo muestra las dos partes del crecimiento espiritual: «*lleven a cabo*» y «*produce*». El «*llevar a cabo*» es nuestra responsabilidad, y el «*producir*» es el papel que desempeña Dios. El crecimiento espiritual es un esfuerzo de colaboración entre nosotros y el Espíritu Santo. El Espíritu de Dios *trabaja con* nosotros, no simplemente *en* nosotros.

Este versículo, escrito para los creyentes, no se refiere a cómo ser salvos, sino a cómo crecer. No dice «*trabajen para*» su salvación, porque no se puede agregar nada a lo que Jesús ya hizo.

Durante un entrenamiento físico «trabajamos» realizando ejercicios físicos para desarrollar el cuerpo, no para conseguir un cuerpo.

Cuando armas un rompecabezas, cuentas con todas las piezas: nuestra tarea es armar el rompecabezas. Los granjeros «trabajan» la tierra, no para conseguir la tierra, sino para desarrollar la que ya tienen. Dios nos ha dado una nueva vida; ahora somos responsables de desarrollarla «con temor y temblor». ¡Eso quiere decir que tenemos que tomar nuestro crecimiento espiritual en serio! Cuando las personas consideran de manera trivial su crecimiento espiritual, eso muestra que no han entendido los alcances eternos de su decisión (como vimos en los capítulos 4 y 5).

Cambia tu piloto automático. Para cambiar tu vida debes cambiar tu manera de pensar. Detrás de todo lo que haces hay pensamientos. Toda conducta es motivada por una creencia y toda acción es incitada por una actitud. Dios reveló esto miles de años antes de que los psicólogos lo entendieran: *«Tengan cuidado de cómo piensan; la vida es modelada por sus pensamientos».*[4]

Imagina un paseo en un bote con motor en un lago, con el piloto automático puesto en dirección hacia el este. Si decides dar vuelta atrás y dirigirte al oeste, tienes dos posibles maneras de cambiar el rumbo del barco. Una es tomar el timón y físicamente *obligarlo a* que se dirija en la dirección opuesta a la que señala el programa del piloto automático. A pura fuerza de voluntad podrías vencer al piloto automático, pero sentirías la resistencia todo el tiempo. Finalmente tus brazos se cansarían de la tensión, soltarías el timón y el barco retomaría inmediatamente el rumbo en dirección al este, de acuerdo con su programación interna.

Esto es lo que sucede cuando tratas de cambiar tu vida a fuerza de voluntad. Dices: «Me *obligaré* a comer menos... haré más ejercicio... dejaré de ser desorganizado e impuntual». Sí, tu fuerza de voluntad puede producir un cambio a corto plazo, pero crea una tensión interior constante, porque no has tratado la causa desde su raíz. El cambio no se siente como algo natural, así que finalmente te rendirás, abandonarás la dieta y dejarás de hacer ejercicios. Rápidamente volverás a tus viejos patrones.

Hay una manera mejor y más fácil. Cambia el piloto automático, tu manera de pensar. La Biblia dice: «*Dejen que Dios los transforme en una nueva persona, cambiando su forma de pensar*».[5] El primer paso en el crecimiento espiritual es empezar por cambiar la manera de pensar. El cambio siempre comienza en la mente. La manera en que *pienses* determinará cómo te *sientes*, y cómo te sientes influirá en cómo *actúas*. Pablo dijo: «*Debe haber una renovación espiritual de sus pensamientos y actitudes*».[6]

> *La manera en que pienses determinará cómo te sientes, y cómo te sientes influirá en cómo actúas.*

Para ser como Cristo debes desarrollar en ti su mente. El Nuevo Testamento le llama a este cambio mental *arrepentimiento*, que en griego literalmente significa «cambiar tu mentalidad». Te arrepientes siempre que cambias tu manera de pensar y adoptas la manera de pensar de Dios: con respecto a ti mismo, al pecado, Dios, otras personas, la vida, tu futuro y todo lo demás. Asumes la actitud de Cristo y su perspectiva.

Se nos manda que pensemos «*del mismo modo en que pensaba Cristo Jesús*».[7] Este mandamiento tiene dos facetas. La primera faceta de este cambio mental consiste en dejar los pensamientos inmaduros, que son egoístas. La Biblia dice: «*No sean niños en su modo de pensar. Sean niños en cuanto a la malicia, pero adultos en su modo de pensar*».[8] Los niños son por naturaleza completamente egoístas. Solo piensan en sí mismos y sus propias necesidades. Son incapaces de dar; solo pueden recibir. Tienen una manera de pensar inmadura. Por desgracia, muchas personas nunca se desarrollan más allá de ese nivel. La Biblia dice que esta manera egoísta de pensar es el origen de conductas pecaminosas: «*Los que viven siguiendo sus egos pecaminosos solo piensan en las cosas que su ego pecaminoso desea*».[9]

La segunda faceta para pensar como Jesús consiste en que empieces a meditar con madurez, enfocándote en otros, no en ti mismo. En su gran capítulo sobre el amor verdadero, Pablo concluyó que pensar en los demás era señal de madurez: «*Cuando yo era niño, hablaba como niño, pensaba como niño, razonaba como niño; cuando llegué a ser adulto, dejé atrás las cosas de niño*».[10]

En la actualidad, muchos suponen que la madurez espiritual se mide por la cantidad de información bíblica y doctrina que uno sepa. Si bien el conocimiento es una medida de la madurez, no es todo lo que se necesita. La vida cristiana es mucho más que credos y convicciones; incluye la conducta y el carácter. Nuestros hechos deben ser congruentes con nuestros credos, y nuestras creencias deben ser respaldadas con una conducta semejante a la de Cristo.

El cristianismo no es una religión, ni una filosofía, sino una relación y un estilo de vida. El centro de ese estilo de vida es pensar en los demás, como lo hizo Jesús, en lugar de pensar en nosotros mismos. La Biblia dice: «*Cada uno debe agradar al prójimo para su bien, con el fin de edificarlo. Porque ni siquiera Cristo se agradó a sí mismo*».[11]

Pensar en los demás es la esencia de ser semejantes a Cristo y la mejor evidencia del crecimiento espiritual. Esta manera de pensar es antinatural, va en contra de nuestra cultura, es rala y difícil. Afortunadamente tenemos ayuda: «*Dios nos ha dado su Espíritu. Por eso nosotros no pensamos igual que las personas de este mundo*».[12] En los siguientes capítulos miraremos las herramientas que el Espíritu Santo usa para ayudarnos a crecer.

DÍA 23
Pensando en mi propósito

PUNTO DE REFLEXIÓN: Nunca es demasiado tarde para empezar a crecer.

VERSÍCULO PARA RECORDAR: «*Cambien su manera de pensar para que así cambie su manera de vivir y lleguen a conocer la voluntad de Dios, es decir, lo que es bueno, lo que le es grato, lo que es perfecto*». Romanos 12:2 (DHH).

PREGUNTA PARA CONSIDERAR: ¿Cuál es una de las áreas donde necesito dejar de pensar a mi manera y comenzar a pensar a la manera *de Dios*?

DÍA 24

Transformados por la verdad

*La gente necesita más que
pan para vivir; y deben
alimentarse con cada palabra de Dios.*

MATEO 4:4 (BAD)

zph.com/vida-pdl/c24

*Ahora los encomiendo a Dios
y al mensaje de su gracia,
mensaje que tiene poder
para edificarlos
y darles herencia.*

HECHOS 20:32 (NVI)

LA VERDAD TE TRANSFORMA.

El crecimiento espiritual es el proceso que reemplaza las mentiras con la verdad. Jesús oró: «*Santifícalos en la verdad; tu palabra es la verdad*».[1] Para la santificación se requiere revelación. El Espíritu de Dios utiliza la Palabra de Dios para hacernos como el Hijo de Dios. A fin de llegar a ser como Jesús, debemos llenar nuestras vidas de su Palabra. La Biblia dice: «*Por medio de la Palabra somos reunidos y formados para las tareas que Dios tiene para nosotros*».[2]

La Palabra de Dios es diferente a cualquier otra palabra. Es viva.[3] Jesús dijo: «*Las palabras que les he hablado son espíritu y son vida*».[4] Cuando Dios habla, las cosas cambian. Todo alrededor de ti —toda la creación— existe porque «*Dios lo dijo*». Él habló e hizo que todo existiera. Sin la palabra de Dios ni siquiera estarías vivo. Santiago señala: «*Dios decidió darnos vida por medio de la palabra de verdad para que podamos ser lo más importante de todas las cosas que él hizo».*[5]

La Biblia es mucho más que una guía doctrinal. ¡Genera vida, crea fe, produce cambios, asusta al diablo, realiza milagros, sana heridas, edifica el carácter, transforma las circunstancias, imparte alegría, supera la adversidad, derrota la tentación, infunde esperanza, libera poder, limpia nuestras mentes, hace que las cosas existan y garantiza nuestro futuro para siempre! ¡Aleluya! ¡No podemos vivir sin la Palabra de Dios! *Nunca* la menosprecies. Debemos considerarla tan esencial para nuestra vida como la comida.

> El Espíritu de Dios utiliza la Palabra de Dios para hacernos como el Hijo de Dios.

Job dice: *«En lo más profundo de mi ser he atesorado las palabras de su boca».*[6]

La Palabra de Dios es el alimento espiritual que *debes* tener para cumplir tu propósito. A la Biblia se le llama nuestra leche, pan, comida sólida y postre.[7] Esta comida de cuatro platos es el menú del Espíritu para la fortaleza y el crecimiento espiritual. Pedro nos advierte: *«Deseen con ansias la leche pura de la palabra... Así, por medio de ella, crecerán en su salvación».*[8]

Permanece en la Palabra de Dios

Nunca hubo tantas Biblias impresas como hoy; sin embargo, una en una repisa no tiene ningún valor. Millones de creyentes sufren anorexia espiritual, mueren de hambre por causa de la desnutrición espiritual. Para ser un discípulo robusto de Jesús, alimentarte de la Palabra de Dios debe ser tu prioridad. Jesús usó la palabra «permanecer» para referirse a eso. Él dijo: *«Si ustedes permanecen en mi palabra, verdaderamente son mis discípulos».*[9] En la vida diaria, permanecer en la Palabra de Dios implica tres acciones.

Debo aceptar su autoridad. La Biblia debe llegar a ser la norma autorizada para mi vida: la brújula en la que confío como mi guía, el consejo que escucho para tomar decisiones sabias y la referencia para evaluarlo todo. La Biblia debe ser la primera y la última palabra en mi vida.

Muchos de nuestros problemas ocurren porque fundamentamos nuestras decisiones en factores de autoridad no confiable: la cultura («todos lo hacen»), la tradición («siempre lo hemos hecho así»), la razón («parecía lógico»), o la emoción («sentíamos que era lo correcto»). Estos cuatro factores son defectuosos por causa de la caída. Lo que necesitamos es una norma perfecta que nunca nos guíe en la dirección equivocada. Solo la Palabra de Dios satisface esa necesidad. Salomón nos recuerda: «*Toda palabra de Dios es digna de crédito*»,[10] y Pablo explica: «*La Biblia entera nos fue dada por inspiración de Dios y es útil para enseñarnos la verdad, hacernos comprender las faltas cometidas en la vida y ayudarnos a llevar una vida recta*».[11]

En los primeros años de su ministerio, Billy Graham pasó un tiempo luchando con sus dudas acerca de la exactitud y la autoridad de la Biblia. Una noche cayó sobre sus rodillas y con lágrimas le dijo a Dios que, a pesar de los pasajes confusos que no entendía, desde ese momento en adelante confiaría completamente en la Biblia como la única autoridad para su vida y ministerio. A partir de ese día, la vida de Billy fue bendecida con un poder y una eficacia sin precedentes.

La decisión más importante que puedes tomar hoy es resolver el asunto de cuál ha de ser la autoridad absoluta para tu vida. Opta por la Biblia como la máxima autoridad, a pesar de la cultura, la tradición, la razón o la emoción. Cuando tengas que tomar decisiones, proponte hacerte primero esta pregunta: «¿Qué dice la Biblia?». Resuelve que cuando Dios te pida que hagas algo, confiarás en la Palabra de Dios y lo harás, tenga sentido o no, aunque no tengas ganas de hacerlo. Adopta la declaración de Pablo como tu afirmación personal de fe: «*Estoy de acuerdo con todo lo que enseña la ley y creo lo que está escrito en los profetas*».[12]

Debo asimilar su verdad. No basta con solo creer en la Biblia; debo llenar mi mente de ella para que el Espíritu Santo pueda transformarme con la verdad. Hay cinco maneras de hacerlo: Puedes recibirla, leerla, investigarla, recordarla y reflexionarla.

Primero, *recibes* la Palabra de Dios cuando la escuchas y la aceptas con una mentalidad y una actitud receptiva. La parábola del sembrador ilustra cómo nuestra receptividad determina si la Palabra de Dios se arraiga en nuestras vidas y lleva fruto o no. Jesús identificó tres actitudes de rechazo: una mente cerrada (la tierra dura), una mente superficial (la tierra poco profunda), y una mente distraída (la tierra con hierbas malas), luego dijo: *«Pongan mucha atención»*.[13]

Cuando sientas que no estás aprendiendo nada de un sermón o un maestro de la Biblia, debes analizar tu actitud, considerando en especial el orgullo, porque Dios puede hablarte incluso a través del maestro más aburrido cuando eres humilde y receptivo. Santiago aconseja despojarse de toda inmundicia y maldad para *«que puedan recibir con humildad* [modestia, mansedumbre] *la palabra sembrada en ustedes, la cual tiene poder para salvarles la vida»*.[14]

Segundo, durante la mayor parte de la historia de dos mil años de la iglesia, solo los sacerdotes podían *leer* la Biblia, pero ahora miles de millones de personas tienen acceso a ella. A pesar de esto, muchos creyentes son más fieles a la lectura diaria de su periódico que de sus Biblias. Nadie debería sorprenderse de por qué no crecemos. No esperemos crecer si leemos la Biblia tres minutos después de ver televisión tres horas.

Muchos que presumen de creer en la Biblia «de tapa a tapa» nunca la han leído completa. Pero si tan solo la lees quince minutos diarios, la leerás completa una vez al año. Si dejas de ver un programa de televisión treinta minutos por día y lees tu Biblia en cambio, al cabo de un año la habrás leído dos veces.

> *Muchos que presumen de creer en la Biblia «de tapa a tapa» nunca la han leído completa.*

La lectura diaria de la Biblia te mantendrá al alcance de la voz de Dios. Por eso Dios instruyó a los reyes de Israel que mantuvieran siempre cerca una copia de su Palabra: *«Esta copia la tendrán siempre a su alcance y la leerán todos los días de su vida»*.[15] ¡Sin embargo, no la guardes simplemente cerca, léela regularmente! Una herramienta sencilla para esto es un plan diario de lectura bíblica. Así evitarás saltar arbitrariamente de una parte de la Biblia a otra y pasar por alto algunas secciones.

Tercero, la *investigación*, o el estudio de la Biblia, es otra manera práctica de permanecer en la Palabra. La diferencia entre la lectura y el estudio de la Biblia implica dos actividades adicionales: formularse preguntas acerca del texto y anotar tus ideas. En realidad no has estudiado la Biblia a menos que hayas tomado nota de tus pensamientos en el papel o la computadora.

El espacio en este libro no me permite explicar los diferentes métodos para el estudio bíblico. Hay varios libros útiles al respecto, incluyendo uno que escribí hace más de veinte años.[16] El secreto para un buen estudio de la Biblia radica en aprender a plantearse simplemente las preguntas correctas. Los distintos métodos emplean preguntas diferentes. Descubrirás mucho más si te detienes y haces preguntas tan sencillas como: ¿quién?, ¿qué?, ¿cuándo?, ¿dónde?, ¿por qué? y ¿cómo? La Biblia dice: «*Verdaderamente felices son las personas que estudian cuidadosamente la perfecta ley de Dios que las hace libres, y la siguen estudiando. Ellas no se olvidan de lo que oyeron, sino que obedecen lo que dice la enseñanza de Dios. Los que hacen esto serán felices*».[17]

La cuarta manera de permanecer en la Palabra de Dios es *recordándola*. Tu capacidad para recordar es un regalo de Dios. Es posible que pienses que tienes una memoria pobre, pero la verdad es que memorizas millones de ideas, verdades, hechos y cifras. Recuerdas lo que es *importante* para ti. Si consideras relevante la Palabra de Dios, dedicarás tiempo para recordarla.

Los beneficios de memorizar los versículos de la Biblia son enormes. Te ayudará a resistir la tentación, tomar decisiones sabias, reducir la tensión, edificar confianza, brindar buenos consejos y compartir tu fe con otros.[18]

Tu memoria es como un músculo. Cuanto más la uses, tanto más sólida llegará a ser, y la memorización de las Escrituras será más fácil. Podrías empezar seleccionando algunos versículos de la Biblia de este libro que te hayan llegado al corazón, escribiéndolos en una pequeña tarjeta para llevarla contigo. Después repásalos *en voz alta* a lo largo del día. Puedes memorizar las Escrituras en cualquier lugar: mientras trabajas, haces ejercicio físico, conduces tu auto o esperas, o a la hora de acostarte. Hay tres claves para memorizarlas: ¡Repasar, repasar y repasar! La Biblia dice: *«Mantengan vívidas en su memoria las enseñanzas de Cristo y permitan que sus palabras enriquezcan sus vidas y los hagan sabios».*[19]

La quinta manera de permanecer en la Palabra de Dios es *reflexionar* en lo que nos dice, lo que la Biblia llama «meditación». Para muchos, la idea de meditar evoca poner su mente en blanco y divagar. La meditación bíblica es exactamente todo lo contrario. Consiste en *concentrar* el pensamiento. Exige un esfuerzo serio. Eliges un versículo y reflexionas en él una vez tras otra.

DÍA 24:
Transformados por la verdad

Como mencioné en el capítulo 11, si sabes cómo preocuparte, ya sabes meditar. La preocupación es el pensamiento concentrado en algo negativo. La meditación es hacer lo mismo, solo que te enfocas en la Palabra de Dios más que en tu problema.

Ningún otro hábito puede ayudarte mejor a transformar tu vida para que te parezcas más a Jesús que la reflexión diaria en las Escrituras. Mientras dedicamos tiempo para contemplar la verdad de Dios, reflexionando a conciencia en el ejemplo de Cristo, somos *«transformados a su semejanza con más y más gloria».*[20]

Si buscas en la Biblia todas las veces que Dios se refiere a la meditación, te asombrará descubrir los beneficios que él ha prometido a los que dedican tiempo para reflexionar en su Palabra durante el día. Una de las razones por las que Dios le llamó a David *«un hombre conforme a mi corazón»*[21] es porque le agradaba reflexionar en la Palabra de Dios. Él dijo: *«¡Cuánto amo yo tu ley! Todo el día medito en ella».*[22] La reflexión minuciosa sobre la verdad de Dios es una llave a la oración contestada y el secreto de una vida victoriosa.[23]

Debo aplicar sus principios. Es completamente inútil recibir, leer, investigar, recordar y reflexionar en la Palabra si no la ponemos en práctica. Debemos llegar a ser *«hacedores de la palabra».*[24] Este es el paso más difícil de todos, porque Satanás lucha intensamente.

A él no le molesta que vayamos a los estudios bíblicos con tal de que no hagamos nada de lo que aprendemos.

Nos engañamos cuando pensamos que simplemente porque hemos oído, leído o estudiado una verdad, la hemos integrado a nuestra vida. En la actualidad puedes estar tan ocupado yendo a la próxima clase o seminario o conferencia bíblica que no tienes tiempo para poner en práctica lo que aprendiste. Olvidas lo aprendido mientras vas camino a tu próximo estudio. Sin aplicación, todos nuestros estudios bíblicos carecen de valor. Jesús dijo: «*Todo el que me oye estas palabras y las pone en práctica es como un hombre prudente que construyó su casa sobre la roca*».[25] Jesús también enseñó que la bendición de Dios viene por obedecer la verdad, no solo por conocerla. Él dijo: «*Ahora que saben estas cosas, Dios los bendecirá por hacerlas*».[26]

> La verdad nos liberará, ¡pero antes puede hacernos sentir miserables!

Otra razón por la que evitamos la puesta en práctica de la Palabra de Dios es que puede ser difícil o incluso dolorosa. La verdad nos *liberará*, ¡pero antes puede hacernos sentir miserables! La Palabra de Dios saca a la luz nuestros motivos, señala nuestros defectos, reprocha nuestro pecado y espera que cambiemos. Como está en nuestra naturaleza humana resistirnos al cambio, poner en práctica la Palabra de Dios es un trabajo arduo. Por eso es tan importante dialogar con otras personas acerca de su aplicación personal.

No puedo exagerar la importancia que tiene formar parte de un pequeño grupo de estudio bíblico. Siempre aprendemos de otros las verdades que nunca aprenderíamos solos. Otras personas te ayudan a ver cosas que pasas por alto, así como a poner en práctica la verdad de Dios.

La mejor manera de llegar a ser un «hacedor de la Palabra» es escribir siempre un paso de acción como resultado de la lectura, estudio o reflexión de la Palabra de Dios. Desarrolla el hábito de anotar exactamente lo que piensas hacer. Este paso de acción debe ser *personal* (involucrándote *tú* mismo), *práctico* (algo que puedes *hacer*), y *comprobable* (con plazo *límite* para hacerlo). Todas las medidas prácticas deben involucrar tu relación con Dios, tu relación con otros o tu carácter personal.

Antes de leer el próximo capítulo, dedica unos minutos para pensar en esta pregunta: ¿Qué es lo que ya te dijo Dios en su Palabra que tienes que hacer y aún no has comenzado? Luego anota algunas declaraciones de acción para ayudarte a poner en práctica lo que sabes que debes hacer. Podrías contarle a un amigo lo que te propusiste realizar para rendirle cuentas. Como dijo D.L. Moody: «La Biblia no fue dada para aumentar nuestro conocimiento, sino para cambiar nuestra vida».

DÍA 24

Pensando en mi propósito

PUNTO DE REFLEXIÓN: La verdad me transforma.

VERSÍCULO PARA RECORDAR: *«Si vosotros permaneciereis en mi palabra, seréis verdaderamente mis discípulos; y conoceréis la verdad, y la verdad os hará libres».* Juan 8:31-32 (RVR60).

PREGUNTA PARA CONSIDERAR: ¿Qué es lo que ya me ha dicho Dios en su Palabra que todavía no he empezado a hacer?

Transformados por los problemas

zph.com/vida-pdl/c25

Pues los sufrimientos ligeros y efímeros que ahora padecemos producen una gloria eterna que vale muchísimo más que todo sufrimiento.

2 CORINTIOS 4:17 (NVI)

El fuego del sufrimiento hace relucir el oro de la consagración.

MADAME GUYON

DIOS TIENE UN PROPÓSITO DETRÁS DE CADA PROBLEMA.

Él se vale de las circunstancias para desarrollar nuestro carácter. En efecto, él depende más de las circunstancias a fin de hacernos más como Jesús que de nuestra lectura de la Biblia. La razón es obvia: Te enfrentas a las circunstancias veinticuatro horas al día.

Jesús nos advirtió que tendríamos problemas en el mundo.[1] Nadie es inmune al dolor, nadie puede evitar el sufrimiento y nadie consigue deslizarse a través de la vida sin problemas. La vida es una serie de conflictos. Cada vez que logramos solucionar uno, hay otro esperando para ocupar su lugar. No todos son grandes, pero todos son significativos en el proceso de crecimiento de Dios para ti. Pedro nos asegura que los problemas son normales: *«Queridos hermanos en Cristo, no se sorprendan de tener que afrontar problemas que ponen a prueba su confianza en Dios. Eso no es nada extraño».*[2]

Dios usa los problemas para acercarte a él. La Biblia dice: «*El Señor está cerca de los que tienen el corazón quebrantado; libra a los que tienen el espíritu aplastado*».[3] Tus experiencias de adoración más profundas probablemente ocurran en tus días más oscuros, cuando tu corazón esté destrozado, te sientas abandonado, ya no tengas opciones, el dolor sea enorme y solo te quede recurrir a Dios. Durante el sufrimiento aprendemos a pronunciar nuestras oraciones más auténticas, más sentidas y más sinceras con Dios. Cuando estamos sufriendo, no tenemos energía para oraciones superfluas.

Joni Eareckson Tada escribió: «Cuando la vida es color de rosa, podemos deslizarnos por ella sabiendo de Jesús, imitándolo, citándolo y hablando de él. Pero solo durante el sufrimiento lo *conocemos*».[4] En los momentos de sufrimiento aprendemos cosas acerca de Dios que no podríamos aprender de otra manera.

Dios pudo haber evitado que José fuera a la cárcel,[5] que a Daniel lo pusieran en el foso de los leones,[6] que a Jeremías lo echaran en la mazmorra,[7] que Pablo naufragara tres veces,[8] y que los tres jóvenes hebreos fueran echados en el horno de fuego;[9] pero no lo hizo.

> *Tus experiencias de adoración más profundas probablemente ocurran en tus días más oscuros.*

Dios permitió que esos problemas sucedieran y, como resultado, esas circunstancias acercaron a cada uno de ellos a Dios.

Los problemas nos obligan a mirar a Dios y depender de él más que de nosotros mismos. Pablo testificó de este beneficio: «*Nos pareció que estábamos ya sentenciados a muerte y vimos lo inútiles que éramos para escapar; pero eso fue lo bueno, porque entonces lo dejamos todo en las manos del único que podía salvarnos: Dios*».[10] Nunca sabrás que Dios es todo lo que necesitas hasta que él sea todo lo que tengas.

Sin considerar la causa, ninguno de tus problemas podrían suceder si Dios no lo permite. Todo lo que le pase a un hijo de Dios es *filtrado por el Padre*, y Dios piensa usarlo para bien, aun cuando la intención de Satanás y otros sea emplearlo para el mal.

Todo lo que te pasa tiene un significado espiritual.

Debido a que Dios es el soberano que todo lo controla, los accidentes son solo incidentes en el buen plan que tiene para ti. Como todos los días de tu vida se escribieron en el calendario de Dios desde antes de que nacieras,[11] *todo* lo que te pasa tiene un significado espiritual. ¡Todo! Romanos 8:28-29 explica por qué: «*Sabemos que Dios dispone todas las cosas para el bien de quienes lo aman, los que han sido llamados de acuerdo con su propósito. Porque a los que Dios conoció de antemano también los predestinó a ser transformados según la imagen de su Hijo*».[12]

Cómo entender romanos 8:28-29

Este es uno de los pasajes bíblicos más mal citados y mal entendidos de la Biblia. No dice: «Dios hace que todo suceda como yo quiero». Obviamente eso no es cierto. Tampoco dice: «Dios hace que todo suceda para tener un final feliz sobre la tierra». Eso tampoco sería verdad. Hay muchos finales infelices sobre la tierra.

Vivimos en un mundo caído. Solo en el cielo se hace todo perfectamente como Dios quiere. Por eso se nos dice que oremos: «*Hágase tu voluntad en la tierra como en el cielo*».[13] Para entender cabalmente Romanos 8:28-29 debes considerar frase por frase.

«**Sabemos**»: Nuestra esperanza en los tiempos difíciles no se basa en el pensamiento positivo, la expresión de buenos deseos o un optimismo natural. Es una certeza basada en las verdades siguientes: Dios tiene el control completo de nuestro universo y nos ama.

«**... que Dios dispone...**»: Hay un Gran Diseñador detrás de todo. Tu vida no es el resultado de una opción aleatoria, el destino o la suerte. Hay un plan maestro. La historia es *su historia*. Dios ejerce su influencia. Nosotros cometemos errores, pero él nunca yerra. Dios no puede equivocarse porque es Dios.

«**... todas las cosas...**»: El plan de Dios para tu vida involucra *todo* lo que te pasa, incluyendo tus errores, pecados y heridas. La enfermedad, las deudas, los desastres, el divorcio y la muerte de los seres queridos. Dios puede producir algo bueno del peor mal. Ya lo hizo en el Calvario.

«**... para...** »: No separada o independientemente. Los acontecimientos de tu vida obran *juntos* en el plan de Dios. No son actos aislados, sino partes interdependientes del proceso para hacerte como Cristo. A fin de hacer un pastel usas harina, sal, huevos crudos, azúcar y aceite. Si se comen por separado, cada ingrediente es bastante desagradable o incluso amargo. Pero al cocinarlos juntos se vuelven deliciosos. Si pones en las manos de Dios todas tus experiencias, tristes y desagradables, él las mezclará para el bien.

«**... el bien...**»: Esto no dice que todo en la vida sea bueno. Mucho de lo que pasa en nuestro mundo es vil y malo, pero Dios se especializa en producir algo bueno de todo lo que sucede. En el árbol genealógico oficial de Jesucristo[14] figuran cuatro mujeres en la lista: Tamar, Rahab, Rut y Betsabé. Tamar sedujo a su suegro para quedar embarazada. Rahab era una prostituta. Rut ni siquiera era judía y quebrantó la ley casándose con un hombre judío. Betsabé cometió adulterio con David, que resultó ser el asesino de su marido. Estas mujeres no se destacaban precisamente por su buena reputación, pero Dios produjo lo bueno de lo que era malo, y Jesús vino de ese linaje. El propósito de Dios está por encima de nuestros problemas, nuestro dolor o incluso nuestro pecado.

«**... de quienes lo aman [a Dios], los que han sido llamados...**»: Esta promesa es solo para los hijos de Dios. No es para todos. Todas las cosas obran para *el mal* de los que viven oponiéndose a Dios e insisten en hacer lo que quieren.

«**... de acuerdo con su propósito...**»: ¿Cuál es ese propósito? Que seamos «**la imagen de su Hijo**». ¡Todo lo que Dios permite que pase en tu vida, tiene el objetivo de cumplir con ese propósito!

Cómo forjar un carácter semejante al de Cristo

Somos como joyas talladas con el martillo y el cincel de la adversidad. Si el martillo de un joyero no tiene la fuerza suficiente para limar nuestras asperezas, Dios usará un mazo. Si realmente somos tercos, utilizará un taladro. Empleará cualquier cosa que tenga que usar.

> *Lo que pasa fuera de tu vida no es tan importante como lo que sucede dentro.*

Todos los problemas son una oportunidad para forjar el carácter, y cuanto más difícil sea, mayor será el potencial para construir el músculo espiritual y la fibra moral. Pablo dijo: «*Sabemos que el sufrimiento produce perseverancia; la perseverancia, entereza de carácter*».[15] Lo que pasa fuera de tu vida no es tan importante como lo que sucede *dentro*. Las circunstancias son temporales, pero tu carácter durará para siempre.

A menudo la Biblia compara las pruebas con el fuego de una refinería de metales que funde las sustancias para quitar las impurezas. Pedro dijo: «*Estos problemas vienen a demostrar que su fe es pura. Esta fe vale mucho más que el oro*».[16] A un platero le preguntaron: «¿¿Cómo sabe usted cuándo la plata es pura?». Él contestó: «Cuando me veo reflejado en ella». Una vez que has sido refinado por las pruebas, la gente puede ver reflejado a Jesús en ti. Santiago dijo: «*Bajo la presión, su vida de fe queda al descubierto y muestra sus colores verdaderos*».[17]

Ya que la intención de Dios es hacerte como Jesús, te llevará a través de las mismas experiencias que atravesó su Hijo, incluidas la soledad, la tentación, el estrés, la crítica, el rechazo y muchos otros problemas. La Biblia afirma que Jesús «*aprendió la obediencia por lo que padeció*» y «*fue perfeccionado por el sufrimiento*».[18] ¿Por qué habría de eximirnos Dios de lo que le permitió experimentar a su propio Hijo? Pablo dijo: «*Nosotros pasamos exactamente por lo mismo que atraviesa Cristo. ¡Si pasamos por tiempos difíciles con él, entonces seguramente pasaremos por los tiempos buenos con él!*».[19]

Cómo enfrentar los problemas como Cristo

Los problemas no producen automáticamente los resultados que Dios quiere. Muchas personas se vuelven amargadas, en vez de mejorar, y nunca crecen. Tú tienes que responder de la manera en que Jesús lo hubiera hecho.

Recuerda que el plan de Dios es bueno. Dios sabe lo que es mejor para ti y en su corazón tiene presente tus mejores intereses. Dios le dijo a Jeremías: «*Los planes que tengo para ustedes [son] planes de bienestar y no de calamidad, a fin de darles un futuro y una esperanza*».[20] José entendió esta verdad cuando les dijo a sus hermanos que lo habían vendido como esclavo: «*Ustedes pensaron hacerme mal, pero Dios trasformó ese mal en bien*».[21] Ezequías se hizo eco del mismo sentimiento al referirse a su enfermedad mortal: «*Fue por mi propio bien que yo pasé ese tiempo tan difícil*».[22] Siempre que Dios te diga no a tu pedido de alivio, recuerda: «*Dios está haciendo lo mejor para nosotros, entrenándonos para vivir para él de la mejor y más santa manera*».[23]

Es vital que te concentres en el plan de Dios, no en tu dolor o tu problema. Así es como Jesús soportó el dolor de la cruz, y así se nos insta a seguir su ejemplo: «*Mantengamos fijos los ojos en Jesús que, sin importarle lo oprobioso de tal muerte, estuvo dispuesto a morir en la cruz porque sabía el gozo que tendría después*».[24] Corrie ten Boom, que estuvo recluida y sufriendo en un campo de concentración nazi, explicó el poder del pensamiento concentrado: «Si miras al mundo, te afligirás. Si miras tu interior, te deprimirás. Pero si miras a Cristo, ¡reposarás!».[25] Tu enfoque determina tus sentimientos. El secreto de la paciencia es recordar que tu dolor es temporal, pero tu recompensa será eterna. Moisés soportó una vida de problemas «*porque tenía la mirada puesta en la recompensa*».[26] Pablo resistió las penalidades de la misma manera. Él dijo: «*Nuestros problemas presentes son bastante pequeños y no durarán mucho tiempo. ¡Sin embargo, producen para nosotros una gloria inmensamente grande que durará para siempre!*».[27]

No cedas ante el pensamiento a corto plazo. Mantén tu mirada enfocada en el resultado final: «*Si hemos de compartir su gloria, también debemos compartir su sufrimiento. Lo que sufrimos ahora no es nada comparado con la gloria que él nos dará después*».[28]

DÍA 25:
Transformados por los problemas

Regocíjate y da gracias. La Biblia nos dice: «*Den gracias a Dios en toda situación, porque esta es la voluntad para ustedes en Cristo Jesús*».[29] ¿Cómo es posible eso? Considera que Dios nos dice que demos gracias «*en* todas las circunstancias», no «*por* todas las circunstancias». Dios no espera que le agradezcas *por* el mal, el pecado, el sufrimiento o sus consecuencias dolorosas en el mundo. En cambio, quiere que le agradezcas porque usará tus problemas para cumplir sus propósitos.

La Biblia dice: «*Alégrense siempre en el Señor*».[30] No dice: «Alégrense por su dolor». Eso es masoquismo. Te regocijas «en el Señor». No importa qué problemas estés pasando, puedes regocijarte en el amor de Dios, su cuidado, su sabiduría, su poder y fidelidad. Jesús dijo: «*Alégrense, en aquel día y salten de gozo, pues miren que les espera una recompensa grande en el cielo*».[31]

También podemos alegrarnos al saber que Dios está con nosotros en medio del dolor. No servimos a un Dios distante y aislado que nos dispara frases alentadoras desde un flanco seguro. Todo lo contrario, él se hace parte de nuestro sufrimiento. Jesús lo hizo en la Encarnación, y su Espíritu lo hace ahora en nosotros. Dios nunca nos dejará solos.

Niégate a darte por vencido. Sé paciente y persistente. La Biblia dice: «*Dejen que el proceso continúe hasta que su paciencia se desarrolle totalmente, y encontrarán que se han vuelto como un hombre de carácter maduro… sin debilidades*».[32]

La formación del carácter es un proceso lento. Siempre que tratemos de evitar o eludir las dificultades de la vida, provocamos un cortocircuito en el proceso, retardamos nuestro crecimiento y realmente terminamos sufriendo una clase de dolor que es peor: el tipo de dolor sin sentido que acompaña a la negación y la evasión.

Cuando asumes las consecuencias eternas del desarrollo de tu carácter, no pronuncias tanto oraciones del tipo «*Consuélame*» («Ayúdame a sentirme bien»), sino que tus oraciones serán más bien «*Adáptame*» («Usa esto para hacerme más como tú»).

Sabrás que estás en proceso de maduración cuando empieces a ver la mano de Dios en las circunstancias más variadas, confusas y aparentemente vanas de la vida.

Si estás enfrentando un problema ahora mismo, no preguntes: «¿Por qué a mí?». Pregunta en cambio: «¿Qué quieres que aprenda?». Después confía en Dios y sigue haciendo lo que es correcto. *«Ustedes necesitan mantenerse firmes, permaneciendo en el plan de Dios para poder estar allí cuando tenga lugar la plenitud prometida».*[33]

No te des por vencido: ¡Madura!

DÍA 25

Pensando en mi propósito

PUNTO DE REFLEXIÓN: Hay un propósito detrás de cada problema.

VERSÍCULO PARA RECORDAR: *«Ahora bien, sabemos que Dios dispone todas las cosas para el bien de quienes lo aman, los que han sido llamados de acuerdo con su propósito».* Romanos 8:28 (NVI).

PREGUNTA PARA CONSIDERAR: ¿Qué problema en mi vida me ha permitido crecer más?

Crecimiento a través de la tentación

zph.com/vida-pdl/c26

*Dichoso el hombre que no cede a hacer
lo malo cuando es tentado,
porque un día recibirá
la corona de vida que Dios ha
prometido a los que lo aman.*

SANTIAGO 1:12 (BAD)

*Mis tentaciones han sido
mi maestría en teología.*

MARTÍN LUTERO

CADA TENTACIÓN ES UNA OPORTUNIDAD PARA HACER EL BIEN.
En el camino hacia la madurez espiritual, hasta la tentación llega a ser un escalón más que una piedra de tropiezo cuando comprendes que puede ser tanto una ocasión para hacer lo correcto como para hacer lo incorrecto. La tentación solamente proporciona una elección. Aunque es el arma principal de Satanás para destruirte, Dios quiere usarla para tu desarrollo. Cada vez que escoges hacer lo bueno en lugar de pecar, estás madurando a fin de alcanzar el carácter de Cristo.

Para entender esto, primero debes identificar las cualidades del carácter de Jesús. Una de las descripciones más concisas de su carácter lo encontramos en el fruto del Espíritu: «*Cuando el Espíritu Santo controla nuestras vidas, él producirá este tipo de fruto en nosotros: amor, alegría, paz, paciencia, benignidad, bondad, fidelidad, mansedumbre, y autocontrol*».[1]

Estas nueve cualidades son una ampliación del Gran Mandamiento y describen un hermoso retrato de Jesucristo. Él es *perfecto* amor, gozo, paz, paciencia, y todos los otros frutos incorporados en una sola persona. Tener el fruto del Espíritu es ser como Cristo.

¿Cómo, entonces, produce el Espíritu Santo estos nueve frutos en tu vida? ¿Los crea al instante? ¿Te despertarás un día y poseerás de repente estas características totalmente desarrolladas? No. La fruta siempre madura y llega a su punto lentamente.

La siguiente frase es una de las verdades espirituales más importantes que podrás llegar a aprender alguna vez: ¡Dios desarrolla el fruto del Espíritu en tu vida, permitiéndote experimentar circunstancias en las que seas tentado *para producir exactamente la cualidad contraria!* El desarrollo del carácter siempre involucra una elección, y la tentación proporciona esa oportunidad.

> *¡Dios desarrolla el fruto del Espíritu en tu vida, permitiéndote experimentar circunstancias en las que seas tentado para producir exactamente la cualidad contraria!*

Por ejemplo, Dios nos enseña a *amar* poniéndonos personas *desagradables* a nuestro alrededor. No requieres fuerza de voluntad para amar a las personas que son encantadoras y amorosas contigo. Dios nos enseña el verdadero *gozo* en medio de la tristeza cuando nos volvemos a él. La felicidad depende de las circunstancias externas, pero el gozo está basado en tu relación con Dios.

Dios desarrolla la *paz* verdadera dentro de nosotros, no haciendo que las cosas vayan de la manera en que lo habíamos planeado, sino permitiendo tiempos de caos y confusión. Cualquiera puede tener paz observando un hermoso ocaso o descansando cuando está de vacaciones. Aprendemos a tener paz verdadera cuando escogemos confiar en Dios en circunstancias en las que nos sentimos tentados a preocuparnos o tener miedo. De igual modo, la *paciencia* se desarrolla en las circunstancias que nos obligan a esperar, cuando somos tentados a enfadarnos o estamos a punto de explotar.

Dios utiliza la situación opuesta de cada fruto para que tengamos la posibilidad de elegir. No puedes decir que eres bueno si nunca has sido tentado a ser malo. No puedes decir que eres fiel si nunca has tenido la oportunidad de ser infiel. La integridad se construye derrotando la tentación a ser deshonestos; la humildad crece cuando nos negamos a ser orgullosos; y desarrollas la paciencia cada vez que rechazas la tentación de rendirte. ¡Cada vez que derrotas una tentación te pareces más a Jesús!

Cómo opera la tentación

Nos ayuda saber que Satanás es completamente predecible. Él ha usado la misma estrategia y las viejas artimañas desde la creación. Todas las tentaciones siguen el mismo modelo. Por eso Pablo dijo: *«No ignoramos sus artimañas»*.[2] De la Biblia aprendemos que la tentación sigue un proceso de cuatro pasos, los mismos que Satanás usó tanto con Adán y Eva como con Jesús.

Pensamos que la tentación está alrededor de nosotros, pero Dios dice que empieza dentro de nosotros.

En el primer paso, Satanás identifica un *deseo* dentro de ti. Puede ser un deseo pecaminoso, como el de venganza o el de manipular a otros, o puede ser uno legítimo y normal, como el deseo de ser amado y valorado o de sentir placer. La tentación empieza cuando Satanás te sugiere (con un pensamiento) que cedas a un deseo malo o que satisfagas un deseo legítimo de manera equivocada o en el momento errado. Ten siempre cuidado con los atajos. ¡A menudo son tentaciones! Satanás susurra: «¡Te lo mereces! ¡Debes tenerlo ahora! Será emocionante... reconfortante... o te hará sentir mejor».

Pensamos que la tentación está alrededor de nosotros, pero Dios dice que empieza *dentro* de nosotros. Si no tuvieras ningún deseo interno, no podría atraerte. La tentación siempre empieza en tu mente, no en las circunstancias. Jesús dijo: *«Porque de adentro, del corazón humano, salen los malos pensamientos, la inmoralidad sexual, los robos, los homicidios, los adulterios, la avaricia, la maldad, el engaño, el libertinaje, la envidia, la calumnia, la arrogancia y la necedad. Todos estos males vienen de adentro y contaminan a la persona».*[3] Santiago nos dice que hay *«un ejército de malos deseos dentro de nosotros».*[4]

El segundo paso es la *duda.* Satanás trata de conseguir que dudes de lo que Dios ha dicho sobre el pecado: ¿Es realmente malo? ¿Es verdad que Dios dijo que no lo hicieras? ¿No será que Dios dio esta prohibición para otra persona y otra época? ¿Acaso Dios no quiere que yo sea feliz? La Biblia advierte: *«¡Tengan cuidado! No permitan que los malos pensamientos o las dudas hagan que alguno de ustedes se aparte del Dios vivo».*[5]

El tercer paso es el *engaño.* Satanás es incapaz de decir la verdad; la Biblia lo llama *«el Padre de la mentira».*[6] Cualquier cosa que te diga será falsa o simplemente una verdad a medias. Satanás ofrece su mentira para reemplazar lo que Dios ya ha dicho en su Palabra. Satanás dice: «No morirás. Serás tan sabio como Dios. Puedes salirte con la tuya. Nadie lo sabrá. Resolverás tus problemas. Además, todos lo hacen. Solo es un pecado pequeño». Pero un pecado pequeño es como estar «un poco embarazada»: Es algo que finalmente quedará en evidencia.

El cuarto paso es la *desobediencia.* Al final te comportarás de acuerdo con lo que estuviste maquinando en tu mente. Lo que comenzó como una idea al fin sale a la luz en la conducta. Cedes ante lo que capte tu atención. Crees las mentiras de Satanás y caes en la trampa de la que te advierte Santiago: *«Cada uno es tentado cuando sus propios malos deseos lo arrastran y seducen. Luego, cuando el deseo ha concebido, engendra el pecado; y el pecado, una vez que ha sido consumado, da a luz la muerte. Mis queridos hermanos, no se engañen».*[7]

Cómo vencer la tentación

Entender cómo opera la tentación ya es en sí mismo útil, pero hay pasos específicos que necesitas dar para vencerla.

Rehúsate a ser intimidado. Muchos cristianos se asustan y se desmoralizan con pensamientos tentadores, se sienten culpables porque no están «por encima» de la tentación. Se sienten avergonzados por el solo hecho de ser tentados. No han entendido correctamente en qué consiste la madurez. *Nunca* podremos dejar atrás la tentación.

> La tentación es una señal de que Satanás te odia, no de tu debilidad o mundanalidad.

En un sentido puedes considerar la tentación como un cumplido. Satanás no tiene que tentar a los que están haciendo su mala voluntad; ya son de él. La tentación es una señal de que Satanás te odia, no de tu debilidad o mundanalidad. También es una parte normal del ser humano y del hecho de vivir en un mundo caído. No te sorprendas ni te asustes o descorazones por ser tentado. Sé realista en cuanto a la incapacidad de evitar la tentación; nunca podrás evitarla completamente. La Biblia dice: «*Cuando llegue la tentación...*», no dice: «*Si* llega la tentación». Pablo aconseja: «*Ustedes no han sufrido ninguna tentación que no sea común al género humano*».[8]

No es un pecado ser tentado. Jesús lo fue, sin embargo, nunca pecó.[9] La tentación solo se convierte en pecado cuando cedes ante ella. Martín Lutero dijo: «Usted no puede impedir que los pájaros vuelen encima de su cabeza, pero puede impedir que hagan un nido en su pelo». No puedes impedir que el diablo te sugiera determinados pensamientos, pero sí puedes decidir no darles cabida o actuar en base a ellos.

Por ejemplo, muchas personas no distinguen la diferencia que hay entre la atracción física o la excitación sexual y la lujuria. No son lo mismo. Dios nos creó como seres sexuales, y eso es bueno. La atracción y la excitación son respuestas naturales, espontáneas y dadas por Dios a la belleza física, mientras que la lujuria es *un acto deliberado de la voluntad*.

La lujuria es la opción de cometer en tu mente lo que te gustaría hacer con tu cuerpo. Puedes sentirte atraído o incluso excitado y, sin embargo, decidir no pecar por lujuria. Muchas personas, sobre todo los varones cristianos, se sienten culpables porque las hormonas que Dios les dio se les alborotan. Cuando automáticamente una mujer atractiva les llama la atención, suponen que es lujuria y se sienten avergonzados y condenados. Pero la atracción no es lujuria hasta que se le da cabida.

Realmente, cuanto más te acercas a Dios, tanto más Satanás tratará de tentarte. En cuanto llegaste a ser un hijo de Dios, Satanás, como un mafioso que contrata asesinos a sueldo, «le puso precio a tu cabeza». Eres su enemigo, y él está tramando tu caída.

A veces, mientras oras, Satanás sugerirá un pensamiento raro o malo simplemente para distraerte y avergonzarte. No te alarmes ni te avergüences por eso, sino comprende que Satanás le tiene miedo a tus oraciones e intentará hacer cualquier cosa para detenerlas. En lugar de condenarte diciendo: «¿Cómo se me ocurrió un pensamiento así?», piensa que es una distracción de Satanás e inmediatamente vuelve a concentrarte en Dios.

Reconoce lo que te tienta y prepárate.
Ciertas situaciones te hacen más vulnerable a la tentación que otras. Algunas circunstancias te harán tropezar casi de inmediato, mientras que otras no te molestarán mucho. ¡Estas situaciones son particulares para tus debilidades y necesitas identificarlas, porque Satanás las conoce con toda seguridad! Él sabe *exactamente* qué es lo que te hace tropezar y trabaja constantemente para ponerte en esas circunstancias. Pedro advierte: «*Manténganse en alerta. El diablo está en posición para saltar, y nada le gustaría más que encontrarlos tomando una siesta*».[10]

Pregúntate: «¿*Cuándo* me siento más tentado? ¿Qué día de la semana? ¿A qué hora del día?». Pregúntate: «¿*Dónde* me siento más tentado? ¿En el trabajo? ¿En casa? ¿En la casa de un vecino? ¿En un centro deportivo? ¿En el aeropuerto o un motel fuera de la ciudad?».

Pregúntate: «¿*Quién está conmigo* cuando soy más tentado? ¿Los amigos? ¿Los colaboradores? ¿Una muchedumbre de extraños? ¿Estoy solo?». También pregúntate: «¿*Cómo me siento por lo general* cuando soy más tentado?». Esto puede ocurrir cuando estás cansado o solo o aburrido o deprimido o bajo estrés. Puede ser cuando sientes que te han lastimado o estás enfadado o angustiado, o después de un gran éxito o cuando espiritualmente te sientes en la cima.

Debes identificar tu modelo particular de tentación y luego prepararte para evitar esas situaciones tanto como sea posible. La Biblia nos dice repetidamente que nos anticipemos y estemos listos para enfrentar la tentación.[11] Pablo dijo: «*No le den ninguna oportunidad al diablo*».[12] La planeación sabia reduce la tentación. Sigue el consejo de Proverbios, que nos aconseja: «*Planeen cuidadosamente lo que hacen... Eviten el mal y caminen directamente hacia adelante. No se desvíen ni un paso del camino correcto*».[13] «*El camino del hombre recto evita el mal; el que quiere salvar su vida, se fija por dónde va*».[14]

Pídele ayuda a Dios. El cielo tiene una línea abierta para las emergencias las veinticuatro horas del día. Dios quiere que le pidas ayuda para superar la tentación. Él dice: «*Llámame cuando estés angustiado; yo te libraré, y tú me honrarás*».[15]

Yo le llamo a esto una oración «microondas», porque es rápida y va al punto: ¡Socorro! ¡SOS! ¡Ayuda! Cuando la tentación azota, no hay tiempo para mantener una conversación larga con Dios; simplemente clamamos a él. David, Daniel, Pedro, Pablo y otros millones han orado este tipo de plegaria instantánea pidiendo ayuda en medio de los problemas.

La Biblia garantiza que nuestro clamor por ayuda será oído porque Jesús se solidariza con nuestras luchas. Él enfrentó las mismas tentaciones que nosotros. Él «*entiende nuestras debilidades, porque enfrentó todas las mismas tentaciones que nosotros, sin embargo, no pecó*».[16]

Si Dios está esperando para ayudarnos a derrotar la tentación, ¿por qué no nos volvemos a él más a menudo? ¡A decir verdad, a veces no *queremos* que nos ayude! *Preferimos* ceder a la tentación aunque sabemos que es malo. En ese momento pensamos que sabemos más que Dios lo que es mejor para nosotros.

En otros momentos nos avergonzamos de pedirle ayuda porque seguimos cediendo a la misma tentación una y otra vez. Pero Dios nunca se irrita, no se aburre ni se impacienta cuando seguimos recurriendo a él. La Biblia dice: «*Así que acerquémonos confiadamente al trono de la gracia para recibir misericordia y hallar la gracia que nos ayude en el momento que más la necesitemos».*[17]

El amor de Dios es eterno, y su paciencia es para siempre. Si tienes que clamar pidiéndole ayuda a Dios doscientas veces al día para derrotar cierta tentación en particular, él estará más que dispuesto a brindarte su misericordia y su gracia, así que acércate a él con confianza. Pídele que te dé poder para hacer lo correcto y luego espera que te lo proporcione.

Las tentaciones nos mantienen dependiendo constantemente de Dios. Así como las raíces crecen más firmes cuando el viento arrecia contra un árbol, cada vez que resistes una tentación te asemejas más a Jesús. Cuando tropieces —y tropezarás— no pienses que es una fatalidad. En lugar de ceder o rendirte, mira hacia Dios, aguarda a que él te ayude, y recuerda la recompensa que te espera: *«Dichoso el que resiste la tentación porque, al salir aprobado, recibirá la corona de la vida que Dios ha prometido a quienes lo aman».*[18]

DÍA 26

Pensando en mi propósito

PUNTO DE REFLEXIÓN: Cada tentación es una oportunidad para hacer el bien.

VERSÍCULO PARA RECORDAR: *«Dichoso el que resiste la tentación porque, al salir aprobado, recibirá la corona de la vida que Dios ha prometido a quienes lo aman».* Santiago 1:12 (NVI).

PREGUNTA PARA CONSIDERAR: ¿Qué cualidad del carácter de Cristo puedo desarrollar si derroto la tentación más común que enfrento?

Cómo derrotar la tentación

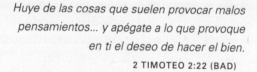

*Huye de las cosas que suelen provocar malos
pensamientos... y apégate a lo que provoque
en ti el deseo de hacer el bien.*
2 TIMOTEO 2:22 (BAD)

zph.com/vida-pdl/c27

*Pero recuerden esto: los malos deseos que les
hayan sobrevenido no son ni nuevos ni diferentes.
Muchísimos han pasado exactamente por las mismas
situaciones. Ninguna tentación es irresistible. Pueden estar
confiados en la fidelidad de Dios, que no dejará que la
tentación sea más fuerte de lo que pueden resistir; Dios lo
prometió y jamás falta a su palabra.
Ya verán que les muestra la manera de escapar de la
tentación para que puedan resistirla con paciencia.*
1 CORINTIOS 10:13 (BAD)

Siempre hay una salida.

A veces puedes sentir que una tentación es demasiado insoportable, pero eso es una mentira de Satanás. Dios ha prometido que nunca permitirá que haya más *sobre* ti de aquello con lo que cuentas *dentro* para vencer. Él no te permitirá ninguna tentación que no puedas superar. Sin embargo, también debes hacer tu parte practicando cuatro claves bíblicas para derrotar la tentación.

Vuelve a concentrar tu atención en algo diferente. Te sorprenderá saber que en *ninguna parte* de la Biblia se nos dice que debemos «resistir la tentación». Se nos dice que «*resistamos al diablo*»,[1] pero eso es *muy* distinto, como explicaré más adelante. En cambio, se nos aconseja que volvamos a enfocar nuestra atención porque resistir un pensamiento no resulta. Solo intensifica nuestro enfoque en lo malo y fortalece su fascinación. Permíteme explicarte:

Cada vez que intentas bloquear un pensamiento en tu mente, lo grabas más profundo en tu memoria. Cuando lo rechazas, en realidad lo refuerzas. Esto resulta especialmente cierto en el caso de la tentación. No la derrotas luchando contra los sentimientos que te produce. Cuanto más luchas contra un sentimiento, tanto más te consume y controla. Realmente lo fortaleces cada vez que piensas en él.

Dado que la tentación siempre empieza con un pensamiento, la manera más rápida de neutralizar su fascinación es concentrarte en otra cosa. No luches contra ese pensamiento, simplemente cambia el cauce de tu mente y procura interesarte en otra idea. Este es el primer paso para derrotar la tentación.

> *La batalla contra el pecado se gana o se pierde en la mente. Cualquier cosa que atrape tu atención te atrapará a ti.*

La batalla contra el pecado se gana o se pierde en la mente. Cualquier cosa que atrape tu atención te atrapará a ti. Por eso Job dijo: «*Hice un pacto con mis ojos para no mirar con lujuria a ninguna mujer joven*».[2] Y el salmista oró: «*Guárdame de prestar atención a lo que no tiene valor*».[3]

¿Alguna vez viste un anuncio comercial en la televisión promocionando una comida y de repente sentiste hambre? ¿Has oído toser a una persona alguna vez e inmediatamente sientes la necesidad de aclarar tu garganta? ¿Alguna vez viste a una persona abriendo la boca en un gran bostezo y enseguida sentiste ganas de bostezar también? (¡Es posible que estés bostezando ahora mismo mientras estás leyendo esto!). Ese es el poder de la sugestión. En forma natural nos acercamos a cualquier cosa en la que nos concentremos. Cuanto más pienses en algo, tanto más fuerte te retendrá.

Por esa razón la repetición de: «Debo dejar de comer demasiado... o dejar de fumar... o dejar la lujuria» es una estrategia de derrota. Te mantiene enfocado en lo que no quieres. Es como si anunciaras: «Yo nunca voy a hacer lo que hizo mi madre». Te estás preparando para repetirlo.

La mayoría de las dietas no resultan porque lo mantienen a uno pensando en la comida todo el tiempo, garantizando que tendremos hambre. ¡Del mismo modo, un orador que se repite a sí mismo todo el tiempo: «¡No te pongas nervioso!», se prepara para ponerse nervioso! En cambio debería concentrarse en cualquier otra cosa excepto en sus sentimientos: en Dios, en la importancia de su discurso o en las necesidades de sus oyentes.

La tentación empieza por captar tu atención. Lo que capta tu atención estimula tu deseo. Después tus deseos activan tu conducta, y actúas basándote en lo que sentiste. Cuanto más te concentres en algo y digas: «No quiero hacer esto», tanto más fuerte te atraerá hacia su red.

Hacer caso omiso de una tentación es más eficaz que luchar contra ella. En cuanto tu mente está en otra cosa, la tentación pierde su poder. ¡Así que, cuando la tentación te llame por teléfono, no discutas con ella, simplemente cuelga!

A veces esto significa dejar físicamente una situación tentadora. Hay ocasiones en que lo correcto es huir. Levántate y apaga la televisión. Aléjate de un grupo que está contando chismes. Abandona el cine en medio de la película. Para que las abejas no te piquen, quédate lejos del enjambre. Haz lo que sea necesario para concentrarte en otra cosa.

Desde el punto de vista espiritual, nuestra mente es el órgano más vulnerable. Para reducir la tentación, mantén tu mente ocupada con la Palabra de Dios y otros pensamientos buenos. Los pensamientos malos se derrotan pensando en algo mejor. Este es el principio del reemplazo. Vence el mal con el bien.[4] Satanás no puede atraer nuestra atención cuando nuestra mente está preocupada con otra cosa. Por eso la Biblia nos aconseja repetidas veces que mantengamos nuestras mentes enfocadas: «*Consideren a Jesús*».[5] «*Siempre piensen en Jesucristo*».[6]

«Llenen sus mentes de las cosas que son buenas y merecen alabanza: cosas que son verdaderas, nobles, correctas, puras, encantadoras, y honorables».[7]

Si realmente quieres derrotar la tentación, debes organizar tu mente y monitorear el tiempo que pasas vinculado a los medios de información. El hombre más sabio que haya vivido advirtió: *«Ten cuidado cómo piensas; tu vida está moldeada por tus pensamientos».*[8] No permitas que la basura entre a tu mente indiscriminadamente. Sé selectivo. Escoge con cuidado en qué cosas vas a pensar. Sigue el modelo de Pablo: *«Llevamos cautivo todo pensamiento y hacemos que se rinda y obedezca a Cristo».*[9] Esto requiere una vida de práctica, pero con la ayuda del Espíritu Santo puedes reprogramar tu manera de pensar.

Revélale tu lucha a un amigo consagrado o a un grupo de apoyo. No tienes que hacer pública tu tentación al mundo entero, pero necesitas contar por lo menos con una persona a quien expresarle con sinceridad tus luchas. La Biblia dice: *«Es mejor que tengas un amigo a que estés completamente solo... Si caes, tu amigo puede ayudarte. Pero si caes sin tener un amigo cercano, estás realmente en problemas».*[10]

DÍA 27: *Cómo derrotar la tentación*

Aclaremos esto: Si estás perdiendo la batalla contra un persistente mal hábito, una adicción o una tentación, y estás atrapado en un círculo vicioso de buenas intenciones, fracaso y culpa, ¡no mejorarás por ti mismo! Necesitas la ayuda de otras personas. Algunas tentaciones solo se superan con la ayuda de un compañero que ora por ti, te anima y te ayuda a asumir tu responsabilidad.

El plan de Dios para tu crecimiento y libertad incluye a otros cristianos. La comunión auténtica y sincera es el antídoto en la lucha solitaria contra los pecados difíciles de abandonar. Dios dice que esta es la única manera de lograr liberarse: *«Confiésense unos a otros sus pecados, y oren unos por otros, para que sean sanados».*[11]

¿Realmente quieres ser sanado de esa tentación que sigue derrotándote de continuo? La solución de Dios es muy clara: ¡No la reprimas; confiésala! ¡No la ocultes; manifiéstala! La revelación

La verdad es que cualquier cosa de la que no puedas hablar ya está fuera de control en tu vida.

de tu sentimiento es el principio de la sanidad.

Si escondes tu dolor solo lo intensificas. Los problemas crecen en la oscuridad y se agrandan, pero cuando son expuestos a la luz de la verdad, se minimizan. Solo, estás tan enfermo como tus secretos. Así que quítate la máscara, deja de disimular que eres perfecto y camina hacia la liberación.

En la Iglesia Saddleback hemos visto el tremendo poder que tiene este principio para debilitar las garras de las adicciones aparentemente desesperantes y las tentaciones persistentes a través de un programa que desarrollamos llamado «Celebra la Recuperación». Se trata de un proceso bíblico de restauración de ocho pasos, basado en las bienaventuranzas de Jesús y organizado para llevarse a cabo en pequeños grupos de apoyo. En los últimos diez años más de cinco mil vidas han sido liberadas de toda clase de hábitos, heridas y adicciones. Hoy el programa se usa en miles de iglesias. Recomiendo que lo uses en tu congregación (Apéndice 2).

Satanás quiere que pienses que tu pecado y tu tentación son únicos y que, por lo tanto, los tienes que guardar en secreto. La verdad es que todos estamos en el mismo barco. Todos luchamos contra las mismas tentaciones[12] y «*todos hemos pecado*».[13] Millones han sentido lo mismo que tú y enfrentado las mismas luchas que tienes en este momento.

Escondemos nuestros defectos por orgullo. Queremos que otros piensen que tenemos todo «bajo control». La verdad es que cualquier cosa de la que no puedas hablar ya está fuera de control en tu vida: problemas con las finanzas, tu matrimonio, los hijos, ciertos pensamientos, la sexualidad, hábitos secretos o cualquier otra cosa. Si pudieras solucionarlos por ti mismo, ya lo habrías hecho. Pero no puedes. La fuerza de voluntad y las resoluciones personales no son suficientes.

Algunos problemas están demasiado arraigados en ti, son hábitos demasiado fuertes y grandes como para que puedas resolverlos solo. Necesitas un grupo pequeño o un compañero mentor que te anime, te apoye, ore por ti, te ame incondicionalmente y te pida cuentas. Después podrás hacer lo mismo por ellos.

Siempre que alguien me confía: «Yo nunca le he dicho esto a nadie hasta ahora», me emociono por esa persona, porque sé que está a punto de experimentar un gran alivio y la liberación. La válvula de presión va a ser retirada, y por primera vez va a ver un rayo de esperanza en su futuro. Siempre sucede cuando hacemos lo que Dios nos dice que hagamos, reconociendo nuestras luchas ante un amigo consagrado.

Permíteme hacerte una pregunta difícil: ¿Hay algún problema que disimulas en tu vida? ¿De qué cosas tienes miedo de hablar? No vas a resolverlo solo. Sí, se necesita humildad para reconocer nuestras debilidades ante otros, pero la misma falta de humildad es lo que nos impide mejorar. La Biblia dice: «*Dios resiste a los soberbios, y da gracia a los humildes. Someteos, pues, a Dios*».[14]

> *Nunca trates de discutir con el diablo. Él discute mejor que tú, porque ha tenido miles de años para practicar.*

Resiste al diablo. Después de humillarnos y ponernos en manos de Dios, debemos desafiar al diablo. El resto de Santiago 4:7 dice: «*Resistid al diablo, y huirá de vosotros*». No renunciamos pasivamente a sus ataques. Debemos enfrentarlo y luchar.

El Nuevo Testamento describe a menudo la vida cristiana como una batalla espiritual contra las fuerzas malignas, usando términos de guerra como pelear, conquistar, luchar y vencer. A menudo los cristianos somos comparados con soldados que ocupan el territorio enemigo.

¿Cómo podemos resistir al diablo? Pablo nos dice: «*Que la salvación sea el casco que proteja su cabeza, y que la palabra de Dios sea la espada que les da el Espíritu Santo*».[15] El primer paso es aceptar la salvación de Dios. No serás capaz de decirle nada al diablo a menos que le hayas dicho que sí a Cristo. Sin Cristo estamos indefensos contra el diablo, pero Dios protege nuestras mentes con «el casco de la salvación». Recuerda esto: Si eres creyente, Satanás no puede obligarte a hacer nada; solo puede darte sugerencias.

Segundo, debes usar la Palabra de Dios como tu arma contra Satanás. Jesús nos dejó su ejemplo cuando el diablo lo tentó en el desierto. Cada vez que Satanás sugería una tentación, Jesús se oponía citando las Escrituras. Él no discutió con Satanás. Ni dijo: «Yo no tengo hambre», cuando el diablo lo tentó a que usara su poder para satisfacer una necesidad personal. Simplemente citó las Escrituras de memoria. Nosotros debemos hacer lo mismo. Hay poder en la Palabra de Dios, y Satanás le tiene miedo.

Nunca trates de discutir con el diablo. Él discute mejor que tú, porque ha tenido miles de años para practicar. No puedes engañar a Satanás con la lógica o tu opinión, pero sí puedes usar el arma que lo hace temblar: la verdad de Dios. Por eso la memorización de las Escrituras es absolutamente esencial para derrotar la tentación. Tienes acceso rápido a ella en cuanto eres tentado. Al igual que Jesús, tienes la verdad guardada en tu corazón, lista para ser recordada.

¡Si no has memorizado ningún versículo de la Biblia, tu arma está descargada! Así que te desafío a memorizar un versículo por semana de ahora en adelante. Imagínate cuánto más fuerte llegarás a ser.

Percátate de tu vulnerabilidad. Dios nos advierte: Nunca debemos ser arrogantes ni confiados en exceso; esto es la receta para el desastre. Jeremías dijo: «*Nada hay tan engañoso como el corazón. No tiene remedio*».[16] Eso significa que somos buenos para engañarnos a nosotros mismos. Dadas las circunstancias correctas, cualquiera es capaz de cometer pecado. Nunca debemos bajar la guardia, ni pensar que la tentación no nos puede alcanzar.

No te coloques descuidadamente en situaciones tentadoras. Evítalas.[17] Recuerda que es más fácil huir de la tentación que salir de ella. La Biblia dice: «*No sean tan ingenuos ni tengan tanta confianza en sí mismos. Ustedes no están eximidos. Podrían tropezar y caer de plano tan fácilmente como cualquier otra persona. Olvídense de la confianza en sí mismos; es inútil. Cultiven la confianza en Dios*».[18]

Pensando en mi propósito

PUNTO DE REFLEXIÓN: Siempre hay una salida.

VERSÍCULO PARA RECORDAR: «*Puedes estar confiado en la fidelidad de Dios, que no dejará que la tentación sea más fuerte de lo que puedes resistir; Dios lo prometió y jamás falta a su palabra. Ya verás que te muestra la manera de escapar de la tentación; para que puedas resistirla con paciencia*». 1 Corintios 10:13 (BAD).

PREGUNTA PARA CONSIDERAR: ¿A quién le puedo pedir que sea mi compañero espiritual, para que orando por mí me ayude a derrotar una tentación persistente?

Requiere tiempo

*Todo tiene su momento oportuno; hay un tiempo
para todo lo que se hace bajo el cielo.*
ECLESIASTÉS 3:1 (NVI)

zph.com/vida-pdl/c28

*Estoy convencido de esto:
el que comenzó tan buena
obra en ustedes la irá perfeccionando hasta el
día de Cristo Jesús.*
FILIPENSES 1:6 (NVI)

NO HAY ATAJOS EN EL CAMINO HACIA LA MADUREZ.
Convertirnos en adultos requiere años, y toda una estación para que el fruto crezca y madure. Eso también es cierto con respecto al fruto del Espíritu. El desarrollo de un carácter semejante al de Cristo no se puede apresurar. El crecimiento espiritual, como el físico, lleva tiempo.

Cuando se intenta acelerar la maduración de la fruta, pierde su sabor. En Estados Unidos, por lo general, se arrancan los tomates sin madurar para que no se magullen cuando son enviados a los mercados. Después, antes de ser vendidos, estando aún verdes, son rociados con CO_2 para que queden rojos al instante. Los tomates rociados con gas son comestibles, pero su sabor no tiene punto de comparación con el de un tomate al que se le permitió madurar a su tiempo.

Mientras nosotros nos preocupamos por qué tan rápido crecemos, Dios se interesa por qué tan fuertes crecemos. Dios ve nuestras vidas *desde* y *para* la eternidad, por eso nunca tiene prisa.

Lane Adams en cierta oportunidad comparó el proceso del crecimiento espiritual con la estrategia que los aliados usaron en la Segunda Guerra Mundial para liberar a las islas del Pacífico Sur. Primero hacían el trabajo de «ablande» de una isla, debilitando la resistencia mediante el bombardeo de las fortalezas enemigas con bombas lanzadas desde naves que estaban en la costa. Después, un pequeño grupo de soldados especializados invadía la isla y establecía una «cabeza de playa», una pequeña zona de la isla bajo su control. En cuanto la cabeza de playa quedaba asegurada, empezaban el largo proceso de invadir el resto de la isla, una parte del territorio a la vez. Finalmente toda la isla quedaba bajo su control, aunque no sin antes librar algunas batallas costosas.

> *Mientras nosotros nos preocupamos por qué tan rápido crecemos, Dios se interesa por qué tan fuertes crecemos.*

Adams trazó este paralelo: Antes que Cristo invada nuestra vida en la conversión, a veces tiene que «ablandarnos», permitiendo que tengamos algunos problemas que no podemos resolver. Aunque algunos le entregan sus vidas a Cristo la primera vez que llama a la puerta, la mayoría nos resistimos y estamos a la defensiva. Nuestra experiencia previa a la conversión es una en la que Jesús nos dice: «*¡He aquí yo estoy a la puerta y bombardeo!*».

En cuanto aceptamos a Cristo, Dios consigue una cabeza de playa y así conquista una parte de nuestra vida. Podemos pensar que le hemos rendido toda nuestra vida a él, pero lo cierto es que hay mucho en nuestra vida de lo cual ni siquiera somos conscientes. Solamente podemos entregarle a Dios tanto de ella como entendamos en ese momento. Y eso está bien. Cuando le entregamos una parte a Cristo, él empieza su campaña para tomar más y más territorio hasta que toda nuestra vida es completamente suya. Habrá luchas y batallas, pero el resultado final nunca se pone en duda.

Dios ha prometido que «*el que comenzó tan buena obra en ustedes la irá perfeccionando hasta el día de Cristo Jesús*».[1]

El discipulado es el proceso de conformarse a Cristo. La Biblia dice: «*Llegamos a la madurez verdadera, esa medida de desarrollo que se define como "la plenitud de Cristo"».*[2] La semejanza a Cristo es nuestro destino final, pero el viaje durará toda la vida.

Hasta ahora hemos visto que este viaje involucra *creer* (mediante la adoración), *pertenecer* (en la comunión), y *llegar a ser* (mediante el discipulado). Dios quiere que llegues a ser un poco más como él cada día: *«Ustedes han empezado a vivir la vida nueva, en la cual están siendo renovados y están llegando a ser como el que los hizo».*[3]

Hoy estamos obsesionados con la velocidad, pero Dios está más interesado en la fortaleza y la estabilidad que en la rapidez. Queremos el arreglo rápido, el atajo, la solución inmediata. Un sermón, un seminario o una experiencia que resuelva todos los problemas al instante, elimine las tentaciones y nos libere de todos los dolores del crecimiento. Pero la verdadera madurez nunca es resultado de una sola experiencia, no importa cuán poderosa o conmovedora llegue a ser. El crecimiento es gradual. La Biblia dice: *«Nuestras vidas gradualmente se vuelven más luminosas y hermosas mientras Dios entra en ellas y llegamos a ser como él».*[4]

¿Por qué toma tanto tiempo?

Aunque Dios *podría* transformarnos en un instante, decidió desarrollarnos lentamente. Jesús entrena a sus discípulos de forma pausada. Así como Dios les permitió a los israelitas tomar la tierra prometida *«poco a poco»*[5] para que no se sintieran agobiados, prefiere trabajar en nuestras vidas avanzando paso a paso.

¿Por qué toma tanto tiempo cambiar y crecer? Hay varias razones.

Somos de lento aprendizaje. A menudo tenemos que releer una lección cuarenta o cincuenta veces para captarla realmente. Los problemas siguen repitiéndose y pensamos: «¡Otra vez no! ¡Eso ya lo aprendí!»; pero Dios sabe más. La historia de Israel ilustra cuán rápidamente olvidamos las lecciones que Dios nos enseña y cuán pronto regresamos a nuestros viejos modelos de conducta. Necesitamos repetidas exposiciones de la lección.

Tenemos mucho que desaprender. Muchas personas van a un psicólogo por un problema personal o relacional que desarrollaron durante *años* y le dicen: «Necesito que arregle esta situación.

Tengo una hora». ¡Qué ilusos! Esperan una solución rápida para una dificultad histórica y profundamente arraigada. Dado que la mayoría de nuestros problemas —y de todas nuestras malas costumbres— no se desarrollaron de la noche a la mañana, es poco realista esperar que se marchen de inmediato.

No hay ninguna píldora, oración o principio que deshaga al instante el daño provocado en el transcurso de muchos años. Requiere un arduo trabajo de eliminación y sustitución. La Biblia le llama a esto «*quitarse el viejo hombre*» y «*ponerse el nuevo hombre*».[6] Aunque se te dio una naturaleza totalmente nueva en el momento de la conversión, todavía tienes viejos hábitos, modelos y prácticas que necesitan ser eliminados y reemplazados.

Tememos enfrentar con humildad la verdad acerca de nosotros mismos. Ya he señalado que la verdad nos hará libres, pero a menudo primero nos hace sentir infelices. El temor de lo que podríamos descubrir si enfrentáramos con sinceridad nuestros defectos de carácter nos mantiene presos en la negación. Solo en la medida que permitamos que Dios, con la luz de su verdad, ilumine nuestros defectos, fracasos y complejos, podremos empezar a trabajar en ellos. Por eso no podemos crecer sin una actitud humilde y una buena disposición para aprender.

A menudo el crecimiento es doloroso y nos asusta. No hay crecimiento sin cambio, no hay cambio sin temor o pérdida, y no hay pérdida sin dolor. Todo cambio involucra alguna clase de pérdida: debes desprenderte de las viejas costumbres para poder experimentar las nuevas. Tenemos miedo de estas pérdidas, aun cuando nuestros viejos hábitos significaban nuestra propia derrota, porque como ocurre con un par de zapatos gastados, al menos son cómodos y familiares.

> *No hay crecimiento sin cambio, no hay cambio sin temor o pérdida, y no hay pérdida sin dolor.*

A menudo las personas construyen su identidad alrededor de sus defectos. Suelen decir: «Es que así soy yo cuando...» y «Así es como soy». La preocupación inconsciente es que si abandono mi hábito, mi herida o mi complejo, ¿quién seré? Este temor definitivamente puede frenar tu crecimiento.

Desarrollar hábitos lleva tiempo. Recuerda que tu carácter es la suma de todos tus hábitos. No puedes decir que eres amable a menos que *por costumbre* lo seas y muestres tu gentileza aun sin pensarlo. No puedes decir que eres íntegro a menos que tengas por *hábito* ser siempre sincero. ¡Un marido que es fiel a su esposa *la mayor parte* del tiempo no es fiel en absoluto! Sus hábitos definen su carácter.

DÍA 28:
Requiere tiempo

Hay solo una manera de desarrollar los hábitos de un carácter semejante al de Cristo: Practicarlos... ¡y eso toma tiempo! No existen *hábitos instantáneos*.

Pablo instó a Timoteo: «*Practica estas cosas. Consagra tu vida a ellas para que todos puedan ver tu progreso*».[7]

Si practicas algo durante un tiempo, te perfeccionas en eso. La repetición es la madre del carácter y la habilidad. Estos hábitos que edifican el carácter se llaman a menudo «disciplinas espirituales», y hay docenas de grandes libros que pueden enseñarte cómo practicarlas. Sugiero que leas los mejores para tu crecimiento espiritual (Apéndice 2).

No te apresures

Mientras creces hacia la madurez espiritual, hay varias maneras de cooperar con Dios en el proceso.

Cree que Dios está trabajando en tu vida aun cuando no lo sientas. El crecimiento espiritual es a veces un trabajo tedioso, en el cual se avanza un pequeño paso a la vez. Espera un progreso gradual. La Biblia dice: «*Todo sobre la tierra tiene su propio tiempo y su propia estación*».[8] En tu vida espiritual también hay estaciones. A veces experimentarás un crecimiento intenso por un tiempo corto (primavera) seguido de un periodo de estabilización y prueba (otoño e invierno).

¿Qué hay de esos problemas, hábitos y heridas que te gustaría que desaparecieran? Está muy bien orar por un milagro, pero no te decepciones si la respuesta llega mediante un cambio gradual.

Con el tiempo, un flujo lento y firme de agua erosiona la piedra más dura y convierte las rocas gigantes en guijarros. Con el tiempo, un pequeño brote puede convertirse en un árbol gigante que supere los cien metros de altura.

Ten un cuaderno o diario para anotar las lecciones aprendidas. Este no es un diario de acontecimientos, sino un registro de lo que estás aprendiendo. Apunta los descubrimientos y lecciones que Dios te enseña acerca de él, de ti, la vida, las relaciones y todo lo demás (Apéndice 2). Anótalos para que puedas repasarlos y recordarlos y trasmitírselos a la siguiente generación.[9] La razón por la cual debemos volver a aprender las lecciones es porque las olvidamos. El repaso periódico de tu diario espiritual te puede evitar mucho sufrimiento y dolor innecesarios. La Biblia dice: «*Es necesario que prestemos más atención a lo que hemos oído, no sea que perdamos el rumbo*».[10]

> *Dios nunca anda deprisa, pero siempre llega a tiempo.*

Sé paciente con Dios y contigo mismo. Una de las frustraciones de la vida consiste en que el programa de Dios raramente es igual al nuestro. A menudo tenemos prisa, pero Dios no. Es posible que te sientas frustrado con el progreso aparentemente lento que estás experimentando.

Recuerda que Dios nunca anda deprisa, pero siempre llega a tiempo. Él usará toda tu vida preparándote para tu papel en la eternidad.

La Biblia está llena de ejemplos de la manera en que Dios utiliza un largo proceso para desarrollar el carácter, sobre todo en los líderes. Tomó ochenta años preparar a Moisés, incluyendo cuarenta en el desierto. Por catorce mil seiscientos días Moisés siguió esperando y preguntándose: «¿Ya es hora?». Pero Dios seguía diciendo: «Todavía no». Contrariamente a los títulos de los libros populares, no hay *Pasos fáciles para alcanzar la madurez* o *Secretos para la santidad instantánea*. Cuando Dios quiere hacer crecer un roble gigante, tarda cien años; pero cuando quiere hacer un hongo, lo hace en una noche. Las almas grandes crecen y se forman atravesando luchas, tormentas y tiempos de sufrimiento.

Ten paciencia con el proceso. Santiago aconsejó: «*No intente salir de nada prematuramente. Dejen que se haga el trabajo para que ustedes lleguen a ser maduros y bien desarrollados*».[11]

No te desanimes. Cuando Habacuc se deprimió porque pensaba que Dios no estaba actuando con suficiente rapidez, Dios le dijo: «*Las cosas que planeo no ocurrirán inmediatamente. Lentamente, con tranquilidad, pero con certeza, se acerca el tiempo en que la visión se cumplirá. Si te parece muy lento, no desesperes, porque estas cosas tendrán que ocurrir. Ten paciencia. No se retrasarán ni un solo día*».[12] Un retraso no significa una negación de parte de Dios.

Recuerda cuánto has progresado, no únicamente cuánto te falta. No estás donde quieres, pero tampoco donde estabas. Hace años las personas usaban un botón muy popular con las siguientes letras: PFTPDNHTCT. Es decir: «Por Favor Ten Paciencia, Dios No Ha Terminado Conmigo Todavía». Dios no ha terminado contigo tampoco, así que sigue avanzando. ¡Hasta el caracol subió a bordo del arca por su perseverancia!

DÍA 28
Pensando en mi propósito

PUNTO DE REFLEXIÓN: No hay atajos en el camino hacia la madurez.

VERSÍCULO PARA RECORDAR: «*Estoy convencido de esto: el que comenzó tan buena obra en ustedes la irá perfeccionando hasta el día de Cristo Jesús*». Filipenses 1:6 (NVI).

PREGUNTA PARA CONSIDERAR: ¿En qué aspecto de mi crecimiento espiritual necesito ser más paciente y perseverante?

PROPÓSITO # 4

FUISTE FORMADO PARA SERVIR A DIOS

¿Qué somos?... Nada más que servidores por medio de los cuales ustedes llegaron a creer, según lo que el Señor le asignó a cada uno. Yo sembré, Apolos regó, pero Dios ha dado el crecimiento.

1 CORINTIOS 3:5-6 (PAR)

Acepta tu asignación

*Porque somos hechura de Dios,
creados en Cristo Jesús
para buenas obras, las cuales Dios
dispuso de antemano
a fin de que las pongamos en práctica.*
EFESIOS 2:10 (NVI)

zph.com/vida-pdl/c29

*Yo te he glorificado en la tierra,
y he llevado a cabo la obra
que me encomendaste.*
JUAN 17:4 (NVI)

FUISTE PUESTO EN LA TIERRA PARA APORTAR ALGO.

No fuiste creado solo para consumir sus recursos: comer, respirar y ocupar un espacio. Dios te diseñó para que hicieras una diferencia con tu vida. Hay muchos libros que ofrecen consejo en cuanto a cómo *obtener* una mejor calidad de vida, lo cual por cierto no es la razón por la que Dios te hizo. Fuiste creado para *añadir* vida a la tierra, no para quitársela. Dios quiere que le des algo a cambio. Este es el cuarto propósito de Dios para tu vida, lo que llamamos tu «ministerio» o servicio. La Biblia nos da los detalles.

Creado para servir a Dios. La Biblia dice: *«Dios nos creó para una vida de obras buenas, las cuales ha preparado para nosotros».*[1] Esas «buenas obras» son tu servicio. Siempre que sirves a otros de cualquier manera, verdaderamente estás sirviendo a Dios[2] y cumpliendo uno de tus propósitos. En los dos capítulos siguientes verás cómo Dios te ha formado para este propósito.

Lo que Dios le dijo a Jeremías también es válido para ti: «*Antes de formarte en el vientre, ya te había elegido; antes de que nacieras, ya te había apartado*».[3] Fuiste puesto en este planeta para cumplir una asignación especial.

Salvado para servir a Dios. La Biblia afirma: «*Él es quién nos salvó y escogió para su obra santa, no porque lo merecíamos sino porque estaba en su plan*».[4] Dios te redimió para que hicieras su «obra santa». No eres salvo *por* tus buenas obras, sino *para* hacer buenas obras. En el reino de Dios, tienes un lugar, un propósito, un rol y una función que cumplir. Esto le da a tu vida un gran significado y valor.

Costó la propia vida de Jesús comprar tu salvación. La Biblia nos recuerda que fuimos «*comprados por un precio*».[5] No servimos a Dios por miedo, culpa u obligación, sino con gozo y profunda gratitud por lo que ha hecho por nosotros.

Si no amo a los demás ni deseo servirles, debería preguntarme si Cristo está presente realmente en mi vida.

A él le debemos nuestras vidas. Gracias a su salvación nuestro pasado ha sido perdonado, nuestro presente tiene significado y nuestro futuro está asegurado. A la luz de esos beneficios increíbles, Pablo concluyó: «*Tomando en cuenta la misericordia de Dios... ofrezcan sus vidas como sacrificio vivo, dedicado a su servicio*».[6]

El apóstol Juan enseñó que nuestro servicio a otros en amor muestra que verdaderamente fuimos salvados. Él dijo: «*Nosotros sabemos que hemos pasado de la muerte a la vida porque amamos a nuestros hermanos*».[7] Si no amo a los demás ni deseo servirles, y si solo estoy concentrado en mis necesidades, debería preguntarme si Cristo está presente realmente en mi vida. Un corazón salvado es uno que quiere servir.

Otro término para el servicio de Dios, mal interpretado por la mayoría de las personas, es la palabra *ministerio*. Cuando la mayoría de las personas la escuchan, piensan en pastores, sacerdotes y clérigos profesionales, pero Dios dice que cada miembro de su familia es un ministro. En su Palabra, los vocablos *servidor y ministro* son sinónimos, igual que *servicio y ministerio*. Si eres cristiano, eres un ministro, y cuando estás sirviendo, estás ministrando.

Cuando la suegra de Pedro enfermó y fue sanada por el Señor, instantáneamente «*se levantó y comenzó a servirle*»,[8] haciendo uso del nuevo regalo de la salud. Esto es lo que nosotros debemos hacer. Fuimos sanados para ayudar a otros. Fuimos bendecidos para ser de bendición. Fuimos salvados para servir, no para sentarnos y esperar el cielo.

¿Alguna vez te has preguntado por qué Dios no nos llevó de inmediato al cielo en el momento en que aceptamos su gracia? ¿Por qué nos deja en un mundo caído? Él nos puso aquí para cumplir con sus propósitos. Una vez que has sido salvado, Dios intenta usarte para sus planes. Él tiene un *ministerio* en su iglesia y una *misión* en el mundo para ti.

DÍA 29: *Acepta tu asignación*

Llamado para servir a Dios. A medida que crecías, pudiste haber pensado que ser «llamado» por Dios era algo para misioneros, pastores, monjas y otros trabajadores de «tiempo completo», pero la Biblia dice que cada cristiano es llamado a servir.[9] Tu llamado a la salvación incluye el llamamiento a servir. Ambos son lo mismo. Cualquiera que sea tu trabajo o carrera, estás llamado al servicio cristiano *a tiempo completo*. Un «cristiano que no sirve» por definición implica una contradicción.

La Biblia dice: «*Él nos salvó y nos llamó a ser su pueblo, no por lo que hemos hecho, sino según su propósito*».[10] Pedro añade: «*Fueron escogidos para hablar de las excelentes cualidades de Dios, quien los llamó*.[11] En el momento en que usas las habilidades que Dios te dio para ayudar a otros, estás cumpliendo con tu llamado.

La Biblia afirma: «*Ahora perteneces a él... de manera que puedas ser usado para el servicio de Dios*».[12] ¿Cuánto de tu tiempo estás usando en servir a Dios? En algunas iglesias en China, a los nuevos creyentes les dan la bienvenida diciendo: «Jesús ahora tiene un nuevo par de ojos para ver, nuevos oídos para escuchar, nuevas manos para ayudar y un nuevo corazón para amar a otros».

Una de las razones por las que necesitas integrarte a la familia de la iglesia es para cumplir de forma práctica con tu llamado a servir a otros creyentes, todo es importante. La Escritura indica: *«Todos ustedes juntos son el cuerpo de Cristo, y cada uno de ustedes es una parte necesaria y separada de éste».*[13] Tu servicio se necesita con desesperación en el cuerpo de Cristo, así que solo pregunta en cualquier iglesia local. Cada uno de nosotros tenemos un papel que desempeñar, y cada papel es importante. En ningún sentido hay servicio pequeño para Dios.

Tampoco hay ministerios insignificantes en la iglesia. Algunos son visibles y otros se desarrollan detrás del escenario, pero todos son valiosos. Los ministerios pequeños o escondidos a veces hacen una inmensa diferencia. En mi hogar, la luz más importante no es la del gran candelabro que está en el comedor, sino la de la pequeña lamparita de noche que impide que me golpee el dedo del pie cuando me levanto en la noche. No hay correlación entre tamaño e importancia. En asuntos del ministerio, todos dependemos unos de otros.

> La madurez espiritual nunca es un fin en sí misma. Maduramos para dar.

¿Qué pasa cuando una parte del cuerpo falla? Te enfermas. El resto de tu cuerpo sufre. Imagínate si tu hígado decidiera comenzar a vivir por sí mismo: «¡Estoy cansado! ¡No quiero servir más a este cuerpo! Quiero un año de descanso; que solo me alimenten. ¡Tengo que hacer lo mejor para mí! Deja que otro tome mi lugar». ¿Qué podría pasar? Tu cuerpo podría morir. Hoy miles de iglesias locales están muriendo porque los cristianos se rehúsan a servir. Se sientan como espectadores, mientras el cuerpo sufre.

Se te manda servir a Dios. Jesús fue inerrable: *«Tu actitud debe ser igual a la mía, porque yo, el Mesías, no vine a ser servido sino a servir y a dar mi vida».*[14] Para los cristianos, el servicio no es opcional, algo que forma parte de nuestros horarios si nos sobra el tiempo. Es el corazón de la vida cristiana. Jesús vino «a servir» y «a dar», y esos dos verbos también pueden definir tu vida en la tierra. Servir y dar, en resumen, son el cuarto propósito de Dios para tu vida. La Madre Teresa dijo una vez: «Vivir en santidad es hacer la obra de Dios con una sonrisa».

Jesús enseñó que la madurez espiritual nunca es un fin en sí misma. ¡La madurez es para ministrar! Maduramos para dar. No es suficiente con seguir aprendiendo más y más. Debemos poner en acción lo que conocemos y poner en práctica lo que proclamamos creer. *Impresión* sin *expresión* causa *depresión*. El estudio sin servicio lleva a un estancamiento espiritual. La antigua comparación entre el Mar de Galilea y el Mar Muerto aún es cierta. Galilea es un lago lleno de vida que recibe agua, pero también da. En contraste, nada vive en el Mar Muerto, porque no tiene salida de agua, está estancado.

Lo *último* que muchos creyentes necesitan es otro estudio bíblico más. Ya saben más de lo que ponen en práctica. Lo que necesitan son experiencias *sirviendo* en las que puedan ejercitar sus músculos espirituales.

El servicio es lo opuesto a nuestra inclinación natural. La mayoría del tiempo nos interesamos más en que *«nos sirvan»* que en servir. Decimos: «Estoy buscando una iglesia que supla mis necesidades y me sea de bendición», en vez de afirmar: «Busco un lugar para servir y *ser* de bendición». Esperamos que otros nos sirvan, no al contrario. Pero en cuanto maduramos en Cristo, el foco de nuestras vidas debe cambiar cada vez más para vivir sirviendo. El seguidor maduro de Jesús deja de preguntarse: «¿Quién va a suplir *mis* necesidades?», y comienza a preguntar: «¿Qué necesidades puedo satisfacer?». ¿Te has hecho esa pregunta?

Cómo prepararse para la eternidad

Al final de tu vida en la tierra te presentarás delante de Dios y él evaluará cuán bien les serviste a otros con tu vida.

La Biblia afirma: *«Cada uno de nosotros tendrá que dar cuenta personalmente a Dios».*[15] Medita en las implicaciones de esto. Un día Dios comparará cuánto tiempo y energía gastamos en nosotros mismos comparado con lo que invertimos en servir a otros.

A esa altura, todas nuestras excusas egocéntricas sonarán vacías: «Estaba muy ocupado» o «Tenía mis propias metas» o «Estaba preocupado con el trabajo, la diversión o preparándome para la jubilación». Ante todas esas excusas, Dios responderá: «Lo siento, respuesta equivocada. Yo te hice, te salvé, te llamé y te mandé a vivir una vida de servicio. ¿Qué *parte* no entendiste?». La Biblia les advierte a los no creyentes: «*Él derramará su furia y su ira en aquellos que viven para sí mismos*»,[16] pero para los cristianos esto significará una pérdida de las recompensas eternas.

Solo estamos completamente vivos cuando ayudamos a otros. Jesús dijo: «*Si insistes en salvar tu vida, la perderás. Solo aquellos que dan sus vidas por mi causa y por la causa de las buenas nuevas siempre conocerán lo que esto significa en la vida realmente*».[17] Esta verdad es tan importante que se repite cinco veces en los Evangelios. Si no estás sirviendo, solo estás existiendo, porque la vida se creó para ministrar. Dios quiere que aprendas a amar y servir a otros con abnegación.

Servicio y significado

Vas a dar tu vida por algo. ¿Será por una carrera profesional, un deporte, un entretenimiento, la fama o las riquezas? Nada de eso tiene importancia duradera. El servicio es el camino a la significación real. Es a través del ministerio que descubrimos el significado de nuestras vidas. La Biblia afirma: «*Cada uno de nosotros encuentra su función y significado como parte de su cuerpo*».[18] Es en el servicio unido a la familia de Dios que nuestras vidas cobran relevancia eterna. Pablo dice: «*Quiero que pienses en cómo todo esto te hace más significativo, no menos... porque tú eres una parte*».[19]

El servicio es el camino a la significación real.

Dios quiere usarte para marcar una diferencia en su mundo. Él quiere trabajar a través de ti. No importa la *duración* de tu vida, sino la *donación* de la misma. No se trata de *cuánto tiempo* viviste, sino de *cómo* lo hiciste.

Si no estás involucrado en ningún servicio o ministerio, ¿qué excusa has estado usando? Abraham era viejo, Jacob inseguro, Lea sin atractivo, José fue abusado, Moisés tartamudeaba, Gedeón era pobre, Sansón codependiente, Rahab una inmoral, David tuvo una amante y todo tipo de problemas familiares, Jeremías estaba deprimido, Jonás era rebelde, Noemí una viuda, Juan el Bautista un excéntrico, Pedro impulsivo, Marta estaba preocupada por todo, la samaritana fracasó en varios matrimonios, Zacarías era impopular, Tomás tuvo dudas, Pablo poseía una salud pobre y Timoteo era tímido. Esta es efectivamente una variedad de individuos que no se adaptaron muy bien al ambiente, pero Dios los usó a cada uno de ellos para su servicio. También te usará a ti si dejas de dar excusas.

DÍA 29

Pensando en mi propósito

PUNTO DE REFLEXIÓN: El servicio no es opcional.

VERSÍCULO PARA RECORDAR: *«Porque somos hechura de Dios, creados en Cristo Jesús para buenas obras, las cuales Dios dispuso de antemano a fin de que las pongamos en práctica».* Efesios 2:10 (NVI).

PREGUNTA PARA CONSIDERAR: ¿Qué es lo que me impide aceptar el llamado de Dios para servirle?

Formado para servir a Dios

Me hiciste con tus propias manos;
tú me diste forma.

JOB 10:8 (NVI)

zph.com/vida-pdl/c30

El pueblo que yo me he formado
contará mis alabanzas.

ISAÍAS 43:21 (PAR)

Fuiste formado para servir a Dios.

Dios formó a cada criatura de este planeta con un área especial de habilidades. Algunos animales corren, otros saltan, otros nadan, otros se encuevan y otros vuelan. Cada uno tiene un papel particular a jugar, basado en la manera en que fueron formados por Dios. Lo mismo pasa con los seres humanos. Cada uno de nosotros fue diseñado de manera única, formado para hacer ciertas cosas.

Antes de diseñar un nuevo edificio, lo primero que se pregunta un arquitecto es: «¿Cuál será su propósito? ¿Cómo será usado?». La función intenta siempre determinar la forma del edificio. Antes de que Dios te hiciera, decidió qué rol quería que jugaras en la tierra. Él planeó con exactitud cómo quería que lo sirvieras, y te formó para esa tarea. Eres de la manera que eres porque fuiste hecho para un ministerio específico.

La Biblia dice: «*Porque somos hechura de Dios, creados en Cristo Jesús para buenas obras*».[1] La palabra *poema* viene del vocablo griego que significa «*hechura*», «*artesanía*». Eres una obra de arte hecha a mano por Dios. No fuiste creado en una línea de producción, ni ensamblado ni producido en cantidades industriales. Eres un diseño hecho a la medida, una pieza original. Dios deliberadamente te hizo y te formó para que le sirvieras de cierta manera que hace que tu ministerio sea único. Con sumo cuidado mezcló un cóctel de ADN con el que te hizo. David alabó a Dios por ese increíble cuidado personal y lo detalla: *«Tú creaste las delicadas partes internas de mi cuerpo y me entretejiste en el vientre de mi madre. ¡Gracias por hacerme tan maravillosamente complejo! Tu trabajo fino es maravilloso».*[2] Como Ethel Waters dice: «Dios no hace chatarra».

Dios no solo te formó antes de que nacieras, sino que planeó cada día de tu vida para apoyar su proceso a fin de formarte. David continúa diciendo: *«Cada día de mi vida estaba registrado en tu libro. Cada momento fue diseñado antes de que un solo día pasara».*[3] Eso quiere decir que nada de lo que sucede en tu vida es irrelevante. Dios usa todo eso para formarte de modo que ministres a otros y te forma para servirlo a él. Dios no desperdicia nada. Él no te daría habilidades, intereses, talentos, dones, personalidad y experiencias a menos que tenga la intención de usarlos para su gloria. Si identificas y entiendes esos factores, puedes descubrir la voluntad de Dios para ti.

> *Dios no desperdicia nada.*

La Biblia dice que eres *«maravillosamente complejo»*. Eres una combinación de muchos factores diferentes. Para ayudarte a recordar cinco de esos factores, hice un acróstico sencillo con la palabra FORMA (indistintamente usaré cualquier sinónimo de esta palabra).

En este capítulo y el próximo estudiaremos esos cinco factores y le daremos seguimiento, te explicaré cómo descubrirlos y usarlos.

Cómo te forma Dios para tu ministerio

Siempre que Dios nos da una asignación, nos equipa con lo que necesitamos para cumplirla. A esta combinación de aptitudes se le llama moldear o dar FORMA:

Formación espiritual

Oportunidades

Recursos

Mi personalidad

Antecedentes

FORMA: formación espiritual

Dios le da a cada creyente dones espirituales para usarlos en el ministerio.[4] Son habilidades especiales dadas por Dios a los creyentes a fin de servirle. La Biblia dice: «*El que no tiene el Espíritu no acepta lo que procede del Espíritu de Dios*».[5] No puedes obtener los dones espirituales o merecerlos, ya que son regalos. Son una expresión de la gracia de Dios para ti. «*Cristo ha repartido generosamente sus dones en nosotros*».[6] No puedes escoger los dones que quieras tener; Dios es quien los determina. Pablo explica: «*Todo esto lo hace un mismo y único Espíritu, quien reparte a cada uno según él lo determina*».[7]

Puesto que Dios ama la variedad y quiere que seamos especiales, no nos dio el mismo don a todos.[8] Por otra parte, ningún individuo recibe todos los dones. Si los tuvieras todos, no tendrías necesidad de alguien más, y eso podría estropear algunos de los propósitos de Dios. Él nos enseña a depender unos de otros.

DÍA 30:
Formado para servir a Dios

Tus dones espirituales no se te dieron para tu propio beneficio, sino para el de *otros*, así como los de ellos son para tu beneficio. La Biblia dice: «*A cada uno se le da una manifestación especial del Espíritu para el bien de los demás*».[9] Dios lo planeó así para que tuviéramos necesidad unos de otros. Cuando usamos nuestros dones juntos, todos nos beneficiamos. Si otros no usan los suyos, no los disfrutas, y si no usas los tuyos, ellos tampoco se benefician. Ese es el motivo por el que se nos manda a descubrir y desarrollar nuestros dones espirituales. ¿Has invertido tiempo en descubrir cuáles son tus dones espirituales? Un don sin descubrir no vale nada.

Olvidar esas verdades básicas acerca de los dones siempre causa conflictos en las iglesias. Dos problemas comunes son los «*dones de envidia*» y los «*dones de imitación*». El primero ocurre cuando comparamos nuestros dones con los de otros; entonces nos sentimos insatisfechos con lo que Dios nos dio, y empezamos a resentirnos y a sentir celos por la manera en que Dios usa a otros. El segundo problema sucede cuando esperamos que los demás tengan nuestro mismo don, realicen la misma labor que fuimos llamados a hacer y sientan la misma pasión que sentimos al hacerla. La Biblia dice: «*Hay diversas maneras de servir, pero un mismo Señor*».[10]

> *Un don sin descubrir no vale nada.*

Algunas veces los dones espirituales se enfatizan tanto que descuidamos otros factores que Dios usa al formarnos para su servicio. Tus dones revelan *la clave para descubrir* la voluntad de Dios para tu ministerio, pero tus dones espirituales no lo son todo. Dios te ha moldeado en otras cuatro maneras.

FORMA: oportunidades para tu corazón

La Biblia usa el término *corazón* para describir el manojo de deseos, esperanzas, intereses, ambiciones, sueños y afectos que posees, en fin, tus oportunidades. Tu corazón es la fuente de todas tus motivaciones, lo que amas hacer y lo que más cuidas. Aun hoy usamos la palabra de esta manera cuando decimos: «*Te amo con todo mi corazón*».

La Biblia indica: «*En el agua se refleja el rostro, y en el corazón se refleja la persona*».[11] Tu corazón revela lo *real* de ti, lo que eres verdaderamente, no lo que otros piensan de ti o lo que las circunstancias te impulsan a ser. Tu corazón representa la fuente de tus motivaciones, por qué *actúas* en la forma en que lo haces.[12]

Físicamente, cada uno de nosotros tiene latidos del corazón característicos. Así como cada uno tiene huellas dactilares únicas, un tono de voz, etc., no hay dos latidos del corazón idénticos. Es asombroso que entre todos los billones de personas que viven no haya otra que tenga los latidos del corazón exactamente igual a los tuyos.

De la misma manera, Dios nos ha dado a cada uno «un latido» *emocional* único que se apresura cuando pensamos acerca de temas, actividades o circunstancias que nos interesan. Instintivamente ponemos más atención a ciertas cosas que a otras. Esos son indicios que señalan dónde debes servir.

Otra palabra que tiene que ver con el corazón es *pasión*. Hay ciertos temas que te apasionan y otros que no te interesan. Algunas experiencias captan tu atención mientras otras pasan inadvertidas o te aburren. Eso revela la naturaleza de tu corazón.

Mientras crecías, puede que hayas descubierto algunas cosas muy interesantes, las cuales no le interesaban a nadie más en tu familia. ¿De dónde proceden esos intereses? Provienen de Dios. Él tiene un propósito al darte esos intereses natos. Tu latido emocional es la segunda clave para entender tu forma para servir. No ignores tus intereses. Considera cómo podrías usarlos para la gloria de Dios. Debe haber una razón por la que te agrada hacer esas cosas.

La Biblia declara con insistencia: «*Sirve al Señor con todo tu corazón*».[13] Dios quiere que le sirvas con pasión, no por obligación. Las personas rara vez dan lo mejor de sí al realizar tareas que no disfrutan. Dios quiere usar tus intereses naturales para que sirvas a otros y a él. Escuchar tu motivación interna puede apuntar al ministerio que Dios quiere que tengas.

¿Cómo sabes que le sirves a Dios con todo tu corazón? La primera señal es el *entusiasmo*. Cuando haces algo por amor, nadie tiene que motivarte. Lo haces por puro gozo. No necesitas recompensas o aplausos o pagos, porque disfrutas sirviendo de esa manera. Lo opuesto también es cierto, cuando no tienes el deseo en tu corazón de hacer algo, te desanimas con facilidad.

La segunda característica de servir a Dios con todo tu corazón es la *efectividad*. Cuando haces algo que Dios te hizo amar, entonces das lo mejor de ti. La pasión exige perfección. Si no te interesa una tarea, probablemente no des lo mejor. En contraste, las personas que logran metas en cualquier campo son las que hacen las cosas con pasión, no por obligación o ganancia.

Oímos a la gente decir: «Acepté un trabajo que detesto porque lo que deseo es hacer dinero, así que algún día renunciaré y haré lo que me gusta hacer». Ese es un error muy grave. No pierdas tu vida en un trabajo que no exprese tu corazón. Recuerda, lo más grande en la vida no son las cosas. Vivir una vida con propósito es más importante que todo el dinero del mundo. El hombre más rico del mundo, Salomón, dijo una vez: «*Una vida simple en el temor de Dios es mejor que una vida rica con una tonelada de dolores de cabeza*».[14]

> *Cuando haces algo por amor, nadie tiene que motivarte.*

No te conformes con buscar «la buena vida», porque no es lo suficientemente buena. Al fin y al cabo no satisface. Puedes tener mucha vida y aun así no tener nada por lo cual vivir. En vez de que tu meta sea *«una vida mejor»*, sirve a Dios de una forma que exprese tu corazón. Descubre lo que te gusta hacer, lo que Dios te puso en el corazón, y hazlo para su gloria.

Esa es tu oportunidad.

DÍA 30

Pensando en mi propósito

PUNTO DE REFLEXIÓN: Fui formado para servir a Dios.

VERSÍCULO PARA RECORDAR: *«Dios obra a través de personas diferentes en maneras diferentes, pero es el mismo Dios el que cumple su propósito a través de todos ellos».* 1 Corintios 12:6 (PAR).

PREGUNTA PARA CONSIDERAR: ¿De qué manera puedo verme sirviendo y amando a otros apasionadamente?

Entiende tu FORMA

*Tú creaste mis entrañas; me formaste
en el vientre de mi madre*

SALMO 139:13 (NVI)

zph.com/vida-pdl/c31

SOLO TÚ PUEDES SER TÚ.

Dios nos diseñó a cada uno de nosotros de tal manera que no haya un doble en el mundo. Nadie tiene la misma mezcla exacta de factores que te hacen único. Eso significa que nadie más en la tierra podrá jugar el papel que Dios planeó para ti. Si no haces tu contribución especial al cuerpo de Cristo, esta no se hará. La Biblia dice: *«Hay diferentes tipos de dones espirituales... diferentes maneras de servicios... diferentes habilidades para hacer el servicio».*[1] En el capítulo anterior explicamos los primeros dos factores: tus dones espirituales y tus oportunidades del corazón. Ahora veremos el resto de tu FORMA para servir a Dios.

FORMA: recursos para usar

Tus recursos son los talentos naturales con los que naciste. Algunas personas tienen habilidades naturales con las palabras: ¡Hablan desde las entrañas! Otras tienen recursos atléticos innatos, son excelentes en la coordinación física. Otros son buenos en matemáticas, música o mecánica.

Cuando Dios quería que se hiciera el tabernáculo y todos los utensilios para la adoración, proveyó artistas y artesanos que fueron formados con «*sabiduría, inteligencia y capacidad creativa para hacer trabajos artísticos... y para realizar toda clase de artesanías*».[2]

Aun hoy Dios confiere esas habilidades y miles más, para que las personas puedan servirle.

Todos nuestros recursos provienen de Dios. Incluso los que usamos para pecar son dados por Dios, solo que son mal usados o se abusa de ellos. La Biblia dice: «*Dios nos ha dado a cada uno de nosotros la habilidad de hacer bien ciertas cosas*».[3] Dado que las habilidades naturales o los recursos provienen de Dios, son tan importantes y espirituales como tu forma espiritual. La única diferencia es que ellos te fueron dados al nacer.

Una de las excusas más comunes de las personas para no servir es: «Yo no tengo ningún recurso». Esto es ridículo. Tienes docenas, probablemente cientos de habilidades no explotadas, no reconocidas y sin usar; habilidades inactivas dejadas de lado. Muchos estudios han revelado que el promedio de las personas posee de quinientas a setecientas diferentes habilidades y destrezas, más de las que te puedes imaginar.

Por ejemplo, tu cerebro puede almacenar cien trillones de hechos. Tu mente puede manejar quince mil decisiones en un segundo, como cuando tu sistema digestivo está trabajando. Tu nariz puede oler hasta diez mil diferentes olores. Tu tacto puede efectuar miles de contactos diarios y tu lengua puede saborear una parte de quinina en dos millones de partes de agua. Posees un increíble número de habilidades, eres una maravillosa creación de Dios. Parte de la responsabilidad de la iglesia es identificar y utilizar tus habilidades para el servicio de Dios.

Cada recurso puede usarse para la gloria de Dios. Pablo dijo: «*Cualquier... cosa que hagan, háganlo todo para la gloria de Dios*».[4] La Biblia está llena de ejemplos de habilidades diferentes que Dios usa para su gloria. Aquí hay algunas mencionadas en la Escritura: habilidad artística, arquitectónica, administrativa, bancaria, naviera, para hacer caramelos, debatir, diseñar, embalsamar, bordar, cincelar, cultivar, pescar, dirigir, manejar, construir, hacer música, fabricar armas, coser, pintar, plantar, filosofar, inventar, carpintear, navegar, vender, ser soldado, marino, enseñar, y escribir literatura y poesía. La Biblia dice: «*Hay habilidades diferentes para desempeñar el servicio, pero es el mismo Dios quien da la habilidad a todos para su servicio particular*».[5] Dios tiene un lugar en su iglesia donde tu especialidad puede brillar y puedes hacer la diferencia. Queda de tu parte encontrar ese lugar.

Dios les da la habilidad a ciertas personas de hacer mucho dinero. Moisés les dijo a los israelitas: «*Recuerden al Señor su Dios, porque él es quien les da la habilidad de producir riquezas*».[6] Las personas con esta habilidad son buenas levantando negocios, haciendo ventas y tratos y obteniendo ganancias. Si tienes esta habilidad para comerciar, debes usarla para la gloria de Dios. ¿Cómo? Primero, descubre tu habilidad, entrégasela a Dios y dale el crédito. Segundo, usa tu negocio para servir a otros y compartir tu fe con los incrédulos. Tercero, devuélvele al menos el diez por ciento de las ganancias a Dios como un acto de adoración.[7] Finalmente, alcanza tu meta: Ser *edificador del reino* más que *edificador de riquezas*. Explicaré esto en el capítulo 34.

> Lo que soy capaz de hacer, eso es lo que Dios quiere que haga.

Lo que soy capaz de hacer, eso es lo que Dios quiere que haga. Tú eres la única persona en la tierra que puede usar tus habilidades. Nadie puede jugar tu papel, porque nadie más tiene la forma única que Dios te ha dado. La Biblia dice que Dios te equipó «*con todo lo que necesitas para hacer su voluntad*».[8] A fin de descubrir la voluntad de Dios para tu vida, debes examinar seriamente en qué eres bueno y en qué no. Si Dios no te dio habilidad para entonar una melodía, seguro que no espera que seas cantante de ópera. Él nunca te pedirá que dediques tu vida a una tarea para la que no tengas talento. Por otra parte, las habilidades que tienes son señales fuertes de lo que Dios quiere que hagas en tu vida. Hay indicios que te permiten conocer cuál es la voluntad de Dios para ti. Si eres bueno diseñando, o reclutando, o dibujando u organizando, es muy seguro asumir que el plan de

Dios para tu vida incluye esa habilidad de alguna manera. Dios no desperdicia recursos, él preparará nuestro llamado según nuestras capacidades.

Tus recursos no te fueron dados para subsistir, Dios te los dio para tu ministerio. Pedro dijo: «*Dios les ha dado a cada uno de ustedes algunas habilidades especiales; asegúrense de usarlas para ayudarse cada uno, compartiendo con otros los muchos tipos de bendiciones de parte de Dios*».[9]

DÍA 31:

Entiende tu FORMA

En este momento, cerca de siete mil personas están usando sus habilidades ministeriales en la Iglesia Saddleback, proveyendo los mas variados tipos de servicio que te puedas imaginar: reparando carros donados para dárselos a los necesitados, haciendo los mejores convenios para las compras de la iglesia, en la jardinería, organizando archivos, diseñando arte, elaborando programas, construyendo, proveyendo cuidados de salud, preparando comidas, componiendo canciones, enseñando música, escribiendo grandes propuestas, entrenando equipos, haciendo investigaciones para sermones o traduciéndolos, y llevando a cabo cientos de otras tareas especializadas. A los nuevos miembros se les dice: «¡Cualquier cosa que hagas bien, debes ponerla al servicio de tu iglesia!».

FORMA: mi personalidad cuenta

Con frecuencia no nos damos cuenta de lo verdaderamente únicos que somos cada uno de nosotros. Las moléculas de ADN pueden unirse en una gama de números infinitos. El número es 10 elevado a la 2,400,000,000. Esta es la probabilidad de encontrar a alguien parecido a ti. Si escribieras ese número con cada cero, ¡necesitarías una tira de papel de dos centímetros de ancho por 59,544 kilómetros de largo!

Para poner esto en perspectiva, algunos científicos han sugerido que todas las partículas en el universo son probablemente menos que 10 con 76 ceros detrás, mucho menos que las posibilidades de tu ADN. Tu singularidad es un hecho científico. Cuando Dios te hizo, rompió el molde. Nunca ha existido ni existirá alguien exactamente igual a ti.

¡Es obvio que a Dios le gusta la variedad, si no solo mira a tu alrededor! Él nos creó a cada uno con una combinación única de atributos personales. Dios hace a los *introvertidos* y los *extrovertidos*. A los que aman la *rutina* y a los que les gusta la *variedad*. Él hace personas «*pensadoras*» y «*perceptivas*». Algunas trabajan mejor cuando se le asigna un trabajo individual, mientras que otras trabajan mejor en equipo. La Biblia dice: «*Dios obra a través de personas diferentes en maneras diferentes, pero es el mismo Dios quien cumple su propósito a través de todas ellas*».[10]

La Biblia nos da abundantes pruebas de que Dios usa todo tipo de personalidades. Pedro era *sanguíneo*. Pablo era *colérico*. Jeremías era *melancólico*. Cuando miras las personalidades diferentes en los doce discípulos, es fácil ver por qué algunas veces tenían conflictos entre ellos.

No hay temperamentos «*correctos*» o «*equivocados*» en el ministerio. Necesitamos todo tipo de personalidades para tener un balance en la iglesia y darle sabor. El mundo sería un lugar muy aburrido si todos fuéramos simplemente de vainilla. Afortunadamente, las personas vienen en más de treinta y un sabores.

Tu personalidad afectará *cómo* y *dónde* uses tus dones espirituales y tus recursos. Por ejemplo, dos personas pueden tener el mismo don de evangelizar, pero si una es introvertida y la otra es extrovertida, ese don se expresará en maneras diferentes.

> *Te sientes bien cuando haces lo que Dios quiere que hagas.*

Los carpinteros saben cuán fácil es trabajar siguiendo la veta de la madera en lugar de ir en contra de ella. De la misma manera pasa cuando estás forzado a ministrar de una forma que es «ajena» a tu temperamento, porque crea tensión, incomodidad, requiere fuerzas y energías extras, y produce menos que mejores resultados. Este es el meollo de por qué imitar el ministerio de alguien nunca resulta. Tú no tienes su personalidad. ¡Por otra parte, Dios te hizo para que seas tú! Puedes *aprender* del ejemplo de otros, pero debes depurar lo que aprendes a través de tu propia *forma*. En la actualidad hay muchos libros y herramientas que pueden ayudarte a entender tu personalidad de manera que puedas determinar cómo usarla para Dios.

Así como los vitrales, nuestras personalidades reflejan la luz de Dios en muchos colores y modelos. Esto bendice a la familia de Dios con profundidad y variedad. También nos bendice personalmente. Te *sientes bien* cuando haces lo que Dios quiere que hagas. Cuando ministras de manera congruente con la personalidad que Dios te dio, experimentas la realización personal, satisfacción y productividad.

FORMA: antecedentes (sirven para algo)

Tú has sido formado por tus antecedentes en la vida, tus experiencias, la mayoría de las cuales estuvo fuera de tu control. Dios permitió todas ellas para su propósito de moldearte.[11] A fin de determinar tu forma para servir a Dios, debes examinar por lo menos seis tipos de experiencias:

- *Familiares*: ¿Qué aprendiste al crecer en tu familia?

- *Educacionales:* ¿Cuál fue tu materia favorita en la escuela?

- *Vocacionales*: ¿En cuál trabajo has sido más eficiente y cuál has disfrutado más?

- *Espirituales:* ¿Cuál ha sido tu momento más importante con Dios?

- *Ministeriales:* ¿Cuánto has servido a Dios en el pasado?

- *Dolorosas:* ¿Qué has aprendido de los problemas, lesiones, aguijones y pruebas?

Es esta última categoría, la de las experiencias *dolorosas*, la que Dios usa la mayoría de las veces a fin de prepararte para su ministerio. ¡Dios *nunca desperdicia el dolor*! De hecho, el ministerio *más grandioso* surgirá de tu dolor más grande. ¿Quién puede ministrar mejor a los padres de un niño con síndrome de Down que otra pareja que tenga un niño en la misma condición? ¿Quién puede ayudar mejor a un alcohólico a superarse que alguien que haya luchado contra ese demonio y logrado su libertad? ¿Qué mejor apoyo para una esposa cuyo esposo la dejó por un romance que el de una mujer que ya pasó por esa agonía?

Dios intencionalmente permite que atravieses por experiencias dolorosas a fin de equiparte para que ministres a otros. La Biblia dice: «*Él nos consuela en todos nuestros problemas de manera que podamos consolar a otros. Cuando otros están en problemas, debemos estar dispuestos a darles a ellos el mismo consuelo que Dios nos ha dado*».[12]

Si realmente deseas ser usado por Dios, *debes* entender una verdad poderosa: las experiencias que más te han dejado resentido y lastimado en la vida, las que has ocultado y olvidado, son las que Dios quiere que uses para ayudar a otros. ¡Ellas *son* tu ministerio!

Para que Dios use tus experiencias dolorosas, debes estar dispuesto a compartirlas. Debes dejar de encubrirlas y honestamente admitir tus faltas, fallas y temores. Quizás haciendo esto hagas tu ministerio más efectivo. Las personas se animan más cuando compartimos la manera en que la gracia de Dios nos ayudó en nuestra debilidad, en lugar de jactarnos de nuestras fortalezas.

> *Para que Dios use tus experiencias dolorosas, debes estar dispuesto a compartirlas.*

Pablo entendió esta verdad, de manera que fue sincero acerca de su contienda con la depresión. Él admitió: «*Hermanos, no queremos que desconozcan las aflicciones que sufrimos en la provincia de Asia. Estábamos tan agobiados bajo tanta presión, que hasta perdimos la esperanza de salir con vida: nos sentíamos como sentenciados a muerte. Pero eso sucedió para que no confiáramos en nosotros mismos sino en Dios, que resucita a los muertos. Él nos libró y nos librará de tal peligro de muerte. En él tenemos puesta nuestra esperanza, y él seguirá librándonos*».[13]

Si Pablo hubiese ocultado su experiencia de duda y depresión como un secreto, millones de personas nunca se habrían beneficiado de ella.

Los antecedentes, solo si son compartidos, ayudan. Aldous Huxley dijo: «La experiencia no es lo que te pasa a ti. Es lo que haces con lo que te pasa». ¿Qué harás con lo que has tenido que vivir? No deseches tu dolor, úsalo para ayudar a otros.

Como ya hemos visto las cinco maneras en que Dios te ha formado para el servicio, espero que tengas un aprecio más profundo por la soberanía de Dios y una idea más clara de cómo te ha preparado para el propósito de servirle. Usar tu *FORMA* es el secreto para ambas cosas: la eficiencia y el cumplimiento del ministerio.[14] Serás más efectivo cuando uses *tus dones espirituales y tus habilidades* en el área que tu corazón desea, y en la manera que mejor exprese tu *personalidad y experiencia*. Mientras mejor te capacites y uses tus recursos, más exitoso serás.

DÍA 31

Pensando en mi propósito

PUNTO DE REFLEXIÓN: Nadie puede ser yo.

VERSÍCULO PARA RECORDAR: «*Cada uno ponga al servicio de los demás el don que haya recibido, administrando fielmente la gracia de Dios en sus diversas formas*». 1 Pedro 4:10 (NVI).

PREGUNTA PARA CONSIDERAR: Lo que Dios me da, habilidades o experiencias personales, ¿puedo ofrecérselas a mi iglesia?

Usa lo que Dios te ha dado

*Por cuanto nosotros mismos
hemos sido moldeados
en todas estas partes, excelentemente formadas
y operando maravillosamente,
del cuerpo de Cristo,
sigamos adelante y seamos aquello
para lo que fuimos creados.*
ROMANOS 12:5 (PAR)

zph.com/vida-pdl/c32

*Lo que eres es el don de Dios para ti;
lo que haces contigo mismo
es el don tuyo para Dios.*
PROVERBIO DANÉS.

DIOS MERECE LO MEJOR DE TI.

Él nos formó con un propósito, y espera que explotes al máximo lo que te ha dado. Él no quiere que envidies ni te preocupes por las habilidades que no posees, sino que te enfoques y uses los talentos que te ha dado.

Cuando intentas servir a Dios de maneras para las que no estás formado, es como meter un cubo a la fuerza dentro de un círculo. Resulta frustrante y produce resultados limitados. También es una pérdida de tu tiempo, tu talento y tu energía. La mejor manera de vivir tu vida es sirviendo a Dios de acuerdo a tu FORMA, para lo cual debes descubrir tus dones, aprender a aceptarlos y disfrutarlos de modo que puedas desarrollarlos a su máxima expresión.

Descubre tu forma

La Biblia dice: «*No actúes desconsideradamente, sino trata de encontrar y hacer lo que sea que el Señor quiere que hagas*».[1] No dejes que otro día se te vaya. Comienza a encontrar y clarificar lo que Dios quiere que seas y hazlo.

Comienza evaluando tus dones y recursos. Tómate un tiempo, considera honestamente en lo que eres bueno y en lo que no lo eres. Pablo aconsejó: «*Trata de tener un estimado sano de tus capacidades*».[2] Haz una lista. Pregúntales a otras personas su opinión sincera. Diles que estás buscando la verdad y no cumplidos. Los dones espirituales y las habilidades naturales son siempre confirmados por otros. Si piensas que has sido dotado para ser maestro o cantante y otra persona no está de acuerdo contigo, ¿qué crees? ¡Si quieres saber si tienes el don del liderazgo, mira sobre tus hombros! Si nadie te sigue, no eres un líder.

Haz preguntas como estas: ¿Dónde he visto frutos en mi vida que *otras personas puedan confirmar*? ¿En qué he visto que soy exitoso? La evaluación de tus dones espirituales y los inventarios de tus habilidades pueden tener valor, pero son limitados en su utilidad. En primer lugar, están estandarizados, de manera que no toman en cuentan tu singularidad. Segundo, no hay definición de los dones espirituales enlistados en la Biblia, así que cualquier definición es arbitraria y representa casi siempre un prejuicio denominacional.

Otro problema es que mientras más maduro eres, más propenso estás a manifestar las características de cierto número de dones. Puedes estar sirviendo, enseñando o dando generosamente debido a tu madurez en lugar de deberse a que este es tu don espiritual.

La mejor manera de descubrir tus dones y habilidades es experimentando en las diferentes áreas de servicio. ¡Yo pude haber tomado cientos de exámenes para determinar mis dones y habilidades cuando era joven y nunca haber descubierto que recibí el don de la enseñanza, porque nunca enseñé! Solo después de que comencé a aceptar oportunidades para hablar fue que vi más resultados, recibí la confirmación de otros, y me di cuenta de que Dios me había dotado para que hiciera eso.

Muchos libros llegan a descubrir este proceso al revés. Enseñan: «Descubre tu don espiritual para que conozcas qué ministerio se supone que tienes». Realmente esto opera de manera opuesta. Comienza sirviendo, experimenta en diferentes ministerios y descubrirás tus dones. Hasta que realmente no te involucres en el servicio, no sabrás para qué eres bueno.

Tienes docenas de habilidades y dones escondidos que no sabes que posees porque nunca los has puesto a prueba. Así que te exhorto a que hagas cosas que nunca antes has hecho. No importa cuán viejo seas, te insto a

> *Hasta que realmente no te involucres en el servicio, no sabrás para qué eres bueno.*

que no dejes de experimentar. He conocido a muchas personas que han descubierto talentos escondidos a sus setenta y ochenta años. ¡Conocí a una corredora de noventa años que ganó una carrera de diez kilómetros sin descubrir que disfrutaba correr hasta que llegó a los setenta y ochos años de edad!

No trates de encontrar tus dones antes de enrolarte a servir en algo. Simplemente, empieza a servir ya. Descubre tus dones involucrándote en el ministerio. Intenta enseñar, dirigir, organizar, tocar un instrumento o trabajar con los jóvenes. Nunca sabrás para qué eres bueno hasta que lo intentes. Si no funciona, llámalo «experimento», no fracaso. Con el tiempo descubrirás para qué eres bueno.

Considera las oportunidades y la personalidad. Pablo aconsejó: «*Haz una exploración cuidadosa de quién eres y el trabajo que estás haciendo para que entonces te sumerjas en él*».[3] Repito, esto ayuda a recibir las opiniones de los que mejor te conocen. Pregúntate a ti mismo: ¿Qué es lo que realmente disfruto hacer? ¿Cuándo me siento vivo completamente? ¿Qué es lo que hago cuando pierdo la noción del tiempo? ¿Me gusta la rutina o la variedad? ¿Prefiero servir en equipo o por mí mismo? ¿Soy introvertido o extrovertido? ¿Soy más pensador que perceptivo? ¿En qué disfruto más, compitiendo o cooperando?

Examina tus antecedentes y extrae las lecciones que aprendiste. Revisa tu vida y piensa en cómo ha sido formada.

Moisés les dijo a los israelitas: «*Recuerden hoy lo que han aprendido acerca del Señor a través de sus experiencias con él*».[4] Olvidar las experiencias no es bueno. Esta es una buena razón para mantener un diario espiritual. Pablo, preocupado por los creyentes de Galacia, no podía desaprovechar el dolor que ellos habían pasado, así que les dijo: «*¿Fueron todas sus experiencias desaprovechadas? ¡Espero que no!*».[5]

Raras veces vemos el buen propósito de Dios en el dolor, el fracaso o la vergüenza mientras lo vivimos. Cuando Jesús le lavó los pies a Pedro, le dijo: «*Ahora no entiendes lo que estoy haciendo… pero lo entenderás más tarde*».[6] Solo en retrospectiva entendemos cómo Dios usa los problemas para bien.

Extraer las lecciones de tus experiencias toma tiempo. Te recomiendo que dediques un fin de semana completo para un retiro y hagas *una revisión de tu vida*, en la que puedas hacer un alto para que veas cómo Dios ha trabajado en los momentos decisivos de tu existencia y consideres cómo quiere que uses esas lecciones para ayudar a otros. Hay recursos que pueden ayudarte en esto.[7]

Acepta y disfruta tu forma

Dado que Dios conoce lo que es mejor para ti, deberías aceptar con gratitud cómo te hizo. La Biblia dice: «*¿Qué derechos tienes tú, un ser humano, para interrogar a Dios? La vasija no tiene derecho de decirle al alfarero: "¿Por qué me hiciste de esta forma?" ¡Sin duda el alfarero puede hacer lo que quiera con la arcilla!*».[8]

Tu forma fue determinada soberanamente por Dios para *su* propósito, de manera que no debes resentirte o rechazarla. En vez de tratar de reformarla tú mismo para parecerte a alguien, deberías celebrar la forma única que Dios te dio. «*Cristo nos ha dado a cada uno de nosotros habilidades especiales, lo que él quiere que tengamos de su bodega rica en dones*».[9]

Parte de aceptar tu forma es reconocer tus limitaciones. Nadie es bueno en todas las cosas, y ninguno es llamado a hacerlas todas. Cada uno tiene sus roles definidos. Pablo entendió que su llamado no era a fin de llevar a cabo todas las cosas o complacer a cada uno, sino que se enfocó solo en el ministerio particular que Dios le había dado.[10] Pablo dijo: «*Nuestra meta es estar dentro de los límites del plan de Dios para nosotros*».[11]

La palabra límites se refiere al hecho de que Dios le asigna a cada uno un área o campo de acción para el servicio. Tu forma determina tu especialidad. Cuando tratamos de ampliar demasiado nuestro ministerio, más allá del radio de acción para el que Dios nos ha formado, sufrimos estrés. Así como en una competencia a cada corredor se le da un carril para que corra en él, individualmente debemos «*correr con paciencia la carrera particular que Dios ha puesto delante de nosotros*».[12] No tengas envidia de los corredores de la línea próxima a la tuya, solo enfócate en terminar tu carrera.

Dios quiere que disfrutes usando la forma que te ha dado. La Biblia dice: «*Asegúrate de hacer lo que debes, porque después disfrutarás la satisfacción personal de haber hecho tu trabajo bien, y no necesitas compararte con cualquier otro*».[13] Satanás tratará de robarte el gozo del servicio de dos maneras: tentándote para que *compares* tu ministerio al de otros, y tentándote a *conformar* tu ministerio a las expectativas de los otros. Ambas son trampas mortales que te distraerán de servir según la manera en que Dios quiere que lo sirvas. En el momento que pierdas el gozo en tu ministerio, comienza a considerar si una de estas tentaciones es la causa. La Biblia nos advierte que nunca nos comparemos con otros: «*Haz tu propio trabajo bien, para que entonces tengas de qué estar orgulloso. Pero no te compares con otros*».[14] Hay dos razones por las que nunca debes comparar tu forma, tu ministerio o sus resultados con ningún otro. Primero, encontrarás siempre a alguien que parece estar haciendo mejor trabajo que el tuyo y eso te desanimará. O hallarás siempre a alguien que parece que no es tan efectivo como tú y eso te llenará de orgullo. Cualquiera de estas actitudes te pondrán fuera de servicio y te robarán tu gozo.

Dios quiere que disfrutes usando la forma que te ha dado.

Pablo dice que es necio compararnos con otros: «*No nos atrevemos a igualarnos ni a compararnos con algunos que tanto se recomiendan a sí mismos. Al medirse con su propia medida y compararse unos con otros, no saben lo que hacen»*.[15] La Biblia El Mensaje lo parafrasea así: *«En todas estas comparaciones, calificaciones y competencias, ellos pierden completamente el punto»*.[16]

DÍA 32:

Usa lo que Dios te ha dado

Encontrarás personas que por no entender tu forma para ministrar te criticarán y tratarán de llevarte a lo que *ellos* piensan que debes hacer. Debes ignorarlas. Pablo tuvo que enfrentar críticos que malinterpretaron y difamaron su servicio. Su respuesta siempre fue la misma: Evita las comparaciones, resiste las exageraciones, y busca solo las recomendaciones de Dios.[17]

Una de las razones por las que Pablo fue grandemente usado por Dios fue porque rechazó ser distraído por la crítica, la comparación de su ministerio con el de otros, o el hecho de enfrascarse en debates vanos acerca de su ministerio. Tal como John Bunyan lo dijo: «Si mi vida no tiene fruto, no importa quién me alabe; y si mi vida tiene fruto, no importa quién me critique».

Mantente desarrollando tu forma

La parábola de los talentos nos enseña que Dios espera de nosotros que hagamos lo máximo con lo que él nos da. Debemos cultivar nuestros dones y habilidades, manteniendo nuestros corazones ardientes, creciendo en nuestro carácter y personalidad, y ampliando nuestras experiencias de manera que cada vez seamos más eficaces en nuestro servicio. Pablo les dijo a los filipenses: *«Que el amor de ustedes abunde cada vez más en conocimiento y en buen juicio»*,[18] y le recordó a Timoteo: *«Aviva la llama del don de Dios que recibiste»*.[19]

Si no ejercitas tus músculos, se debilitan y atrofian. De la misma manera, si no utilizas las habilidades y destrezas que Dios te ha dado, las perderás. Jesús enseñó la parábola de los talentos para enfatizar esta verdad. Refiriéndose al siervo que fracasó al usar su único talento, el dueño dijo: *«Quítenle las mil moneda y dénselas al que tiene las diez mil»*.[20]

Si no usas lo que se te ha dado, lo perderás; usa la habilidad que ya tienes y Dios la aumentará. Pablo le dijo a Timoteo: *«Asegúrate de usar las habilidades que Dios te ha dado... Ponlas a trabajar»*.[21]

Cualquiera de los dones que hayas recibido podrá crecer y desarrollarse mediante la práctica. Por ejemplo, nadie tiene el don de la enseñanza totalmente desarrollado, pero con estudio, consejos y práctica, el «buen» maestro podrá convertirse en uno mejor y, con el tiempo, crecerá y se convertirá en un maestro excelente. No te conformes con tener un don desarrollado a medias, esfuérzate al máximo para aprender todo lo que puedas. *«Concéntrate en hacer lo mejor para Dios, trabajo del cual no te avergonzarás».*[22] Aprovecha cada oportunidad de entrenamiento para desarrollar tu forma y tus destrezas de servicio.

En el cielo estaremos sirviendo a Dios por siempre. Pero ahora mismo nos podemos preparar para el servicio eterno practicando aquí. Igual que los atletas que se preparan para las Olimpiadas, nos mantendremos entrenando para ese gran día: *«Ellos hacen esto por una medalla de oro que se deslustra y palidece. Tú vas detrás de una que es de oro eterno».*[23]

Estamos preparándonos para las responsabilidades y recompensas *eternas*.

DÍA 32

Pensando en mi propósito

PUNTO DE REFLEXIÓN: Dios merece lo mejor de mí.

VERSÍCULO PARA RECORDAR: *«Esfuérzate por presentarte a Dios aprobado, como obrero que no tiene de qué avergonzarse y que interpreta rectamente la palabra de verdad».* 2 Timoteo 2:15 (NVI).

PREGUNTA PARA CONSIDERAR: ¿Cómo puedo hacer mejor uso de lo que Dios me ha dado?

Cómo actúan los verdaderos siervos

*Quien quiera ser grande deberá
convertirse en un siervo.*
MARCOS 10:43 (PAR)

Pueden decir lo que ellos son por lo que hacen.
MATEO 7:16 (PAR)

SERVIMOS A DIOS SIRVIENDO A LOS DEMÁS.

El mundo define la grandeza en términos de poder, posesiones, prestigio y posición. Si puedes exigirle a otro que te sirva, alcanzaste esa posición. En nuestra cultura autogratificante, con su mentalidad de *primero yo*, comportarse como un siervo no es un concepto popular.

Sin embargo, Jesús midió la grandeza en términos del servicio y no del estatus. Dios determina tu grandeza por el número de personas a las que sirves, no por las que están a tu servicio. Esto es contrario al concepto de grandeza mundano, y a nosotros nos cuesta entenderlo y mucho más practicarlo. Los discípulos discutieron acerca de quién merecía la posición más prominente; dos mil años después, los líderes cristianos todavía se disputan la posición y prominencia en las iglesias, las denominaciones y los ministerios paraeclesiásticos.

Miles de libros son escritos en cuanto al liderazgo, pero pocos acerca del servicio. Todo el mundo quiere dirigir, nadie quiere ser siervo. Preferimos ser generales que soldados. Aun los cristianos quieren ser «*líderes siervos*» y no unos simples siervos. Pero para ser igual que Jesús debemos ser siervos. Así fue como él se llamó a sí mismo.

Es importante que conozcas tu forma para que sirvas a Dios, pero es mucho más relevante si tienes un corazón de siervo. Recuerda que Dios te formó para su servicio y no para que seas egocéntrico. Sin un corazón de siervo serás tentado al mal uso de tu forma debido a tu interés personal. También serás tentado a utilizar eso como una excusa para disculparte de suplir algunas necesidades.

A menudo Dios prueba nuestros corazones al pedirnos que lo sirvamos en ciertas maneras para las que *no* fuimos formados. Si ves a un hombre caer dentro de una zanja, Dios espera que lo ayudes a salir y no digas: «Yo no tengo el don de misericordia o el don de servicio». Aunque no seas dotado para una tarea en particular, podrás ser llamado a hacerla si no hay ningún dotado cerca. Tu ministerio *primordial* debe ser en el área para la cual fuiste formado, pero tu servicio *secundario* se lleva a cabo dondequiera que se te necesite en el momento.

> *Tu F.O.R.M.A. revela tu ministerio, pero tu corazón de siervo muestra tu madurez.*

Tu F.O.R.M.A. revela tu ministerio, pero tu corazón de siervo muestra tu madurez. No se necesita un talento o don para recoger la basura o arreglar las sillas después de una reunión, cualquiera puede ser *siervo*. Todo lo que se necesita es carácter.

Es posible servir en una iglesia toda una vida sin nunca ser un siervo. Debes tener un corazón de siervo. ¿Cómo puedo saber si tengo un corazón de siervo? Jesús dijo: «*Tú puedes decir lo que ellos son por lo que hacen*».[1]

Los siervos verdaderos siempre están disponibles para servir. Los siervos no ocupan su tiempo en actividades que puedan limitar su disponibilidad. Los siervos quieren estar listos para servir tan pronto sean necesitados. Igual que un soldado, el siervo debe estar listo para cumplir con sus deberes: «*Ningún soldado en servicio activo se enreda en los asuntos de la vida civil, porque* *tiene que agradar a su superior».*[2] Si solo sirves cuando te conviene, entonces no eres un verdadero siervo. Los siervos verdaderos hacen lo que se necesita aunque no les convenga.

¿Estás disponible para Dios en cualquier tiempo? ¿Puede Dios deshacer tus planes sin que comiences a resentirte? Como siervo no eliges ni escoges cuándo o dónde servir. Ser un siervo significa darle a Dios el derecho de controlar tu horario y permitirle que te interrumpa en cualquier momento que lo necesite.

Si recordaras al comienzo de cada día que eres un siervo de Dios, las interrupciones no deberían frustrarte, porque tu agenda será la que Dios quiera para tu vida. Los siervos ven las interrupciones como citas divinas para el ministerio y son felices por la oportunidad de practicar el servicio.

Los siervos verdaderos prestan atención a las necesidades. Los siervos siempre están mirando las maneras de ayudar a otros. Cuando ven la necesidad, no dejan escapar la oportunidad, tal como la Biblia nos manda: *«En cualquier oportunidad que tengamos, debemos hacer lo que es bueno para todos, especialmente para la familia de los creyentes».*[3]

Cuando Dios pone a alguien en necesidad frente a ti, te está dando la oportunidad de crecer en el servicio. Observa que Dios dice que las necesidades de tu familia en la fe tienen preferencia, de manera que no las pongas al final de tu lista de «cosas por hacer».

Perdemos muchas ocasiones de servir porque carecemos de sensibilidad y espontaneidad. Las grandes oportunidades para servir no duran mucho, pasan rápidamente, y casi nunca vuelven. Quizá solo tengas una oportunidad para servir a esa persona, así que aprovecha el momento. *«Nunca les digas a tus vecinos que esperen hasta mañana si puedes ayudarlos ahora».*[4]

John Wesley era un increíble siervo de Dios. Su proverbio era: «Haz todo lo bueno que puedas, con todos los medios que puedas, de todas las maneras que puedas, en todos los lugares que puedas, en todos los momentos que puedas, a todas las personas que puedas, cada vez que puedas». Eso es grandioso. Puedes comenzar viendo las pequeñas tareas que ningún otro quiere hacer. Haz esas pequeñas cosas como si fueran grandes, porque Dios está observando.

Los siervos verdaderos hacen lo mejor con lo que tienen. Los siervos no tienen excusas, ni postergan o esperan mejores circunstancias. Nunca dicen: «Uno de estos días» o «Cuando el tiempo sea adecuado». Solo hacen lo que se requiere. La Biblia dice: *«Si esperas por condiciones perfectas, nunca lograrás nada».*[5] Dios espera que hagas lo que puedas con lo que tienes, dondequiera que estés. Servir sin llegar a la perfección es mejor que solo tener la más perfecta intención.

Una de las razones por las que muchas personas nunca sirven es porque temen no ser lo *suficientemente buenas* para servir. Creen la mentira de que el servicio a Dios es solo para las celebridades.

Algunas de las iglesias han fomentado este mito calificando de «excelente» a un ídolo, lo que hace que muchas personas con talentos se rehúsen a involucrarse.

Puedes haber oído decir esto: «Si no puedes hacerlo con excelencia, mejor no lo hagas». ¡Bueno, Jesús nunca dijo eso! La verdad es que casi todo lo que hacemos resulta deficiente cuando empezamos a hacerlo, así es como aprendemos. En la Iglesia Saddleback practicamos *el principio «lo suficientemente bueno»:* No tiene que ser perfecto para que Dios lo use y lo bendiga. Preferimos involucrar a miles de personas comunes y corrientes que tener una iglesia perfecta dirigida por un grupo selecto.

Los siervos verdaderos cumplen sus tareas con la misma dedicación. Cualquier cosa que hagan, *«la hacen con todo su corazón».*[6] El tamaño de la tarea es irrelevante. El punto en cuestión es: ¿Se necesita hacer esto?

Nunca llegarás a un estado en la vida en el que seas demasiado importante para ayudar con tareas serviles. Dios nunca te exime de lo mundano. Es parte vital de la formación de tu carácter. La Biblia dice: *«Si piensas que eres demasiado importante para ayudar a alguien en necesidad, te engañas a ti mismo. Realmente no eres nadie».*[7] Es en estos pequeños servicios que crecemos para parecernos a Cristo.

Jesús se especializó en tareas humillantes que otros evadían: lavar los pies, ayudar a los niños, preparar el desayuno y servir a los leprosos. Él nunca se consideró por encima de nada, porque vino a servir. Él hizo todas estas cosas y no fueron una *molestia* para su grandeza, sino que lo hizo porque quiere que sigamos su ejemplo.[8]

Las grandes oportunidades a menudo se disimulan en pequeñas tareas.

Las tareas pequeñas a menudo muestran un gran corazón. Tu corazón de siervo se revela en los hechos pequeños que otros no piensan hacer, como cuando Pablo juntó la madera para hacer una fogata y calentar a todos después del naufragio.[9] Estaba tan exhausto como todos, sin embargo, hizo lo que los demás necesitaban. Ninguna tarea te molesta cuando tienes un corazón de siervo.

Las grandes oportunidades a menudo se disimulan en pequeñas tareas. Las cosas pequeñas de la vida determinan las grandes. No busques hacer grandes tareas para Dios, haz las que te ponga por delante y él te asignará cualquiera que quiera que hagas. Antes de intentar cosas extraordinarias, trata con las ordinarias.[10]

Siempre habrá más gente queriendo hacer «grandes» cosas para Dios que cosas pequeñas. La carrera para ser líder está abarrotada, mientras que el campo para quienes quieren ser siervos está abierto por completo. A veces sirves hacia arriba a tus superiores, y a veces sirves hacia abajo, a aquellos en necesidad. De cualquier manera, desarrollas un corazón de siervo cuando anhelas hacer cualquier cosa que se necesite.

Los siervos verdaderos son fieles a su ministerio. Los siervos terminan sus tareas, cumplen con sus responsabilidades, mantienen sus promesas y completan sus compromisos. No dejan el trabajo a medias ni lo abandonan cuando se desaniman. Son dignos de confianza y responsables.

La fidelidad siempre ha sido una cualidad excepcional.[11] La mayoría de las personas no conoce el significado del compromiso. Se comprometen casualmente, pero luego incumplen por cualquier razón y sin ninguna duda, remordimiento o lamento. Cada semana, las iglesias y muchas organizaciones deben improvisar debido a que los voluntarios nunca se prepararon o llegaron, o nunca llamaron para decir que no podrían asistir. ¿Pueden contar contigo? ¿Tienes promesas, votos que cumplir, o compromisos que necesitas honrar? Esta es una prueba. Dios prueba tu fidelidad. Si pasas el examen estás en buena compañía: Abraham, Moisés, Samuel, David, Daniel, Timoteo y Pablo fueron llamados siervos fieles de Dios. Aún mejor, Dios ha prometido recompensar tu fidelidad en la eternidad. Imagínate lo que sentirás cuando él te diga: *«¡Hiciste bien, siervo bueno y fiel! En lo poco has sido fiel; te pondré a cargo de mucho más. ¡Ven a compartir la felicidad de tu Señor!»*[12]

Por otra parte, los siervos nunca se retiran. Sirven fielmente tanto como vivan. Puedes jubilarte de tu carrera, pero nunca del servicio a Dios.

Los siervos verdaderos mantienen un bajo perfil. Los siervos no se promueven ni llaman la atención sobre sí mismos. En vez de actuar para impresionar y resaltar su éxito, *«se ponen el delantal de humildad para servirse unos a otros».*[13] Si se les reconoce por su servicio, humildemente lo aceptan, pero no permiten que la notoriedad los distraiga de sus trabajos.

Pablo expuso un tipo de servicio que parece ser espiritual, pero realmente es algo fingido, un acto para llamar la atención. Él lo llamó *«servir al ojo»,*[14] refiriéndose a los que sirven con la intención de impresionar a las personas para que vean cuán espirituales son. Este era el pecado de los fariseos, que ayudaban a otros, daban y siempre oraban en los actos públicos. Jesús condena esa actitud y advierte: *«Cuídense de hacer sus obras de justicia delante de la gente para llamar la atención. Si actúan así, su Padre que está en el cielo no les dará ninguna recompensa».*[15]

La autopromoción y el servicio no se mezclan. Los siervos verdaderos no sirven para ser aprobados o aplaudidos; viven para una sola audiencia: Dios. Como dijo Pablo: *«Si yo buscara agradar a otros, no sería siervo de Cristo».*[16]

No encontrarás muchos siervos verdaderos expuestos a la luz, de hecho, lo evitan si es posible. Se contentan sirviendo en silencio bajo las sombras. José es un gran ejemplo. Nunca llamó la atención sobre sí mismo, sino que en silencio sirvió a Potifar, a su carcelero, al copero y al panadero del Faraón, y Dios lo bendijo por esa actitud. Cuando el Faraón lo promovió a una posición importante, José todavía mantuvo un corazón de siervo, aun con sus hermanos, que lo traicionaron.

Desafortunadamente, muchos líderes de hoy empiezan como siervos y terminan como celebridades. Empiezan a convertirse en adictos a la atención, inconscientes de que eso siempre los ciega.

Puedes servir en la oscuridad en algún pequeño lugar, sentirte desconocido y sin aprecio. Pero escucha: ¡Dios te ha puesto donde estás para cumplir con su propósito! Él tiene cada cabello de tu cabeza contado y conoce tu dirección. Mejor es que estés donde él te puso hasta que decida moverte. Él te hará saber si quiere que vayas a alguna parte. Tu ministerio pertenece al reino de Dios. *«Cuando Cristo... venga otra vez a la tierra, tú vendrás también, el yo real, el yo glorioso. Mientras tanto, sé feliz sin ser reconocido».*[17]

DÍA 33:

Cómo actúan los verdaderos siervos

Hay más de setecientas cincuenta personas en el «Salón de la fama» en Estados Unidos y más de cuatrocientas publicaciones de «Quién es quién», sin embargo, no encontrarás muchos siervos verdaderos en esos lugares. La notoriedad no es importante para los verdaderos siervos porque ellos conocen las diferencias entre prominencia y significación. Tú tienes varios rasgos prominentes en tu cuerpo sin los cuales podrías vivir. Pero las partes ocultas de tu cuerpo son las indispensables. Lo mismo pasa con el cuerpo de Cristo. El servicio más importante es a menudo el que no se ve.[18]

En el cielo Dios les dará una franca recompensa a varios de sus siervos más oscuros y desconocidos, personas de las que nunca oímos en la tierra, que enseñaron a niños trastornados emocionalmente, asearon a un anciano incontinente, cuidaron a pacientes con SIDA, y sirvieron en miles de maneras inadvertidas.

Sabiendo esto, no te desanimes cuando tu servicio pase inadvertido o sea dado por hecho. ¡Mantente sirviendo a Dios! *«Entréguense al trabajo de su Señor, confiados en que nada de lo que hagan para él es un tiempo o esfuerzo perdido».*[19] Aun el más pequeño de los servicios es observado por Dios y él lo recompensará. Recuerda las palabras de Jesús: «*Y cualquiera que le da siquiera un vaso de agua fresca a uno de estos pequeños por ser seguidor mío, les aseguro que tendrá su premio*».[20]

DÍA 33

Pensando en mi propósito

PUNTO DE REFLEXIÓN: Sirvo a Dios cuando sirvo a otros.

VERSÍCULO PARA RECORDAR: «*Y cualquiera que le da siquiera un vaso de agua fresca a uno de estos pequeños por ser seguidor mío, les aseguro que tendrá su premio*». Mateo 10:42 (DHH).

PREGUNTA PARA CONSIDERAR: ¿Cuáles de las seis características de los siervos verdaderos me desafían más?

Mentalidad de siervo

Mi siervo Caleb... ha mostrado una
actitud diferente y me ha sido fiel.

NÚMEROS 14:24 (NVI)

zph.com/vida-pdl/c34

La actitud de ustedes debe ser
como la de Cristo Jesús.

FILIPENSES 2:5 (NVI)

El servicio comienza en tu mente.

Para ser un *siervo* se requiere un cambio de pensamiento y actitudes. Dios está más interesado en *por qué* hacemos las cosas que en lo que hacemos. Las actitudes cuentan más que los hechos. El rey Amasías perdió el favor de Dios porque «*hizo lo recto ante los ojos del Señor, aunque no de todo corazón*».[1] Los siervos sirven a Dios pensando en cinco actitudes.

Los siervos piensan más en otros que en sí mismos. Se enfocan en los demás, no en ellos mismos. Esto es verdadera humildad: no pensar *menos de*, sino *menos en*, nosotros mismos. Se olvidan de sí mismos. Pablo dijo: «*Olvídense de ustedes mismos lo suficiente para que extiendan una mano ayudadora*».[2] Esto es lo que significa «perder tu vida», olvidarte de ti mismo para servir a otros. Cuando dejamos de enfocarnos en nuestras propias necesidades, comenzamos a advertir las que yacen a nuestro alrededor.

Jesús «*se despojó a sí mismo tomando forma de siervo*».[3] ¿Cuándo fue la última vez que te olvidaste de ti mismo para beneficiar a alguien? No puedes ser siervo si estás lleno de ti mismo.

Solo cuando nos olvidamos de nosotros mismos podemos hacer cosas que merecen ser recordadas.

Desafortunadamente, la mayoría de nuestro servicio a menudo es autogratificante. Servimos a otros para agradarles, ser admirados o lograr nuestras propias metas. Eso es manipulación, no ministerio. Todo el tiempo en lo que realmente hemos estado pensando es en nosotros mismos y cuán nobles y maravillosos somos. Algunas personas tratan de usar el servicio como una herramienta de negociación con Dios: «Haré esto por ti Dios, si haces algo por mí». Los verdaderos siervos no tratan de usar a Dios para sus propósitos. Dejan que él los use para los suyos. La cualidad de olvidarse de sí mismos, al igual que la fidelidad, es extremadamente excepcional. A pesar de todas las personas que Pablo conocía, Timoteo era el único ejemplo que señalaba.[4] Pensar como siervo es difícil porque desafía el problema básico de mi vida: Yo soy, por naturaleza, egoísta. Pienso más en mí. Por eso es que la humildad es una lucha diaria, una lección que debo volver a aprender una y otra vez. La oportunidad de ser siervo me confronta docenas de veces al día, me dan la opción de decidir entre satisfacer mis necesidades o las de otros. La abnegación es el alma del servicio.

> *Los verdaderos siervos no tratan de usar a Dios para sus propósitos. Dejan que él los use para los suyos.*

Podemos medir nuestro corazón de siervo por la manera en que respondemos cuando otros nos tratan como siervos. ¿Cómo reaccionas cuando eres mandado por alguien o tratado como un inferior? La Biblia dice: *«Si alguien toma ventajas injustas sobre ti, usa la ocasión para practicar la vida de siervo».*[5]

Los siervos piensan como mayordomos, no como dueños. Recuerdan que todo le pertenece a Dios. En la Biblia, un mayordomo era un siervo al que se le confiaba una propiedad. José fue este tipo de siervo, como prisionero en Egipto. Potifar confió en él entregándole su casa. Después el carcelero confió en él dándole autoridad en la cárcel. Al final de la historia, Faraón confió en él y le dio la nación entera. El servicio y la mayordomía van juntos,[6]

264 | PROPÓSITO # 4: *Fuiste formado para servir a Dios*

puesto que Dios espera de nosotros que seamos dignos de confianza en ambos aspectos. La Biblia dice: «*La única cosa que se requiere para ser tales siervos es que sean fieles a su señor*».[7] ¿Cómo estás manejando los recursos que Dios te confió?

Para comenzar a ser un verdadero siervo tienes que tomar en cuenta el tema del dinero en tu vida. Jesús indicó: «*Ningún sirviente puede servir a dos patrones... no pueden servir a la vez a Dios y a las riquezas*».[8] No dijo: «*No deben*», sino: «*No pueden*». Eso es imposible. Vivir para el ministerio y para el dinero son metas mutuamente excluyentes. ¿Cuál escogerías? Si eres un siervo de Dios no puedes trabajar para ti mismo. *Todo* tu tiempo le pertenece a Dios. Él insiste en una lealtad exclusiva, no en una fidelidad a medias.

El dinero posee el potencial mayor para reemplazar a Dios en tu vida. Más personas se alejan del servicio debido al materialismo que a cualquier otra cosa. Dicen: «Después de que cumpla mis metas financieras, voy a servir a Dios». Esa es una decisión necia que lamentarán por la eternidad. Cuando Jesús es tu Señor, el dinero te sirve, pero si el dinero es tu señor, te conviertes en esclavo de él. Ciertamente la riqueza no es un pecado siempre y cuando la usemos para la gloria de Dios. Los siervos del Señor siempre están más conscientes del ministerio que del dinero.

La Biblia es muy clara: Dios usa el dinero para probar tu fidelidad como siervo. Esta es la razón por la que Jesús habló más acerca de él que del cielo o el infierno. Él dijo: «*Si ustedes no han sido honrados en el uso de las riquezas mundanas ¿quién les confiará las verdaderas?*».[9] La manera en que usas tu dinero incide en cómo Dios puede bendecir tu vida.

En el capítulo 31 mencioné dos tipos de personas: los edificadores del reino y los edificadores de riquezas. Ambos recibieron dones para hacer que un negocio crezca, haciendo tratos o ventas y obteniendo ganancias. Los edificadores de riquezas continúan acumulando más tesoros para sí mismos sin importar cuánto hacen, pero los edificadores del reino cambian las reglas del juego. Persisten en hacer dinero, pero lo hacen para regalarlo.

Usan las riquezas para financiar a la iglesia y la misión de Dios en el mundo.

En la Iglesia Saddleback tenemos a un grupo de ejecutivos y dueños de negocios que tratan de hacer lo máximo para darle a la congregación y expandir el reino de Dios. Así que te exhorto a que hables con tu pastor y comiences un grupo de edificadores del reino en tu iglesia.

Los siervos piensan en su trabajo, no en lo que otros hacen. No comparan, critican ni compiten con otros siervos o ministerios. Están muy ocupados haciendo el trabajo que Dios les asignó.

La competencia entre los siervos de Dios es ilógica por muchas razones: todos estamos en el mismo equipo; nuestra meta es complacer a Dios, no agrandarnos a nosotros mismos; tenemos diferentes tareas; y todos fuimos formados con cierta singularidad. Pablo dijo: «*No se comparen unos con otros, como si uno de ustedes fuera mejor o peor que el otro. Tenemos mejores cosas que hacer en nuestras vidas. Cada uno de ustedes es un original*».[10]

No hay lugar para celos mezquinos entre los siervos. Cuando estás ocupado en servir, no tienes tiempo para criticar; el tiempo que gastas en criticar a otros deberías usarlo para ministrar. Cuando Marta se quejó con Jesús de que María no la estaba ayudando con su trabajo, perdió su corazón de sierva. Los siervos verdaderos no se quejan de las injusticias, no viven lamentándose ni se resienten con quienes no están sirviendo. Solo confían en Dios y se mantienen sirviendo.

No es nuestro trabajo evaluar a otros siervos del Señor. La Biblia dice: «*¿Quién eres tú para criticar al siervo de otro? El Señor decidirá si su siervo ha hecho lo correcto*».[11] Tampoco es nuestro trabajo defendernos de la crítica, deja que tu Señor lidie con eso. Sigue el ejemplo de Moisés, que mostró una verdadera humildad ante sus opositores; de Nehemías, cuya respuesta a las críticas fue simple: «*Estoy ocupado... Si bajara yo a reunirme con ustedes, la obra se vería interrumpida*».[12]

Si sirves como Jesús, puedes esperar ser criticado. El mundo, aun las iglesias, no entienden lo que Dios valora en el servicio. Uno de los actos más hermosos de amor que le demostraron a Jesús fue criticado por sus discípulos. María tomó lo más valioso que tenía, un perfume costoso, y lo vertió sobre Jesús. A tan espléndido servicio los discípulos lo llamaron «*derroche*», sin embargo, Jesús lo llamó «*una obra hermosa*»,[13] y eso es lo que importa. Tu servicio a Cristo nunca es considerado como pérdida aunque otros lo digan.

Los siervos basan su identidad en Cristo. Dado que ellos recuerdan que fueron amados y aceptados por gracia, los siervos no tienen que probar su mérito. Voluntariamente aceptan tareas que otras personas inseguras consideran «inferiores». Uno de los ejemplos más conmovedores de servicio es la imagen misma que Jesús muestra cuando les lava los pies a sus discípulos. Esto era equivalente a lo que hoy sería lustrar el calzado, un trabajo sin prestigio. Sin embargo, Jesús sabía quién era él, de manera que la tarea no amenazaba su propia imagen. La Biblia dice: «*Sabía Jesús que el Padre había puesto todas las cosas bajo su dominio, y que había salido de Dios y a él volvía; así que se levantó de la mesa, se quitó el manto y se ató una toalla a la cintura*».[14]

DÍA 34:
Mentalidad de siervo

Si piensas ser un siervo, debes tener muy definida tu identidad en Cristo. Solo las personas seguras pueden servir; las inseguras siempre se preocupan de cómo pueden ser vistas por los demás. Temen manifestar sus debilidades y ocultan bajo mantos protectores su orgullo y pretensión. Mientras más inseguro seas, más quieres que te sirvan y más necesitarás la aprobación.

Henri Nouwen dijo: «Para que podamos servir a otros, debemos morir por ellos; eso significa que tenemos que dejar de medir nuestros significados y valores con la vara de medir de otros... entonces comenzaremos a ser libres para ser misericordiosos». Cuando basas tu valor y tu identidad en tu relación con Cristo, te liberas de las expectativas de otros, y eso te permite servir con lo mejor de ti.

Los siervos no necesitan cubrir sus paredes con placas y premios para avalar su trabajo. No les interesa que se dirijan a ellos con títulos, ni les gusta considerarse superiores. Los siervos hallan que los símbolos del estatus son innecesarios y no miden su valor por sus logros. Pablo dijo: «*Porque no es aprobado el que se recomienda a sí mismo sino aquel a quien recomienda el Señor*».[15]

Si alguien tuvo oportunidad de ser ostentoso debido a sus conexiones y parentesco, fue Santiago, el medio hermano de Jesús. Él tuvo las credenciales de crecer con Jesús como su hermano. Sin embargo, en la introducción de su carta, simplemente se refiere a sí mismo como «*siervo de Dios y del Señor Jesucristo*».[16] Mientras más te acerques a Jesús, menos necesitarás promocionarte.

Los siervos piensan en el ministerio como una oportunidad, no como una obligación. Disfrutan ayudando a la gente, supliendo sus necesidades y realizando su ministerio. «*Sirven al Señor con regocijo*».[17] ¿Por qué lo hacen con regocijo? Porque aman al Señor y están agradecidos por su favor; saben que servir es el mejor uso que pueden darle a su vida y que Dios ha prometido recompensarlos. Jesús dijo: «*A quien me sirva, mi Padre lo honrará*».[18] Pablo, por su parte, afirmó: «*Porque Dios no es injusto como para olvidarse de las obras y del amor que, para su gloria, ustedes han mostrado sirviendo a los santos, como lo siguen haciendo*».[19]

Imagínate qué pasaría si solo el diez por ciento de los cristianos en el mundo tomara en serio su rol como siervo. Imagínate todo lo bueno que podría hacerse. ¿Estarías dispuesto a ser una de esas personas? No importa la edad que tengas, Dios te usará si comienzas a actuar y pensar como un siervo. Albert Schweitzer dijo: «Las únicas personas realmente felices son aquellas que han aprendido a servir».

> *Mientras más te acerques a Jesús, menos necesitarás promocionarte.*

DÍA 34

Pensando en mi propósito

PUNTO DE REFLEXIÓN: Para ser siervo debo pensar como siervo.

VERSÍCULO PARA RECORDAR: «*La actitud de ustedes debe ser como la de Cristo Jesús*». Filipenses 2:5 (NVI).

PREGUNTA PARA CONSIDERAR: ¿Me preocupo más por ser servido que por servir a otros?

El poder de Dios en tu debilidad

Participamos de su debilidad, pero por el poder de Dios viviremos con Cristo para servirlos a ustedes.

2 CORINTIOS 13:4 (NVI)

Yo estoy contigo; eso es todo lo que necesitas. Mi poder se muestra mejor en los débiles.

2 CORINTIOS 12:9 (BAD)

zph.com/vida-pdl/c35

A Dios le encanta usar a los débiles.

Todos tenemos debilidades. Es más, tú tienes un manojo de defectos e imperfecciones: físicos, emocionales, intelectuales y espirituales. También experimentas un sin fin de circunstancias incontrolables que te debilitan, como las limitaciones financieras o relacionales. Lo más importante es qué haces con todo ello. Solemos negar nuestras debilidades, las defendemos, las excusamos, las ocultamos y las rechazamos. Eso le impide a Dios usarlas de la manera que desea hacerlo.

Dios tiene una perspectiva diferente de tus debilidades. Él dijo: *«Mis pensamientos y mis caminos son más altos que los tuyos»*,[1] de modo que a menudo actúa en maneras exactamente opuestas a lo que esperamos. Pensamos que Dios solo quiere usar nuestras fortalezas, pero también quiere usar nuestras debilidades para su gloria.

La Biblia dice: «*Dios escogió lo débil... del mundo para avergonzar a los poderosos*».[2] Tus debilidades no son un accidente. Dios deliberadamente las permitió en tu vida con el propósito de demostrar su poder a través de ti.

A Dios nunca le impresionó la fuerza ni la autosuficiencia. De hecho, él es atraído a los débiles que admiten serlo. Jesús consideró el reconocimiento de nuestras necesidades como un atributo de los «*pobres en espíritu*». Esta actitud es la que él bendice.[3]

La Biblia está llena de ejemplos de cómo Dios ama y usa a los imperfectos, a las personas ordinarias, para hacer cosas extraordinarias a pesar de sus debilidades. Si Dios usara solo a las personas perfectas, nada sería hecho, porque ninguno de nosotros es perfecto. Que Dios use a los imperfectos es muy alentador para todos nosotros.

Una debilidad, o «aguijón» como Pablo lo llamó,[4] no es un pecado, un vicio o un defecto de carácter que puedas cambiar, como la gula o la impaciencia. Una debilidad es cualquier limitación que tengas o heredaste y que no tienes poder para cambiar. Puede ser una limitación *física*, como la minusvalía, una enfermedad crónica, poca energía o una incapacidad. Puede ser una limitación *emocional*, como un trauma, un recuerdo injurioso, una personalidad excéntrica o una disposición hereditaria. O puede ser una limitación *intelectual o del talento*. No todos somos superinteligentes o talentosos.

> Si Dios usara solo a las personas perfectas, nada sería hecho.

Cuando piensas en las limitaciones de tu vida, puedes ser tentado a concluir: «Dios nunca podría usarme». Pero a Dios no lo detienen nuestras limitaciones. De hecho, él disfruta poniendo su poder en envases comunes. La Biblia dice: «*Pero tenemos este tesoro en vasijas de barro para que se vea que tan sublime poder viene de Dios y no de nosotros*».[5] Igual que la artesanía común, somos frágiles, defectuosos y fáciles de quebrar. Pero Dios nos usará si le permitimos trabajar por medio de nuestras debilidades. Para que esto ocurra debemos seguir el modelo de Pablo.

Reconoce tus debilidades. Admite tus imperfecciones. Deja de pretender que tienes todo bajo control y sé honesto contigo mismo. En vez de vivir negando o dando excusas, separa un tiempo para identificar tus debilidades personales. Puedes hacer una lista de ellas.

Dos grandes confesiones en el Nuevo Testamento ilustran lo que necesitamos para vivir saludablemente. La primera fue de Pedro, que le dijo a Jesús: *«Tú eres el Cristo, el Hijo del Dios viviente».*[6] La segunda fue de Pablo, que le dijo a la multitud idólatra: *«Solo somos seres humanos iguales a ustedes».*[7] Si quieres que Dios te use, debes conocer quién es Dios y quién eres tú. Muchos cristianos, sobre todo los líderes, olvidan la segunda verdad: ¡Solo somos humanos! Si necesitas una crisis para reconocerlo, Dios no vacilará en concedértela, porque te ama.

Alégrate con tus debilidades. Pablo dijo: *«Por eso, prefiero sentirme orgulloso de mi debilidad, para que el poder de Cristo se muestre en mí. Me alegro de ser débil, de ser insultado y perseguido, y de tener necesidades y dificultades por ser fiel a Cristo. Pues lo que me hace fuerte es reconocer que soy débil».*[8] Al principio esto no tiene sentido. ¡Aspiramos a ser libres de nuestras debilidades, pero no a alegrarnos con ellas! Sin embargo, el contentamiento es una expresión de fe en la bondad de Dios. El mismo dice: «Dios, creo que me amas y sabes lo que es mejor para mí».

Pablo da muchas razones para alegrarnos con nuestras debilidades. Primero, nos hacen depender más de Dios. El apóstol, refiriéndose a su propia debilidad que Dios no quiso quitarle, dijo: *«Yo estoy feliz plenamente con "mi aguijón"... porque cuando soy débil, entonces soy fuerte».*[9] Cuando te sientas débil, Dios te estará recordando que dependes de él.

Nuestras debilidades también previenen la arrogancia. Mantienen tu humildad. Pablo dijo: *«Para evitar que me volviera presumido por estas sublimes revelaciones, una espina me fue clavada en el cuerpo... para que me atormentara».*[10] A menudo Dios le asigna a una debilidad a aquellos que poseen una fortaleza mayor para mantener nuestro ego controlado. Una limitación puede actuar como un regulador que nos previene de no ir muy rápido y adelantarnos a Dios.

Cuando Gedeón reclutó un ejército de treinta y dos mil soldados para pelear contra los madianitas, Dios lo redujo a trescientos hombres, estableciendo una desigualdad de cuatrocientos cincuenta a uno, ya que fueron a pelear contra ciento treinta y cinco mil soldados de las tropas enemigas. Esto *pareció* una fórmula para el desastre, sin embargo, Dios lo hizo para que Israel reconociera que no fue por sus propias fuerzas, sino por el poder de Dios, que se salvaron.

> Tu ministerio más eficaz surgirá de tus heridas más profundas.

Nuestras debilidades también nos animan al compañerismo entre los creyentes. Mientras la fuerza cultiva un espíritu independiente («Yo no necesito de nadie»), nuestras limitaciones muestran cuánto nos necesitamos unos a otros. Cuando tejemos las trenzas débiles de nuestras vidas, una soga muy fuerte se crea. Vance Havner dijo con sarcasmo: «Los cristianos, igual que los copos de nieve, son frágiles; pero cuando se unen pueden parar el tráfico».

Más que todo, nuestras debilidades aumentan nuestra sensibilidad relacional y ministerial. Estamos muy lejos de ser misericordiosos y considerados con las debilidades de otros. Dios quiere que tengas un ministerio parecido al de Cristo en la tierra. Eso quiere decir que otras personas van a encontrar sanidad en tus heridas. Tus grandes mensajes de la vida y tu ministerio más eficaz surgirán de tus heridas más profundas. Las cosas que más te apenan, más te avergüenzan y menos quieres compartir son las herramientas que Dios puede usar con más poder para sanar a otros.

El gran misionero Hudson Taylor declaró: «Todos los gigantes de Dios fueron personas débiles». La debilidad de Moisés era su temperamento. Le condujo a matar a un egipcio, golpear la roca cuando se suponía que debía hablarle, y romper las tablas de los Diez Mandamientos. No obstante, Dios transformó a Moisés en «*el hombre más humilde de la tierra*».[11]

La debilidad de Gedeón era su baja autoestima y una inseguridad profunda, sin embargo, Dios lo transformó en un «*hombre fuerte y valiente*».[12]

La debilidad de Abraham era el temor. No una, sino dos veces, para protegerse, dijo que su esposa era su hermana. No obstante, Dios transformó a Abraham en «*el padre de todos los que creen*».[13] Impulsivo, de voluntad débil, Pedro se convirtió en «*una roca*»,[14] David el adúltero se convirtió en «*un hombre conforme a mi corazón* [de Dios]»,[15] y Juan, uno de los arrogantes «Hijos del Trueno», se convirtió en «el apóstol del amor».

La lista puede seguir y seguir. «*Tomaría mucho tiempo recontar las historias de la fe de... Barac, Sansón, Jefté, David, Samuel, y todos los profetas... sus debilidades se tornaron en fuerzas*».[16] Él quiere tomar tu debilidad más grande y transformarla.

Comparte sinceramente tus debilidades. Ministrar empieza con mostrar vulnerabilidad. Quítate la máscara y comparte todo lo que guardas, todas tus luchas, de manera que Dios pueda usarte para servir a otros.

Pablo mostró su vulnerabilidad en todas sus cartas. Expresó con sinceridad:

- Sus fallas: «*Cuando quiero hacer lo bueno, no lo hago, y cuando trato de no hacer lo malo, eso hago*».[17]

- Sus sentimientos: «*Yo te dije todos mis sentimientos*».[18]

- Sus frustraciones: «*Fuimos realmente agobiados, abrumados, y temimos que nunca podríamos volver a vivir a través de esto*».[19]

- Sus temores: «*Cuando yo vine a ti, estaba débil, temeroso y estremecido*».[20]

Por supuesto, la vulnerabilidad es un riesgo. Puedes tener miedo a bajar tus defensas y mostrarle tu vida a otros. Cuando revelas tus fallas, tus sentimientos, tus frustraciones y tus temores, te arriesgas a ser rechazado. Pero los beneficios valen la pena. La vulnerabilidad te ayuda a liberarte emocionalmente, alivia el estrés, desactiva tus temores y es el primer paso hacia la libertad.

Sabemos que Dios «*da gracia al humilde*», pero muchos malinterpretan esto. La humildad no es negar tus fuerzas o ponerte por debajo de otros, es ser honesto acerca de tus debilidades. Mientras más sincero seas, más recibirás la gracia de Dios. También recibirás la gracia de otros. La vulnerabilidad es una cualidad que apreciamos, somos naturalmente atraídos hacia los humildes. Las pretensiones repelen, no obstante, la autenticidad atrae y la vulnerabilidad es el camino hacia la intimidad.

Por eso es que Dios quiere usar tus debilidades, no solo tus fortalezas. Si todo lo que la gente ve son tus fortalezas, se desalienta y piensa: «Bien, qué bueno por él o ella, pero yo nunca podré hacerlo». Sin embargo, cuando ven a Dios usándote a pesar de tus debilidades, eso los consuela y piensan: «¡Puede ser que Dios me use!». Nuestras fortalezas crean competencias, mientras que nuestras debilidades producen comunión.

DÍA 35:
El poder de Dios en tu debilidad

En cierto punto de tu vida debes decidir si quieres *impresionar* a las personas o *influenciarlas*. A distancia puedes impresionar a la gente, pero debes estar cerca para influir en ella y, claro, si lo estás, es posible que vean tus defectos. Eso es bueno. La cualidad esencial para el liderazgo no es la perfección, sino la credibilidad. Las personas deberán confiar en ti o no te seguirán. ¿Cómo puedo forjar mi credibilidad? No pretendiendo ser perfecto, pero sí honesto.

Gloríate en tus debilidades. Pablo dijo: «*De mí no haré alarde, sino de mis debilidades*".[21] En vez de mostrarte autosuficiente e insuperable, considérate a ti mismo como un trofeo de la gracia. Cuando Satanás apunte a tu debilidad, acuérdate de Dios y llena tu corazón con alabanzas a Jesús, que «*entiende cada debilidad nuestra*»,[22] y al Espíritu Santo, que «*nos ayuda en nuestra debilidad*».[23]

Sin embargo, algunas veces Dios convierte una fortaleza en debilidad para usarnos aun más. Jacob era un manipulador que se pasó su vida intrigando para después correr debido a las consecuencias. Una noche, mientras luchaba con Dios, dijo: «No voy a dejarte hasta que me bendigas». Dios le respondió: «Está bien», pero entonces agarró el muslo de Jacob y dislocó su cadera. ¿Qué significa eso?

Dios tomó la fuerza de Jacob (el músculo del muslo es el más fuerte del cuerpo) y la transformó en debilidad. Desde ese día en adelante, Jacob caminó cojeando, de manera que nunca más pudo huir. Eso lo forzó a apoyarse en Dios quisiera o no. Si quieres que Dios te bendiga y te use en gran manera, debes querer caminar cojeando el resto de tu vida, porque Dios usa a las personas débiles.

DÍA 35

Pensando en mi propósito

PUNTO DE REFLEXIÓN: Dios trabaja mejor si reconozco mi debilidad.

VERSÍCULO PARA RECORDAR: *«Te basta con mi gracia, pues mi poder se perfecciona en la debilidad».* 2 Corintios 12:9 (NVI).

PREGUNTA PARA CONSIDERAR: ¿Estoy limitando el poder de Dios en mi vida tratando de ocultar mis debilidades? ¿En qué necesito ser honesto de manera que pueda ayudar a otros?

PROPÓSITO # 5

FUISTE HECHO PARA UNA MISIÓN

El fruto de la justicia es árbol de vida,
y el que gana almas es sabio.
PROVERBIOS 11:30 (NBLA)

Hecho para una misión

*Así como me diste
una misión en el mundo,
también yo se las di a ellos.*
JUAN 17:18 (PAR)

*Lo más importante es que
culmine mi misión,
la obra que el Señor me encomendó.*
HECHOS 20:24 (PAR)

zph.com/vida-pdl/c36

FUISTE HECHO PARA UNA MISIÓN.

Dios está trabajando en el mundo, y quiere que te unas a él. Esto es lo que él llama tu *misión*. Dios quiere que tengas un ministerio en el cuerpo de Cristo y una misión en el mundo.

Tu ministerio es tu servicio a los *creyentes*,[1] y tu misión es el servicio a los no creyentes. Cumplir tu misión en el mundo es el quinto propósito de Dios para tu vida.

Tu vida misionera es *compartida* y *específica*. Una parte de esto es una responsabilidad que compartes con cada cristiano, la otra parte es una asignación única para ti. Trataremos ambos aspectos en los capítulos siguientes.

Nuestra palabra *misión* proviene del vocablo en latín para «enviar». Ser cristiano implica ser *enviado* como un representante de Jesucristo. Jesús dijo: «*Como el Padre me envió a mí, así yo los envío a ustedes*».[2]

Jesús entendió claramente su vida misionera en la tierra. A la edad de doce años dijo: «*En los negocios de mi Padre me es necesario estar*»,[3] y veintiún años más tarde, muriendo en la cruz, declaró: «*Consumado es*».[4] Como «apoya-libros», estas dos afirmaciones enmarcan una vida con propósito, bien vivida. Jesús completó la misión que el Padre le dio.

La misión que Jesús cumplió mientras estaba en la tierra ahora es *nuestra*, porque conformamos el cuerpo de Cristo. Lo que él hizo en su cuerpo físico nosotros lo continuaremos como cuerpo espiritual: la iglesia. ¿Cuál es esa misión? ¡Traer a las personas a Dios! La Biblia dice: «*Cristo nos cambió de ser enemigos en sus amigos y nos dio la tarea de hacer a otros sus amigos también*».[5]

DÍA 36:

Hecho para una misión

Dios quiere redimir a los seres humanos de las manos de Satanás y reconciliarlos con él de manera que podamos cumplir los cinco propósitos: amarlo, ser parte de su familia, ser igual a él, servirle y contarle a otros acerca de él. Una vez que le pertenecemos, Dios nos usa para alcanzar a otros. Nos salva y nos envía afuera. La Biblia dice: «*Nosotros hemos sido enviados para hablar de Cristo*».[6] Somos los mensajeros del amor de Dios y sus propósitos para el mundo.

La importancia de tu misión

Cumplir tu misión en la tierra es una parte esencial de vivir para la gloria de Dios. La Biblia nos ofrece razones de por qué tu misión es tan importante.

Tu misión es una continuación de la misión de Jesús en la tierra. Como sus seguidores, debemos continuar lo que él comenzó. Jesús nos llamó no solo a *venir* a él, sino a *ir por él*. Tu misión es tan importante que Jesús la repitió cinco veces, de cinco maneras realmente diferentes, en cinco libros distintos de la Biblia.[7] Es como si dijera: «¡Realmente quiero que hagas esto!». Estudia esas cinco comisiones de Jesús y aprenderás los detalles de tu misión en la tierra: cuándo, dónde, por qué y cómo.

En la Gran Comisión, Jesús dijo: «*Vayan y hagan discípulos de todas las naciones, bautizándolos en el nombre del Padre y del Hijo y del Espíritu Santo, enseñándoles a obedecer todo lo que les he mandado a ustedes. Y les aseguro que estaré con ustedes siempre, hasta el fin del mundo».*[8] Esta comisión le fue asignada a *cada* seguidor de Cristo, no a los pastores o misioneros solamente. Esta es tu comisión de parte del Señor y no es optativa. Estas palabras de Jesús no fueron la *Gran Sugerencia*. Si eres parte de la familia de Dios, tu misión es obligatoria. Y si la ignoras eres desobediente.

Puede que no hayas estado consciente de que Dios te da una responsabilidad con los no creyentes que te rodean. La Biblia dice: *«Si tú no le hablas al malvado ni le haces ver su mala conducta, para que siga viviendo, ese malvado morirá por causa de su pecado, pero yo te pediré cuentas de su muerte».*[9] Quizás tú eres el único cristiano que esas personas conozcan y tu misión es hablarles de Jesús.

> Jesús nos llamó no solo a venir a él, sino a ir por él.

Tu misión es un privilegio maravilloso. Aunque es una gran responsabilidad, también es un honor increíble ser usado por Dios. Pablo dijo: *«Dios nos ha dado el privilegio de motivar a cada uno a venir hacia su favor y ser reconciliados en él».*[10] Tu misión involucra dos grandes privilegios: trabajar con Dios y representarlo. Estamos asociados con él en la construcción de su reino. Pablo nos llamó *«colaboradores»* y dijo: *«Estamos trabajando juntos con Dios».*[11]

Jesús aseguró nuestra salvación, nos puso en su familia, nos dio su Espíritu y nos hizo sus agentes en el mundo. ¡Qué privilegio! La Biblia dice: *«Así que somos embajadores de Cristo, como si Dios los exhortara a ustedes por medio de nosotros: "En nombre de Cristo les rogamos que se reconcilien con Dios"».*[12]

Decirle a otros cómo pueden obtener la vida eterna es lo mejor que puedes hacer por ellos. Si tu vecino tiene cáncer o SIDA y sabes cuál es la cura, sería un crimen que retuvieras esa información que le salvaría la vida. Peor aún es mantener en secreto el camino del perdón, el propósito, la paz y la vida eterna. Tenemos las buenas nuevas y compartirlas es el acto de bondad más grande que puedes mostrarle a cualquiera. Uno de los problemas en la vida de los cristianos es que se olvidan de cómo se sentían: sin esperanzas y sin Cristo. Debemos recordar que no importa cuán felices o exitosas *aparenten* ser las personas, sin Cristo están perdidas y listas para la separación eterna de Dios. La Biblia dice: *«Jesús es el único que puede salvar a las personas»*.[13] Todos necesitamos a Jesús.

Tu misión tiene un significado eterno. Esto impactará el destino eterno de otras personas, así que es más importante que cualquier trabajo, logro o meta que puedas alcanzar durante tu vida en la tierra. Las consecuencias de tu misión son para siempre; las de tu trabajo no. Ninguna otra cosa podrás hacer que importe tanto como ayudar a las personas a establecer una relación con Dios. Esta es la urgencia de nuestra misión. Jesús dijo: *«Mientras sea de día, tenemos que llevar a cabo la obra del que me envió. Viene la noche cuando nadie puede trabajar»*.[14] El reloj está marcando la hora en tu vida misionera, así que no demores. ¡Inicia tu misión de alcanzar a otros ya!

> La Gran Comisión le fue asignada a cada seguidor de Cristo.

Tendremos toda la eternidad para celebrar con los que llevemos a Jesús, pero tenemos el tiempo contado para alcanzarlos.

Esto no significa que debes dejar tu trabajo y comenzar a ser un evangelista a tiempo completo. Dios quiere que compartas las buenas nuevas donde estés. Como estudiante, madre, maestra de preescolar, vendedor, gerente o en cualquier actividad que hagas debes seguir buscando continuamente a las personas que Dios pone en tu camino para que puedas difundir el evangelio.

Tu misión le da significado a tu vida. William James dijo: «El mejor uso de la vida es emplearla en algo que sobreviva». La verdad es que solo el reino de Dios perdurará, *todo* lo demás finalmente desaparecerá. Por eso debemos vivir una vida con propósito comprometida con la adoración, el compañerismo, el crecimiento espiritual, los ministerios y el cumplimiento de nuestra misión en la tierra. ¡Los resultados de esas actividades *son* para siempre!

Si fallas en cumplir la misión que Dios te asignó en la tierra, entonces has desperdiciado la vida que Dios te dio. Pablo dice: *«Mi vida carece de valor para mí mismo, con tal de que termine mi carrera y lleve a cabo el servicio que me ha encomendado el*

Señor Jesús, que es el de dar testimonio del evangelio de la gracia de Dios».[15] Aunque hay muchas personas en este planeta, solo tú o lo que Dios haga por medio de ti podrá alcanzar a quienes viven cerca. Si solo una persona va al cielo por tu causa, tu vida habrá hecho una diferencia por la eternidad. Comienza a observar alrededor de tu campo misionero particular y ora: «Dios, ¿a quién has puesto en mi vida para que le hable de Jesús?».

La conclusión del tiempo de Dios en la historia está vinculada con la terminación de nuestra comisión. Hoy existe un interés creciente en la Segunda Venida de Cristo y el fin del mundo. ¿Cuándo ocurrirá? Poco antes de que Jesús ascendiera al cielo los discípulos le hicieron la misma pregunta, y él respondió lo que era bastante obvio. Les dijo: «*No les toca a ustedes conocer la hora ni el momento determinados por la autoridad misma del Padre. Pero cuando venga el Espíritu Santo sobre ustedes, recibirán poder y serán mis testigos tanto en Jerusalén como en toda Judea y Samaria, y hasta los confines de la tierra»*.[16]

Cuando los discípulos quisieron hablar de profecía, Jesús rápidamente cambió la conversación al tema del evangelismo. Él quería que se concentraran en su misión en el mundo. Así que les dijo en esencia: «Los detalles de mi regreso no son de su incumbencia. Lo que les incumbe es la misión que les he dado. ¡Enfóquense en eso!».

Especular sobre el cronometraje exacto del regreso de Cristo es en vano, porque Jesús dijo: «*En cuanto al día y la hora, nadie lo sabe, ni siquiera los ángeles en el cielo, ni el Hijo, sino sólo el Padre»*.[17] Dado que Jesús afirmó que no conocía el día ni la hora, ¿por qué tratas de adivinarlas? Lo que hay que saber es que Jesús no vendrá hasta que cada una de las personas que Dios quiere que oigan las buenas nuevas las hayan oído. Jesús dijo: «*Las buenas nuevas acerca del reino de Dios serán predicadas en todo el mundo, a cada nación. Entonces el fin vendrá»*.[18] Si quieres que Jesús vuelva pronto, enfócate en cumplir tu misión y no en la profecía. Es fácil distraerte y apartarte de tu misión, porque Satanás prefiere que hagas cualquier cosa en lugar de compartir tu fe. Él dejará que pierdas tiempo en todo tipo de cosas, aun buenas, de manera que no tomes a ninguno contigo para llevarlo al cielo. Pero en el momento en que tomes en serio tu misión, espera que el diablo lance contra ti todo tipo de distracciones y artimañas. Cuando esto suceda, recuerda las palabras de Jesús: «*Nadie que mire atrás después de poner la mano en el arado es apto para el reino de Dios*».[19]

El costo de cumplir tu misión

Para cumplir tu misión debes abandonar tus planes y aceptar los de Dios para tu vida. No solo puedes «añadirlos» a todas las cosas que te gusta hacer con tu vida, debes decir como Jesús: «*Padre... Yo quiero hacer tu voluntad, no la mía*».[20] Ríndeles tus derechos, expectativas, sueños, planes y ambiciones a él. Deja de elevar oraciones egoístas como: «Dios, bendice lo que quiero hacer». Ora así: «¡Dios, ayúdame a hacer lo que tú bendices!». Dale un papel en blanco a Dios con tu nombre firmado al final y dile que escriba los detalles. La Biblia dice: «*Ofrézcanse completamente a Dios, cada parte de ustedes... para que sean herramientas en las manos de Dios, y sean usados para sus buenos propósitos*».[21]

> Es fácil distraerte, porque Satanás prefiere que hagas cualquier cosa en lugar de compartir tu fe.

Si te comprometes a cumplir tu misión en la vida sin importar el costo, experimentarás la bendición de Dios en maneras que pocas personas en toda su vida han disfrutado. No hay casi nada que Dios no haría por un hombre o una mujer comprometidos a servir en el reino de Dios. Jesús prometió: «[Dios] *te dará todo lo que necesitas día a día si vives para él y haces del reino de Dios tu interés primordial*».[22]

Uno más para Cristo

Mi padre fue ministro por más de cincuenta años, sirviendo la mayoría del tiempo en pequeñas iglesias rurales. Era un simple predicador, pero era un hombre con una misión. Su actividad favorita era llevar equipos de voluntarios al extranjero para construirles templos a congregaciones pequeñas. En el transcurso de su vida, mi papá construyó más de ciento cincuenta iglesias alrededor del mundo.

En 1999 mi padre murió de cáncer. La última semana de su vida la enfermedad lo mantuvo despierto en un estado parcialmente consciente cerca de veinticuatro horas al día. Como soñaba, hablaba en voz alta lo que había visto. Sentado a su lado, aprendí mucho acerca de él con solo oír sus sueños. Él revivió cada uno de los proyectos de construcción de las iglesias que llevó a cabo, uno tras otro.

Una noche cercana a su final, mientras mi esposa, mi sobrina y yo estábamos a su lado, de repente papá comenzó a moverse y a tratar de salir de la cama. Por supuesto, estaba muy débil y mi esposa insistió en que debía quedarse acostado. Pero él persistía en tratar de levantarse de la cama, así que mi esposa finalmente le preguntó: «Jimmy, ¿qué estás tratando de hacer?». Él contestó: «¡Voy a salvar a uno más para Cristo! ¡Voy a salvar a uno más para Cristo! ¡Voy a salvar a uno más para Cristo!». Y comenzó a repetir la frase una y otra vez.

Durante una hora, pronunció la frase tal vez unas cien veces. «¡Voy a salvar a uno más para Jesús!». Yo estaba sentado en su cama con las lágrimas rodando por mis mejillas, y bajé mi cabeza para darle gracias a Dios por la fe de mi padre. En aquel momento papá puso su mano frágil en mi cabeza y dijo, como una orden: «¡Salva a uno más para Jesús! ¡Salva a uno más para Cristo!».

Quiero hacer de esto el tema del resto de mi vida. Así que te invito a considerarlo como algo especial para tu vida, porque *nada* hará mayor diferencia en la eternidad. Si quieres ser usado por Dios, debes tener cuidado de lo que Dios cuida, y lo que a él más le interesa es la redención de las personas que hizo. ¡Él quiere hallar a sus hijos perdidos! Nada le importa más; la cruz lo comprueba. Oro que siempre veas dónde puedes alcanzar a «uno más para Cristo» de modo que cuando estés delante de Dios un día, puedas decir: «¡Misión cumplida!».

DÍA 36

Pensando en mi propósito

PUNTO DE REFLEXIÓN: Fui hecho para una misión.

VERSÍCULO PARA RECORDAR: «*Vayan y hagan discípulos de todas las naciones, bautizándolos en el nombre del Padre y del Hijo y del Espíritu Santo, enseñándoles a obedecer todo lo que les he mandado a ustedes. Y les aseguro que estaré con ustedes siempre, hasta el fin del mundo*». Mateo 28:19-20 (NVI).

PREGUNTA PARA CONSIDERAR: ¿Qué temores me detienen para cumplir la misión de Dios y poder terminarla? ¿Qué me detiene para hablarles a otros de las buenas nuevas?

Comparte el mensaje de tu vida

*Quienes creen en el Hijo de Dios,
tienen el testimonio de Dios en ellos.*
1 JUAN 5:10A (PAR)

zph.com/vida-pdl/c37

*Sus vidas han proclamado
la Palabra del Señor...
Las nuevas de su fe en Dios han salido.
No es necesario que digamos nada más,
ustedes son el mensaje.*
1 TESALONICENSES 1:8 (PAR)

DIOS TE HA DADO UN MENSAJE DE VIDA PARA COMPARTIR.
Cuando te conviertes en creyente, también llegas a ser un mensajero de Dios. Él quiere hablarle al mundo por medio de ti. Pablo dijo: «*Hablamos la verdad ante Dios, como mensajeros de Dios*».[1]

Puedes pensar que no tienes nada que compartir y por eso es que el diablo trata de mantenerte en silencio. Tienes un sinnúmero de experiencias que Dios quiere que uses para traer a otros a su familia. La Biblia dice: «*Quienes creen en el Hijo de Dios tienen el testimonio de Dios en ellos*».[2] Tu mensaje de vida consta de cuatro partes:

- Tu *testimonio:* la historia de cómo comenzaste una relación con Jesús.

287

- Tus *lecciones de vida*: las lecciones más importantes que Dios te ha enseñado.
- Tus *pasiones divinas*: las obras para las cuales Dios te ha moldeado y que más te importan.
- Las *buenas nuevas*: el mensaje de la salvación.

Tu mensaje de vida incluye tu testimonio. Tu testimonio es la historia de cómo Cristo marcó una diferencia en tu vida. Pedro nos dice que fuimos escogidos por Dios *«para hacer su trabajo y hablar de él, para decirles a otros de la diferencia como entre la noche y el día que él hizo para ti».*[3]

Esta es la esencia del testimonio: compartir tus experiencias personales con respecto al Señor. En una corte no se espera que el testigo discuta el caso, pruebe la verdad o presione por un veredicto; ese es el trabajo de los abogados. Los testigos simplemente relatan lo que les pasó o lo que vieron.

Jesús dijo: *«Serán mis testigos»,*[4] no dijo: «Serán mis abogados».

Él quiere que compartas tu historia con otros. Compartir tu testimonio es una parte esencial de tu misión en la tierra, ya que es único. No hay otra historia como la tuya, solo tú puedes compartirla. Si no hablas de ella, se habrá perdido para siempre. Puede que no seas un erudito en la Biblia, sin embargo, eres la autoridad en cuanto a tu vida y es difícil argüir con una experiencia personal. En realidad, tu testimonio personal es más eficaz que un sermón, porque los no creyentes ven a los pastores como vendedores profesionales, pero te ven a ti como un «cliente satisfecho», lo que te da más credibilidad.

Compartir historias construye un puente relacional que Jesús puede cruzar, de tu corazón al de otros.

Las historias personales también son más fáciles de relatar que los principios, y a las personas les gusta oírlas. Captan nuestra atención y las recordamos por más tiempo. Los no creyentes quizás pierdan el interés si citas a los teólogos más reconocidos, pero sienten una curiosidad natural acerca de las experiencias que ellos nunca han tenido. Compartir historias construye un puente relacional que Jesús puede cruzar, de tu corazón al de otros.

Otro valor que tiene el testimonio es que supera las defensas intelectuales. Muchas personas que no aceptan la autoridad de la Biblia escucharán una historia personal humilde. Pablo usó su testimonio en seis ocasiones diferentes para compartir el evangelio en vez de citar las escrituras.[5]

La Biblia dice: «*Estén siempre preparados para responder a todo el que les pida razón de la esperanza que hay en ustedes. Pero háganlo con gentileza y respeto*».[6] La mejor manera de «estar listo» es escribiendo tu testimonio y memorizando los puntos principales. Divídelo en cuatro partes:

1. Cómo era mi vida antes de conocer a Jesús.

2. Cómo supe que necesitaba a Jesús.

3. Cómo rendí mi vida a Jesús.

4. La diferencia que Jesús ha hecho en mi vida.

Por supuesto, tienes muchos otros testimonios aparte de tu historia de salvación. Tienes uno para *cada* experiencia en la que Dios te ha ayudado. Debes hacer una lista de todos los problemas, circunstancias y crisis que Dios te ha permitido pasar. Sé una persona sensible y usa la historia con la que tu amigo no creyente se identifique mejor. Diferentes situaciones llaman a distintos testimonios.

Tu mensaje incluye tus lecciones de vida. La segunda parte de tu mensaje son las verdades que Dios te ha enseñado en tus experiencias con él. Lecciones e ideas que has aprendido acerca de Dios, las relaciones, los problemas, las tentaciones y otros aspectos de la vida. El salmista oró: «*Enséñame, Señor, a seguir tus decretos, y los cumpliré hasta el fin*».[7] Desafortunadamente, nunca aprendemos lo suficiente de lo que nos pasa. Acerca de los israelitas, la Biblia dice: «*Muchas veces Dios los libró, pero ellos, empeñados en su rebeldía, se hundieron en la maldad*».[8] Quizás hayas conocido personas iguales a estas. Sin embargo, aunque es sabio aprender de nuestra experiencia, es más sabio aprender de las experiencias de otros. No hay suficiente tiempo para aprender todo en la vida probando y equivocándonos. Debemos aprender de las lecciones que la vida da a unos y a otros. La Biblia dice: «*Para quien sabe apreciarla, una sabia represión vale tanto como una joya de oro muy fino*».[9]

> *Aunque es sabio aprender de nuestra experiencia, es más sabio aprender de las experiencias de otros.*

Escribe las lecciones importantes que has aprendido en la vida, de manera que puedas compartirlas con otros. Debemos estar agradecidos con Salomón porque nos dio los libros *Proverbios y Eclesiastés*, los cuales están llenos de lecciones prácticas de la vida. Imagínate cuántas frustraciones innecesarias podríamos haber evitado si hubiéramos aprendido de las lecciones de otros. Las personas maduras desarrollan el hábito de extraer las lecciones de las experiencias de cada día. Te animo a que hagas una lista de todas las lecciones de tu vida. Realmente no piensas en ellas hasta que no las escribes. Aquí hay unas cuantas preguntas para darle un empujoncito a tu memoria y que decidas comenzar:[10]

- ¿Qué me ha enseñado Dios acerca del fracaso?
- ¿Qué me ha enseñado Dios respecto a la carencia de dinero?
- ¿Qué me ha enseñado Dios en cuanto al dolor, el pesar o la depresión?
- ¿Qué me ha enseñado Dios a través de la espera?
- ¿Qué me ha enseñado Dios por medio de la enfermedad?
- ¿Qué me ha enseñado Dios respecto a la desilusión?
- ¿Qué he aprendido de mi familia, mi iglesia, mis relaciones, mi grupo pequeño y mis críticos?

Tu mensaje de vida incluye expresar tus pasiones divinas. Dios es un Dios apasionado. *Ama* con pasión algunas cosas y *odia* apasionadamente otras. Como has crecido cerca de Dios, él mismo te dará pasión por lo que quiere profundamente, de manera que puedas ser su portavoz en el mundo. Puede tratarse de una pasión acerca de un problema, un propósito, un principio o un grupo de personas. En cualquier caso, te sentirás obligado a hablar acerca de ellos y hacer una diferencia en lo que puedas.

No puedes dejar de hablar continuamente de lo que más quieres. Jesús dijo: «*El corazón del hombre determina su hablar*».[11] Tenemos dos ejemplos. David, que dijo: «*Mi celo por Dios y su obra arden dentro mí*».[12] Y Jeremías, que afirmó: «*Tu mensaje quema mi corazón y mis huesos, no puedo quedarme en silencio*».[13]

Dios les da a algunas personas una pasión divina para defender una causa. A menudo es un problema que personalmente experimentaron, como por ejemplo: abuso, adicción, infertilidad, depresión, enfermedad, u otra dificultad. Algunas veces Dios les da a las personas una pasión para hablar por un grupo que no puede hacerlo por sí mismo, como los niños abortados, los perseguidos, los pobres, los arrestados, los maltratados, y aquellos a quienes les ha sido negada la justicia. La Biblia está llena de mandatos para defender a los indefensos.

A veces, Dios le da pasión a las personas para fomentar su reino. Él puede darte una pasión divina para comenzar nuevas iglesias, fortalecer familias, financiar traducciones de la Biblia o entrenar líderes. Puede que te dé una pasión divina para alcanzar a un grupo de personas en particular con el evangelio: hombres de negocios, jóvenes, estudiantes extranjeros, madres solteras o quienes practican un deporte o afición en particular. Si le preguntas a Dios, él pondrá una carga en tu corazón por un país específico o un grupo étnico que desesperadamente necesita un testigo cristiano fuerte.

> *Dios nos da pasiones diferentes, de manera que cada cosa que quiera hacer en el mundo se haga.*

Dios nos da pasiones diferentes, de manera que cada cosa que quiera hacer en el mundo se haga. No esperes que todo el mundo tenga tu misma pasión. En vez de ello, debemos escuchar y evaluar cada uno de los mensajes de la vida, porque nadie puede decirlo todo. Nunca subestimes la pasión divina de alguien. La Biblia dice:

«Está bien mostrar interés, con tal de que ese interés sea bien intencionado y constante».[14]

Tu mensaje de vida incluye las «Buenas Nuevas». ¿Cuáles son las Buenas Nuevas? *«Las buenas noticias nos dicen que Dios nos acepta por la fe y solo por la fe».*[15] *«Esto es, que en Cristo, Dios estaba reconciliando al mundo consigo mismo, no tomándole en cuenta sus pecados y encargándonos a nosotros el mensaje de la reconciliación».*[16]

Las Buenas Nuevas significan que cuando confiamos en la gracia de Dios para salvarnos por medio de lo que Jesús hizo, nuestros pecados son perdonados, tenemos un propósito para vivir y nos es prometido un hogar futuro en el cielo.

Hay cientos de libros estupendos acerca de cómo difundir las Buenas Nuevas. Puedo proveer una lista de libros que me han ayudado particularmente. Pero todo el entrenamiento del mundo no es suficiente para motivarte a testificar de Cristo hasta que hagas tuyas las convicciones abarcadas en los capítulos anteriores. Lo más importante es que debes aprender a amar a las personas extraviadas como Dios lo hace. Él no crearía a una persona si no la amara. Para él todos somos importantes. Cuando Jesús extendió sus brazos en la cruz, estaba diciendo: «¡Así es como te amo!». La Biblia dice: *«El amor de Cristo nos obliga, porque estamos convencidos de que uno murió por todos».*[17] En cualquier momento que sientas apatía por tu misión en el mundo, invierte algo de tiempo reflexionando acerca de lo que Jesús hizo por ti en la cruz. Nos deben importar los no creyentes, ya que a Dios le preocupan. El amor no da alternativas. La Biblia dice: *«En el amor no hay temor, sino que el amor perfecto echa fuera el temor».*[18] Un padre correría hacia un edificio en llamas para salvar a su niño porque su amor es más grande que su temor. Si temes compartir las buenas nuevas con las personas cercanas a ti, pídele a Dios que llene tu corazón con su amor por ellos.

La Biblia dice: *«No es que el Señor se tarde en cumplir su promesa, como algunos suponen, sino que tiene paciencia con ustedes, pues no quiere que nadie muera, sino que todos se vuelvan*

DÍA 37:

Comparte el mensaje de tu vida

a Dios».[19] Tan pronto como conozcas a una persona que no conoce a Cristo, debes orar por ella, servirle con amor y compartirle las Buenas Nuevas. Tan pronto como sepas que hay una persona en tu comunidad que no pertenece a la familia de Dios, tu iglesia deberá alcanzarla. Si no lo hace, es como si le dijera al mundo: «Puedes irte al infierno».

¿Qué estás dispuesto a hacer para que las personas que conoces vayan al cielo? ¿Invitarlas a la iglesia? ¿Contarles tu historia? ¿Darles un libro? ¿Llevarlas a comer? ¿Orar por ellas cada día hasta que sean salvas? Tu campo misionero está muy cerca de ti. No pierdas las oportunidades que Dios te da. La Escritura afirma: *«Compórtense sabiamente con los que no creen en Cristo, aprovechando al máximo cada momento oportuno»*.[20]

¿Estará alguien en el cielo gracias a ti? ¿Habrá alguien en el cielo que te diga: «Quiero darte las gracias. Estoy aquí porque te preocupaste lo suficiente para compartirme las Buenas Nuevas»? Imagínate qué gozo tendrás al saludar en el cielo a alguien a quien ayudaste a llegar ahí. La salvación eterna de un alma es más importante que cualquier otra cosa que logres en la vida. Solo las personas durarán para siempre.

En este libro has aprendido los cinco propósitos de Dios para tu vida en la tierra: Él te creó para hacerte un *miembro* de su familia, un *modelo* de su carácter, un *magnificador* de su gloria, un *ministro* de su gracia y *un mensajero* de sus Buenas Nuevas a otros. De esos cinco propósitos, el quinto *solo* puede cumplirse en la tierra. Los otros cuatro los seguirás cumpliendo en la eternidad de alguna manera. Por eso es que la difusión de las Buenas Nuevas es tan importante; solo tienes un tiempo breve para compartir tu mensaje de vida y cumplir tu misión.

DÍA 37

Pensando en mi propósito

PUNTO DE REFLEXIÓN: Dios quiere decirle algo al mundo a través de mí.

VERSÍCULO PARA RECORDAR: *«Estén siempre preparados para responder a todo el que les pida razón de la esperanza que hay en ustedes. Pero háganlo con gentileza y respeto».* 1 Pedro 3:15b-16 (NVI).

PREGUNTA PARA CONSIDERAR: Reflexionando en mi historia personal, ¿a quién quiere Dios que se la cuente?

Conviértete en un cristiano de clase mundial

[Jesús] les dijo:
«Vayan por todo el mundo y anuncien
las buenas nuevas a toda criatura».
MARCOS 16:15 (NVI)

Envíanos al mundo con las nuevas de tu poder
salvador y tu plan eterno para la humanidad.
SALMO 67:2 (PAR)

zph.com/vida-pdl/c38

LA GRAN COMISIÓN ES TU COMISIÓN.

Tienes que tomar una decisión: ser un cristiano de *clase mundial* o ser un cristiano *mundano*.[1]

Los cristianos mundanos ven a Dios esencialmente como una satisfacción personal. Son salvos, pero orientados hacia sí mismos. Les gusta asistir a conciertos y seminarios enriquecedores, pero nunca los encontrarás en conferencias misioneras, porque no les interesan. Sus oraciones se enfocan en sus propias necesidades, bendiciones y alegrías. Con una fe tipo «yo primero», se preguntan: ¿Cómo puede Dios hacer *mi* vida más cómoda? Quieren usar a Dios para sus propósitos más que ser usados para los propósitos de él.

En contraste, los cristianos comprometidos fueron salvados y creados para una misión. Están ansiosos por recibir una asignación particular y se emocionan con el privilegio de ser usados por Dios. Los verdaderos cristianos son las únicas personas *que viven a plenitud* en este planeta. Su gozo, su confianza y entusiasmo son contagiosos, porque saben que hacen una diferencia. Se levantan

295

cada mañana esperando que Dios obre a través de ellos en nuevas formas. ¿Qué clase de cristiano quieres ser?

Dios te invita a participar en la causa más grande, más extensa, más diversa y más importante de la historia: su reino.

La historia es *su* historia. Él está levantando su familia para la eternidad, nada importa más ni durará tanto. Sabemos, de acuerdo con el libro del Apocalipsis, que la misión global de Dios será alcanzada. Algún día la Gran Comisión será el Gran Cumplimiento. En el cielo una enorme multitud de *«toda raza, tribu, nación y lengua»*[2] se reunirá un día delante de Jesucristo para adorarlo. Involucrarte como cristiano comprometido te permitirá experimentar anticipadamente un poco de lo que será el cielo.

Cuando Jesús les dijo a sus seguidores que *«fueran por todo el mundo y dijeran a cada uno las buenas nuevas»*, esa pequeña banda de pobres discípulos del Medio Oriente quedó abrumada. ¿Se suponía que tendrían que caminar o montar sobre animales de lento andar? Eso era todo lo que tenían como medio de transporte, y aún no existían los barcos trasatlánticos, así que había barreras reales para salir al mundo entero. Hoy tenemos aviones, barcos, trenes, autobuses y automóviles. Después de todo es un mundo pequeño y cada día se reduce más. Puedes volar de un océano a otro en cuestión de horas y estar de regreso a casa, si es necesario, al día siguiente. Las oportunidades para el cristiano común y corriente de involucrarse en las misiones internacionales a corto plazo son ahora literalmente infinitas. Cada rincón del mundo te está esperando, simplemente tienes que investigar en una agencia de viajes. Por lo tanto, no tenemos ninguna excusa para no difundir las Buenas Nuevas.

> Nunca en la historia fue más fácil cumplir tu comisión de ir al mundo entero.

Ahora, con la Internet, el mundo se ha hecho aun más pequeño. Además de los teléfonos y los faxes, cualquier creyente con acceso a la Internet puede comunicarse en persona prácticamente con cualquiera en cualquier país del mundo. ¡El mundo completo está en la punta de tus dedos!

Aun muchos pueblos remotos reciben correos electrónicos, de manera que ahora puedes tener conversaciones «evangelísticas» con personas del otro lado del mundo, ¡y sin salir de casa! Nunca en la historia fue más fácil cumplir tu comisión de ir al mundo entero.

Las grandes barreras ya no son las distancias, el costo o el transporte. La única barrera es la manera en que *pensamos*. Para ser un cristiano comprometido debes hacer algunos cambios mentales. Tus perspectivas y actitudes deben cambiar.

Cómo pensar como un verdadero cristiano

Deja de pensar en ti mismo y piensa en otros. La Biblia dice: *«No sean niños en su modo de pensar. Sean... adultos en su modo de pensar».*[3] Este es el primer paso para convertirte en un cristiano de clase mundial. Los niños solo piensan en sí mismos, pero cuando crecen piensan en otros. Dios nos manda: *«Cada uno debe velar no sólo por sus propios intereses sino también por los intereses de los demás».*[4]

Por supuesto, este cambio es difícil, porque somos egoístas por naturaleza y casi toda la propaganda nos anima a pensar en nosotros mismos. La única forma de cambiar este paradigma es dependiendo, momento tras momento, de Dios. Afortunadamente, él no nos deja luchar por nuestra propia cuenta. *«Dios nos ha dado su Espíritu. Por eso es que no pensamos de la misma manera que las personas de este mundo piensan».*[5]

Empieza a pedirle al Espíritu Santo que te ayude a pensar en las necesidades espirituales de los no creyentes en cualquier momento que hables con ellos. Con la práctica puedes desarrollar el hábito de pronunciar en silencio «oraciones de aliento» por aquellos que encuentras. Dile: «Padre, ayúdame a entender lo que le está impidiendo a esta persona que te conozca».

Tu meta es descubrir dónde se encuentran otros en su peregrinaje espiritual y hacer lo necesario para traerlos un paso más cerca del conocimiento de Cristo. Puedes aprender cómo hacerlo adoptando el pensamiento de Pablo, que dijo: *«Procuro agradar a todos en todo. No busco mis propios intereses sino los de los demás, para que sean salvos».*[6]

Cambia de una perspectiva local a una global. Dios es un Dios global. Siempre ha tenido cuidado del mundo entero. *«De tal manera amó Dios al mundo...».*[7] Desde el principio él quiso a los miembros de la familia de cada nación que creó. La Biblia afirma: *«De un solo hombre hizo todas las naciones para que habitaran toda la tierra; y determinó los periodos de su historia y las fronteras de sus territorios. Esto lo hizo Dios para que todos lo busquen y, aunque sea a tientas, lo encuentren. En verdad, él no está lejos de ninguno de nosotros».*[8]

DÍA 38:
Conviértete en un cristiano de clase mundial

Ya la mayoría en el mundo piensa de una manera global. Todos los grandes medios de comunicación y los grupos corporativos son multinacionales. Nuestras vidas se entretejen cada vez más con la de otros de distintas naciones a medida que compartimos la moda, el entretenimiento, la música, los deportes y aun la comida rápida.

Quizás la mayoría de la ropa que vistes y mucho de lo que comiste hoy se produjo en otro país. Estamos más conectados con ellos de lo que pensamos. Estos son días emocionantes para vivir.

Hoy hay más cristianos que nunca antes en la tierra. Pablo estaba en lo correcto: *«Este evangelio está dando fruto y creciendo en todo el mundo, como también ha sucedido entre ustedes».*[9]

El primer paso para comenzar a pensar globalmente es orar por países específicos. Los cristianos comprometidos oran por el mundo. Consigue un globo o mapamundi y ora por las naciones por su nombre. La Biblia dice: *«Pídeme, y como herencia te entregaré las naciones; ¡tuyos serán los confines de la tierra!»*[10]

La oración es la herramienta más importante para tu misión en el mundo. Las personas pueden rechazar nuestro amor y nuestro mensaje, pero no pueden hacer nada contra nuestras oraciones. Igual que un misil transcontinental, puedes apuntar con una oración al corazón de una persona estés a tres metros o a miles de kilómetros de distancia.

¿Por qué deberías orar? La Biblia nos dice que debemos orar por oportunidades para testificar,[11] por valor para hablar,[12] por aquellos que creerán,[13] por la rápida difusión del mensaje,[14] y por más trabajadores.[15] Las oraciones te brindan compañerismo con otros alrededor del mundo.

También debes orar por los misioneros y cada uno de los que participan en la cosecha global. Pablo les dijo a sus compañeros de oración: *«Mientras tanto, ustedes nos ayudan orando por nosotros».*[16] Si quieres sugerencias para orar inteligentemente por el mundo y los cristianos, visita nuestra dirección cibernética www.purposedrivenlife.com.

Otra forma de desarrollar un pensamiento global es leyendo y viendo las noticias con los *«ojos de la Gran Comisión».* Dondequiera que haya cambios o conflictos, puedes estar seguro de que Dios los usará para atraer a la gente a él. La gente es más receptiva a Dios cuando sufre tensión o vive periodos de transición. Por cuanto el porcentaje de cambio se mantiene aumentando en nuestro mundo, muchas más personas están dispuestas a escuchar ahora más que nunca las Buenas Nuevas.

> *Las personas pueden rechazar nuestro amor y nuestro mensaje, pero no pueden hacer nada contra nuestras oraciones.*

La mejor forma de tener un pensamiento global es enrolarse en un proyecto misionero breve en otro país. No hay sustituto para ello. Una experiencia real en la vida de otra cultura es irremplazable. ¡Deja de analizar y discutir tu misión, solo cúmplela! Te reto a que te involucres por completo. En Hechos 1:8, Jesús nos dio el patrón para nuestra participación: *«Serán mis testigos tanto en Jerusalén como en toda Judea y Samaria, y hasta los confines de la tierra».*[17] Sus discípulos fueron llamados a alcanzar a su comunidad (Jerusalén), a su país (Judea), a otras culturas (Samaria), y a otras naciones (los confines de la tierra). Observa que nuestra comisión es simultánea, no secuencial. Puesto que no todas las personas tienen el don misionero, cada cristiano es llamado a unirse a una misión dirigida a uno de esos cuatro grupos en alguna forma. ¿Eres un cristiano de los descritos en Hechos 1:8?

Ponte una meta y participa en un proyecto misionero. Te pido encarecidamente que ahorres y hagas cualquier cosa para que participes en un viaje misionero breve al exterior *tan pronto como te sea posible.* Casi todas las agencias misioneras pueden ayudarte a lograrlo, ello hará que tu corazón crezca, tu visión se amplíe, tu fe aumente, tu compasión se profundice y, además, rebosarás de gozo como nunca lo has sentido. Esto podría marcar un cambio radical en tu vida.

> *«No puedes llevar nada contigo», pero la Biblia dice que puedes enviarlo anticipadamente, invirtiendo en personas que vayan al cielo.*

Fórjate una perspectiva eterna. Para sacarle el mayor provecho a tu vida terrena debes mantener una perspectiva eterna. Eso te impedirá concentrarte en asuntos menores y te ayudará a distinguir entre lo que es urgente y lo que es trascendente. Pablo dijo: «*Así que no nos fijamos en lo visible sino en lo invisible, ya que lo que se ve es pasajero, mientras que lo que no se ve es eterno*».[18]

Muchas de las cosas en las que gastamos nuestras energías no tendrán importancia en un año y por consiguiente mucho menos en la eternidad. No cambies tu vida por cosas temporales. Jesús dijo: «*Cualquiera que se deja distraer del plan que tengo para él no es apto para el reino de Dios*».[19]

Pablo les advirtió a «*los que disfrutan de las cosas de este mundo, [que vivieran en él] como si no disfrutaran de ellas; porque este mundo, en su forma actual, está por desaparecer*».[20]

¿Qué obstáculo estás permitiendo que se levante en el camino de tu misión? ¿Qué te impide ser un cristiano comprometido? Sea lo que sea, quítalo de delante de ti. «*Por eso, nosotros, teniendo a nuestro alrededor tantas personas que han demostrado su fe, dejemos a un lado todo lo que nos estorba y el pecado que nos enreda, y corramos con fortaleza la carrera que tenemos por delante*».[21]

Jesús nos dijo que «*almacenáramos nuestros tesoros en el cielo*».[22] Pero, ¿cómo hacerlo? En una de las declaraciones más mal entendidas de Jesús, él señaló: «*Por eso les digo que se valgan de las riquezas mundanas para ganar amigos, a fin de que cuando éstas se acaben haya quienes los reciban a ustedes en las viviendas eternas*».[23] Jesús no quiso decir que «compráramos» amigos con dinero, lo que quiso decir es que debes usar el dinero que Dios te da para traer gente a los pies de Cristo. Ellos entonces serán tus amigos por la eternidad y te darán la bienvenida cuando llegues al cielo. Esta es la mejor inversión financiera que puedes hacer.

Tal vez has escuchado la expresión: «No puedes llevar nada contigo», pero la Biblia dice que puedes enviarlo anticipadamente, invirtiendo en personas que vayan al cielo. La Biblia afirma que así *«atesorarán para sí un seguro caudal para el futuro y obtendrán la vida verdadera».*[24]

Deja las excusas y piensa en formas creativas para cumplir tu comisión. Si estás dispuesto, siempre hay maneras de hacerlo, y hay agencias que te ayudarán. He aquí algunas excusas comunes:

- *«Solo hablo mi idioma».* Esta es una ventaja, millones de personas quieren aprender tu idioma y están ansiosos por practicarlo.

- *«No tengo nada que ofrecer».* Sí, sí tienes. Cada habilidad y experiencia tuya puede ser usada en algún lugar.

- *«Soy muy viejo (o muy joven)».* La mayoría de las agencias tienen proyectos a corto plazo para cada edad.

Ya sea que se tratara de Sara, que afirmó que era muy vieja para ser usada por Dios, o de Jeremías, que alegó ser muy joven, Dios rechazó sus excusas. Él dijo: *«No digas: "Soy muy joven", porque vas a ir adondequiera que yo te envíe, y vas a decir todo lo que yo te ordene. No le temas a nadie que yo estoy contigo para librarte».*[25]

Quizás has creído que necesitas un «llamado» especial de Dios y has esperado por algún sentimiento o experiencia sobrenatural. Pero Dios ya ha declarado su llamado repetidas veces. *Todos* somos llamados a cumplir los cinco propósitos de Dios en nuestras vidas: adorar, entablar compañerismo, crecer igual a Cristo, servir, y cumplir una misión con Dios en el mundo. Él no quiere usar solo a *algunos* de su pueblo, quiere usarlos a *todos.* Por eso somos llamados a participar *en la misión* asignada por Dios. Él desea que su iglesia completa lleve el evangelio entero a todo el mundo.[26]

Muchos cristianos se pierden el plan de Dios para sus vidas porque nunca le han *preguntado a Dios* si quiere que sirvan como misioneros en alguna parte. Ya sea por temor o ignorancia, en todo caso han cerrado automáticamente sus mentes a la posibilidad de servir como misioneros en localidades multiculturales. Si estás tentado a decir que no, debes revisar todas las posibilidades y modalidades disponibles (te sorprenderás), orar seriamente y preguntarle a Dios qué es lo que quiere de ti en los años venideros.

No te imaginas los miles de misioneros que se necesitan con urgencia en este momento crítico de la historia, cuando innumerables puertas se están abriendo como nunca antes se había visto.

Si quieres parecerte a Jesús, debes tener un corazón que anhele alcanzar al mundo entero. No puedes sentirte satisfecho solo con que tu familia y tus amigos conozcan a Cristo. Hay más de seis mil millones de personas en la tierra, y el Señor quiere encontrar a todos sus hijos perdidos. Jesús dijo: «*El que quiera salvar su vida, la perderá; pero el que pierda su vida por mi causa y por el evangelio, la salvará*».[27]

La Gran Comisión es *tu* comisión, y hacer tu parte es el secreto para vivir una vida significativa.

DÍA 38
Pensando en mi propósito

PUNTO DE REFLEXIÓN: La Gran Comisión es mi comisión.

VERSÍCULO PARA RECORDAR: «*Envíanos al mundo con las nuevas de tu poder salvador y tu plan eterno para la humanidad*». Salmo 67:2 (BAD).

PREGUNTA PARA CONSIDERAR: ¿Qué pasos puedo dar para enrolarme en una experiencia misionera breve el próximo año?

Equilibra tu vida

*Vive con el debido sentido de la responsabilidad,
no como los que no conocen el significado
de la vida, sino como los que lo conocen.*

EFESIOS 5:15 (PAR)

*No dejen que los errores de personas malvadas
los guíen por caminos equivocados y los hagan
perder el equilibrio.*

2 PEDRO 3:17 (PAR)

zph.com/vida-pdl/c39

BENDITOS SEAN LOS EQUILIBRADOS, YA QUE SUPERARÁN A TODOS.

Uno de los eventos en las Olimpíadas de verano es el pentatlón. Consta de cinco disciplinas: tiro de pistolas, esgrima, equitación, carrera y natación. La meta del atleta es ganar en las cinco áreas, no solo en una o dos.

Tu vida es un pentatlón de cinco propósitos, y debes mantenerlos en balance. Esos propósitos los practicaron los primeros cristianos en Hechos 2, los explicó Pablo en Efesios 4, y los modeló Jesús en Juan 17, pero se resumen en el Gran Mandamiento y la Gran Comisión de Jesús. Estas dos declaraciones engloban todo lo que este libro es, los cinco propósitos de Dios para tu vida:

1. **«Ama a Dios con todo tu corazón»:** Fuiste planeado para agradar a Dios, así que tu propósito es amar a Dios por medio de la *adoración*.

2. **«Ama a tu prójimo como a ti mismo»:** Fuiste formado para servir, así que tu propósito es mostrarles amor a los otros por medio de tu *ministerio*.

3. **«Ve y haz discípulos»:** Fuiste hecho para una misión, así que tu propósito es compartir el mensaje de Dios por medio del *evangelismo*.

4. **«Bautizándolos en...»:** Fuiste hecho para la familia de Dios, así que tu propósito es identificarte con tu iglesia por medio del *compañerismo*.

5. **«Enseñándolos a hacer todas las cosas...»:** Fuiste creado para llegar a ser como Cristo, así que tu propósito es crecer hasta la madurez por medio del *discipulado*.

Un gran compromiso con el Gran Mandamiento y la Gran Comisión te harán un gran cristiano.

Mantener estos cincos propósitos en equilibrio no es fácil. Todos tendemos a darles demasiada importancia a los propósitos que más nos apasionan y descuidamos los otros. Las iglesias hacen lo mismo. Pero tú puedes mantener tu vida equilibrada y permanecer enfocado uniéndote a un grupo pequeño para el seguimiento, evaluando regularmente tu salud espiritual, registrando tus progresos en un diario personal, y comunicandoles a otros lo que has aprendido. Esas son cuatro actividades importantes para vivir una vida con propósito. Si piensas seriamente en mantenerte creciendo, necesitarás desarrollar esos hábitos.

> *Un gran compromiso con el Gran Mandamiento y la Gran Comisión te harán un gran cristiano.*

Habla de esto con tu compañero espiritual o grupo pequeño. La mejor manera de apropiarse de los principios de este libro es abordándolos con otros en el ámbito de un grupo pequeño. La Biblia dice: *«El hierro se afila con el hierro, y el hombre en el trato con el hombre».*[1] Aprendemos mejor en comunidad. Nuestras mentes se afilan y nuestras convicciones se profundizan mediante la conversación.

Te insto *seriamente* a que te reúnas en un grupo pequeño de amigos y formes un círculo de lectura de *Una vida con propósito* para revisar estos capítulos semanalmente. Estudien las implicaciones y aplicaciones de cada capítulo. Pregúntense: «¿Qué?» y «¿Qué ahora?». ¿Qué significa esto para mí, mi familia y nuestra iglesia? ¿Qué voy a hacer con respecto a esto? Pablo dijo: «*Practica lo que has aprendido*».[2] En el Apéndice 1 hay una lista de preguntas para compartir en sesiones de grupos pequeños o clases de la Escuela Dominical.

Los grupos pequeños de lectura proveen muchos beneficios, lo que un libro por sí mismo no puede. Puedes dar y recibir información acerca de lo que estás aprendiendo. Puedes discutir ejemplos de la vida real. Puedes orar, animar y ayudar a otros que, como tú, han comenzado a vivir esos propósitos. Recuerda, estamos diseñados para crecer juntos, no separados. La Biblia dice: «*Anímense y fortalézcanse unos a otros*».[3] Después de haber ido a través de este libro juntos, como un grupo, puedes continuar con el estudio de *Una vida con propósito* que ya está disponible para clases y grupos (ver Apéndice 2).

También te animo a que hagas un estudio personal de la Biblia. Tengo más de mil notas finales de las Escrituras usadas en este libro para ti, a fin de que las estudies en su contexto. Por favor, lee el Apéndice 3, el cual explica por qué en este libro usé varias traducciones y paráfrasis de la Biblia. Para poder mantener estos capítulos de un tamaño que permitiera la lectura diaria, no pude explicar el fascinante contexto de la mayoría de los versículos usados. Pero la Biblia se debería estudiar por párrafos, capítulos y hasta por libros enteros. Mi libro *Métodos para el estudio dinámico de la Biblia* te enseñará cómo puedes hacer estos estudios bíblicos inductivos.

Evalúa tu vida espiritual con regularidad. La mejor manera de *equilibrar* los cinco propósitos en tu vida es evaluándote periódicamente. Dios le da un alto valor al hábito de la autoevaluación. Por lo menos cinco veces en la Escritura se nos dice que probemos y examinemos nuestra salud espiritual.[4] La

Biblia afirma: «*Examínense para ver si están en la fe; pruébense a sí mismos. Si fallas el examen, haz algo al respecto*».[5]

Para mantener tu salud física, necesitas revisiones periódicas con tu doctor, que puede evaluar tus signos vitales, la presión sanguínea, la temperatura, el peso, etc. Para tu salud espiritual requieres un chequeo ordinario de los cinco signos vitales: adoración, compañerismo, crecimiento en carácter, ministerio y misión. Jeremías aconsejó: «*Hagámonos un examen de conciencia y volvamos al camino del Señor*».[6]

DÍA 39:
Equilibra tu vida

En la iglesia Saddleback hemos desarrollado una herramienta de evaluación personal sencilla, la cual ha ayudado a miles de personas a permanecer en el propósito de Dios. Si deseas una copia de la evaluación de la salud espiritual, puedes enviarme un correo electrónico a free@purposedrivenlife.com. Te sorprenderá cómo esta pequeña herramienta te ayudará a equilibrar tu vida. Pablo instó: «*¡Haz que tu entusiasmo del comienzo sea igualado con una acción de tu parte ahora!*».[7]

Escribe tus progresos en un diario. La mejor manera de reforzar tus progresos en el cumplimiento de los propósitos de Dios en tu vida es llevando un diario espiritual. No se trata de una agenda, sino de una evidencia de las lecciones de la vida que no deseas olvidar. La Biblia dice: «*Por eso es necesario que prestemos más atención a lo que hemos oído, no sea que perdamos el rumbo*».[8] Recordaremos lo que escribamos.

Escribir te ayuda a clarificar lo que Dios está haciendo en tu vida. Dawson Trotman lo decía así: «Los pensamientos se desenredan cuando pasan entre las puntas de tus dedos». La Biblia da muchos ejemplos de Dios diciéndoles a las personas que llevaran un diario espiritual. Ella declara: «*Por mandato del Señor, Moisés anotaba cada uno de los lugares de donde partían y adonde llegaban*».[9] ¿No te alegra que Moisés obedeciera el mandato de Dios de registrar el diario espiritual de Israel? Si él hubiese descuidado eso, nos habría robado las poderosas lecciones del libro de Éxodo.

Es muy probable que tu diario espiritual no sea leído tanto como el de Moisés, sin embargo, es importante. Tu vida es un peregrinaje, y un peregrinaje merece un diario. Espero que escribas las etapas de tu peregrinaje espiritual mientras vives con propósito.

No escribas solamente cosas agradables. Como hizo David, registra tus dudas, tus temores y tus luchas con Dios. Nuestras grandes lecciones provienen del dolor, y la Biblia dice que Dios ha registrado todas nuestras lágrimas.[10] Cualquier problema que ocurra, recuerda que Dios lo usa para cumplir los cinco propósitos en tu vida: los problemas te impulsan a enfocarte en Dios, a acercarte a otros en compañerismo y a construir un carácter como el de Cristo, proveyéndote un ministerio y dándote un testimonio. Cada problema ocurre con un propósito.

En medio de una experiencia dolorosa, el salmista escribió: «*Que se escriba esto para las generaciones futuras, y que el pueblo que será creado alabe al Señor*».[11] Le debes a las futuras generaciones la preservación del testimonio de cómo Dios te ayudó a cumplir sus propósitos en la tierra. Este es un testimonio que continuará hablando mucho después que estés en el cielo.

> *Le debes a las futuras generaciones la preservación del testimonio de cómo Dios te ayudó a cumplir sus propósitos en la tierra.*

Enseña a otros. Si quieres continuar creciendo, la mejor manera de aprender más es enseñándoles a otros lo que has aprendido. Proverbios nos dice: «*Quien bendice a otros es bendecido abundantemente; los que ayudan a otros son ayudados*».[12] Los que enseñan conocimientos reciben más de Dios.

Ahora que entiendes el propósito de tu vida, es tu responsabilidad llevar el mensaje a otros. Dios te llama para que seas su mensajero. Pablo dijo: «*Yo quiero ahora que le digas esas mismas cosas a los seguidores en quienes puedes confiar para que las compartan a otros*».[13] En este libro te he mostrado lo que otros me enseñaron acerca del propósito de la vida; tu deber ahora es pasarlo a otras personas.

Probablemente conoces a cientos de personas que no saben cuál es el propósito de la vida. Comparte esas verdades con tus hijos, tus amigos, tus vecinos y tus compañeros de trabajo. Si le das este libro a un amigo, añádele una nota personal en la página de la dedicatoria.

Mientras más sepas, más espera Dios que uses ese conocimiento para ayudar a otros. Santiago dijo: «*Cualquiera que sabiendo hacer lo bueno no lo hace, está pecando*».[14] El conocimiento aumenta la responsabilidad, pero trasmitir el propósito de la vida es mucho más que una obligación; este es uno de tus más grandes privilegios. Imagínate cuán diferente sería el mundo si cada uno conociera su propósito en la vida. Pablo dijo: «*Si enseñas estas cosas a otros seguidores, serás un buen siervo de Cristo Jesús*».[15]

Todo es para la gloria de Dios

La razón por la cual enseñamos lo que aprendemos es para darle gloria a Dios y contribuir al crecimiento de su reino. La noche antes de su crucifixión, Jesús oró a su Padre: «*Yo te he glorificado en la tierra, y he llevado a cabo la obra que me encomendaste*».[16] Cuando dijo estas palabras, no había muerto aún por nuestros pecados, así que, ¿cuál era la «obra» que había llevado a cabo? En esa ocasión se estaba refiriendo a algo diferente a la expiación. La respuesta está en lo que afirmó en los siguientes veinte versículos de su oración.[17]

Jesús le dijo a su Padre lo que había estado haciendo los últimos tres años: entrenando a sus discípulos para que siguieran los propósitos de Dios. Los ayudó a conocer y amar a Dios (adoración), enseñándoles a amarse los unos a los otros (compañerismo), les dio la Palabra para que pudieran crecer y madurar (discipulado), les mostró cómo servir (ministerio), y los envió a decirles a otros el mensaje (evangelismo). Jesús modeló una vida con propósito y también les enseñó a otros cómo vivirla. Este era el «trabajo» que glorificaba a Dios.

Hoy Dios nos llama a cada uno a hacer lo mismo, no solo porque quiere que cumplamos sus propósitos, sino porque desea que ayudemos a otros a hacer lo mismo. Él quiere que les presentemos a Cristo y los traigamos a su compañerismo, ayudándolos a crecer en madurez y a descubrir su lugar de servicio, para luego enviarlos a alcanzar a otros.

Esto es lo que significa vivir con propósito. Independientemente de tu edad, el resto de tu vida puede ser lo mejor de ella, y puedes empezar a vivir con propósito hoy mismo.

DÍA 39

Pensando en mi propósito

PUNTO DE REFLEXIÓN: Bendito sea el equilibrio.

VERSÍCULO PARA RECORDAR: *«Vive con el debido sentido de la responsabilidad, no como los que no conocen el significado de la vida; sino como los que lo conocen».* Efesios 5:15 (PAR).

PREGUNTA PARA CONSIDERAR: ¿Con cuál de las cuatro actividades puedo comenzar para seguir y equilibrar los cinco propósitos de Dios para mi vida?

Vive con propósito

*Muchos son los planes
en el corazón del hombre,
pero son los propósitos del Señor
los que prevalecen.*
PROVERBIOS 19:21 (PAR)

zph.com/vida-pdl/c40

*David, después de servir
a su propia generación
conforme al propósito de Dios, murió.*
HECHOS 13:36 (NVI)

VIVIR CON PROPÓSITO ES LA ÚNICA MANERA DE VIVIR *realmente.* Todo lo demás es existir.

La mayoría de las personas luchan con tres cuestiones básicas en su vida. La primera es la identidad: «¿Quién soy?». La segunda es la importancia: «¿Importo yo?». La tercera es el impacto: «¿Cuál es mi lugar en la vida?». Las respuestas a todas estas preguntas están en los cinco propósitos de Dios para ti.

En el Aposento Alto, cuando Jesús concluía su último día de ministerio con sus discípulos, les lavó sus pies como ejemplo y les dijo: «*¿Entienden esto? Dichosos serán si lo ponen en práctica*».[1] Una vez que conoces lo que Dios quiere que hagas, la bendición viene al ponerlo en práctica. Mientras llegamos al final de nuestro peregrinaje de los cuarenta días juntos, ahora que sabes el propósito de Dios para tu vida, ¡serás bendecido si lo *cumples!*

Tal vez esto signifique que debes dejar algunas cosas que estás haciendo. Hay muchas «buenas» cosas que puedes hacer con tu vida, pero estos cinco son los propósitos esenciales de Dios que *debes cumplir.*

Desafortunadamente, es fácil distraernos u olvidarnos de lo que es importante. Es fácil desviarse de lo que es relevante y salirse del curso poco a poco. Para prevenir esto, debes desarrollar una declaración de propósito para tu vida y revisarla regularmente.

¿Qué es una declaración de propósito?

Es un resumen de los propósitos de Dios para tu vida. En tus propias palabras, afirma tu compromiso con los cinco propósitos de Dios para tu vida. Esta declaración *no* es una lista de objetivos. Las metas son temporales; los propósitos son eternos. La Biblia señala: «*Sus planes perduran para siempre; sus propósitos durarán eternamente*».[2]

La declaración indica la dirección de tu vida. Si escribes tus propósitos, te esforzarás en pensar específicamente en el camino de tu vida. La Biblia dice: «*Endereza las sendas por donde andas; allana todos tus caminos*».[3] La declaración de propósito no solo aclara lo que te propones hacer con tu tiempo, vida y dinero, sino que también insinúa lo que no harás. Proverbios dice: «*La meta del prudente es la sabiduría; el necio divaga contemplando vanos horizontes*».[4]

La declaración define lo que es el «éxito» para ti. Esto manifiesta que lo que consideras importante, no es lo que el mundo considera como tal. Clarifica tus valores. Pablo dijo: «*Yo quiero que entiendas lo que realmente es importante*».[5]

La declaración clarifica tus papeles. Tendrás papeles distintos en diferentes etapas de tu vida, pero tus propósitos nunca cambiarán. Son más grandiosos que cualquier papel que desempeñes.

La declaración expresa tu forma. Esto refleja la manera única en que Dios te hizo para tu servicio. Dedica todo el tiempo necesario para escribir la declaración de propósito de tu vida. No trates de completarla de una sola vez, ni aspires a hacerla perfecta en el primer borrador; solo escribe tus pensamientos tan pronto como te lleguen. Siempre es más fácil corregirla que crearla. Aquí están las cinco preguntas que debes considerar cuando prepares tu declaración de propósito.

Las cinco preguntas más importantes de la vida

¿Cuál será el centro de mi vida? Es la pregunta de la *adoración.* ¿Para quién vivirás? (¿Alrededor de qué estás edificando tu vida?). Puedes centrar tu vida alrededor de tu carrera, tu familia, un deporte o diversión, el dinero, los entretenimientos o muchas otras actividades. Todas ellas son buenas, pero no pertenecen al centro de tu vida. Ninguna basta para sostenerte cuando la vida comience a despedazarse. Necesitas un centro inconmovible.

El rey Asa le dijo al pueblo de Judá que *«centraran sus vidas en Dios».*[6] Realmente, cualquiera que sea el centro de tu vida, constituye tu dios. Cuando le entregaste tu vida a Cristo, él pasó a ser el centro, pero debes mantenerlo allí mediante la adoración. Pablo dijo que él oraba por los creyentes *«para que por fe Cristo habite en sus corazones».*[7]

¿Cómo sabes cuándo Dios es el centro de tu vida? Cuando Dios es el centro de tu vida, lo adoras. Cuando no, te preocupas. La preocupación es la luz que te advierte que estás haciendo a Dios a un lado. Cuando lo pongas de nuevo en el centro, tendrás paz otra vez. La Biblia dice: *«Y la paz de Dios, que sobrepasa todo entendimiento, cuidará sus corazones y sus pensamientos en Cristo Jesús».*[8]

> Cuando Dios está en el centro de tu vida, lo adoras. Cuando no, te preocupas.

¿Cuál será el carácter de mi vida? Esta es la pregunta del *discipulado.* ¿Qué clase de persona serás? Dios está más interesado en lo que *eres* que en lo que *haces.* Recuerda, el carácter te lo llevarás a la eternidad, tu carrera no. Haz una lista de las cualidades de tu carácter que quieres desarrollar en tu vida. Puedes comenzar con el fruto del Espíritu[9] o las bienaventuranzas.[10]

Pedro dijo: «*Esfuércense por añadir a su fe, virtud; a su virtud, entendimiento; al entendimiento, dominio propio; al dominio propio, constancia; a la constancia, devoción a Dios; a la devoción a Dios, afecto fraternal; y al afecto fraternal, amor*».[11] No te desanimes ni te rindas cuando tropieces. Requiere una vida entera forjar un carácter como el de Cristo. Pablo le dijo a Timoteo: «*Mantente enfocado en tu carácter y enseñanza. No te distraigas. Sigue perseverando*».[12]

¿Cuál será la contribución de mi vida? Esta pregunta se refiere al *servicio*. ¿Cuál será tu ministerio en el cuerpo de Cristo? Conociendo tu **FORMA: F**ormación espiritual, **O**portunidades, **R**ecursos, **M**i personalidad, y **A**ntecedentes, ¿cuál será tu mejor papel en la familia de Dios? ¿Cómo puedes hacer la diferencia? ¿Hay un grupo específico del cuerpo al cual he sido llamado a servir? Pablo señaló dos beneficios maravillosos cuando cumples con tu ministerio: «*Esta ayuda, que es un servicio sagrado, no sólo suple las necesidades de los santos, sino que también redunda en abundantes acciones de gracias a Dios*».[13]

Aunque fuiste formado para servir a otros, considera que ni Jesús satisfizo las necesidades de *todo el mundo* mientras estuvo en la tierra. Tienes que escoger a quiénes puedes ayudar mejor basado en tu forma. Necesitas preguntarte: «¿A quién deseo ayudar más?». Jesús dijo: «*Los comisioné para que vayan y den fruto, un fruto que perdure*».[14] Cada uno de nosotros da frutos diferentes.

DÍA 40:
Vive con propósito

¿Cuál será la comunicación de mi vida? Esto se refiere a tu *misión* a los no creyentes. Tu declaración de misión es parte de la declaración de propósito de tu vida. Esto debería incluir tu compromiso de compartir tu testimonio y las Buenas Nuevas con otros. También debes hacer una lista con las lecciones de la vida y las pasiones divinas que sientes que Dios te ha dado para compartir con el mundo. Mientras vas creciendo en Cristo, Dios puede darte un grupo especial de personas para que te enfoques en alcanzarlas. Asegúrate de añadir esto a tu declaración.

Si eres padre, parte de tu misión es criar a tus hijos en el conocimiento de Cristo, a fin de ayudarlos a entender los propósitos de él para sus vidas y enviarlos a su misión en el mundo. Puedes incluir la declaración de Josué en la tuya: «*Yo y mi casa serviremos al Señor*».[15]

Por supuesto, nuestras vidas deben dar testimonio y confirmar el mensaje que comunicamos. Antes que la mayoría de los no creyentes acepten la Biblia como creíble, quieren saber cuán creíbles somos nosotros. Por eso es que la Palabra de Dios afirma: «*Asegúrate de vivir de una manera que traiga honor a las buenas nuevas de Cristo*».[16]

¿Cuál será la comunidad de mi vida? Esto tiene que ver con el *compañerismo y la comunión*. ¿Cómo mostrarás tu compromiso con otros creyentes y tu conexión con la familia de Dios? (¿Dónde vas a practicar el mandamiento «unos a los otros» con otros cristianos?). ¿A cuál familia de la iglesia te unirás como un miembro activo? (Cuanto más maduras, más amarás al cuerpo de Cristo y querrás sacrificarte por él). La Biblia dice: «*Cristo amó a la iglesia y dio su vida por ella*».[17] Debes incluir una expresión de amor para la iglesia de Dios en tu declaración.

Al considerar tus respuestas a estas preguntas, incluye cualquier escritura que te hable acerca de cada uno de esos propósitos. Hay muchas en este libro. Puede que te tome semanas o meses elaborar la declaración de propósito de tu vida de la manera que quieres. Ora, piensa en esto, habla con tus amigos y reflexiona en las Escrituras. Puedes volver a escribirlas cuantas veces sea necesario hasta que llegues a tu declaración final. Aun después, quizás le hagas algunos cambios menores de acuerdo con lo que Dios te vaya haciendo entender y según tu forma. Si quieres ver algunos ejemplos de otras personas, puedes enviarme un correo electrónico (Apéndice 2).

> *Antes que la mayoría de los no creyentes acepten la Biblia como creíble, quieren saber cuán creíbles somos nosotros.*

Además de escribir en detalle la declaración del propósito de tu vida, también es útil una declaración breve o lema que resuma los cinco propósitos de tu vida de manera que los puedas *memorizar* y te inspiren. Así podrás recordarlos diariamente. Salomón aconsejó: «*Será bueno mantener estas cosas en tu mente para que puedas repetirlas*».[18]

Aquí tienes algunos ejemplos:

- «Mi propósito en la vida es adorar a Cristo con todo mi corazón, servirle con mi FORMA, tener compañerismo con su familia, crecer igual a él en carácter, y cumplir su misión en el mundo para que así reciba la gloria».

- «Mi propósito en la vida es ser un miembro de la familia de Cristo, un modelo de su carácter, un ministro de su gracia, ser un mensajero de su palabra y un magnificador de su gloria».

- «Mi propósito en la vida es amar a Cristo, crecer en Cristo, compartir a Cristo, servir a Cristo a través de su iglesia, y guiar a mi familia y a otros a hacer lo mismo».

- «Mi propósito en la vida es hacer un gran compromiso con el Gran Mandamiento y la Gran Comisión».

- «Mi objetivo es parecerme más a Cristo, mi familia es la iglesia, mi ministerio es _____; mi misión es _____; mi motivo es la gloria de Dios».

Puedes pensar: «¿Y qué hay acerca de la voluntad de Dios para mi trabajo o matrimonio? ¿Dónde se supone que tengo que vivir o ir a estudiar?». Sinceramente, estos son asuntos secundarios en tu vida, puedes tener muchas posibilidades y *todas* pueden caber dentro de la voluntad de Dios para ti. Lo más importante es que cumplas los propósitos eternos de Dios, independientemente de dónde vivas o trabajes o con quién estés casado. Esas decisiones deben apoyar tus propósitos. La Biblia dice: «*Muchos son los planes en el corazón del hombre, pero son los propósitos del Señor los que prevalecen*».[19] Enfócate en los propósitos de Dios para tu vida, no en tus planes, ya que son los que perdurarán.

Una vez escuché la sugerencia de desarrollar la declaración de propósito para tu vida basándola en lo que esperas que la gente diga en tu entierro. Imagina el elogio perfecto y después elabora tu declaración basada en eso. Francamente, esta es una mala idea. Al final de tu vida no importa lo que las otras personas digan acerca de ti. Lo único que te debe importar es lo *que Dios diga* de ti. La Biblia declara: «*Nuestro propósito es agradar a Dios, no a las personas*».[20]

Un día Dios revisará tus respuestas a estas preguntas. ¿Pusiste a Jesús en el centro de tu vida? ¿Desarrollaste su carácter? ¿Diste tu vida por servir a otros? ¿Comunicaste su mensaje y cumpliste su misión? ¿Amaste y participaste en su familia? Estas son las únicas cosas que contarán.

Como dijo Pablo: «*Nuestro propósito es complacer a Dios, no a los hombres*».[21]

Dios quiere usarte

Unos treinta años atrás observé una frase breve en Hechos 13:36 que alteró por siempre el curso de mi vida. Fueron solo catorce palabras, pero como una marca de hierro ardiente, impactaron mi vida poderosamente: «*David, después de servir a su propia generación conforme al propósito de Dios, murió*».[22] Al fin entendí por qué Dios llamó a David «*un hombre conforme a mi corazón*».[23] David dedicó su vida a cumplir los propósitos de Dios en la tierra.

¡No hay epitafio más grande que este! Imagínatelo grabado en tu lápida: «Este fue _____ quien sirvió según el propósito de Dios a su generación». Mi oración es que las personas sean capaces de decir esto acerca de mí cuando muera. También es mi oración que lo digan respecto a ti. Por eso escribí este libro para todos. Esta frase es la definición concluyente de una vida bien vivida. Haz lo eternal y perdurable (el propósito de Dios), de una manera contemporánea y oportuna (en tu generación). Esto es la esencia de *una vida con propósito*. Ni las generaciones pasadas ni las futuras pueden servir al propósito de Dios en esta generación, solo nosotros podemos hacerlo. Así como a Ester, Dios te creó «*para un tiempo como éste*».[24]

Dios todavía busca personas para usarlas. La Biblia dice que «*el SEÑOR recorre con su mirada toda la tierra, y está listo para ayudar a quienes le son fieles».*[25] ¿Serás tú una de esas personas que Dios quiere usar para sus propósitos? ¿Servirás al propósito de Dios en esta generación?

Pablo vivió una vida con propósito. Él dijo: *«Yo corro hacia la meta con un propósito en cada paso».*[26] Su única razón de vivir era cumplir los propósitos que Dios tenía para él, y agregó: *«Para mí el vivir es Cristo y el morir es ganancia».*[27]

Pablo no le tenía miedo a vivir ni a morir. De cualquier forma cumpliría los propósitos de Dios. ¡No podía perder!

Un día la historia concluirá, sin embargo, la eternidad continuará para siempre. William Carey asertó: «El futuro es tan brillante como las promesas de Dios». Cuando te parezca difícil cumplir tus propósitos, no te desanimes. Recuerda tu recompensa, que perdurará por siempre. La Biblia dice: *«Pues los sufrimientos ligeros y efímeros que ahora padecemos producen una gloria eterna que vale muchísimo más que todo sufrimiento».*[28]

> Hoy puedes empezar a vivir con propósito.

Imagínate cómo será cuando estemos todos de pie frente al trono de Dios, presentándoles nuestras vidas en profunda gratitud y adoración a Cristo. Juntos diremos: *«¡Digno, oh Señor! ¡Sí, nuestro Dios! ¡Toma la gloria, el honor, el poder! ¡Tú creaste todo; todo fue creado porque así lo quisiste!».*[29] ¡Lo alabaremos por su plan y viviremos para sus propósitos por siempre!

DÍA 40

Pensando en mi propósito

PUNTO DE REFLEXIÓN: Vivir con propósito es la única manera de vivir de *verdad*.

VERSÍCULO PARA RECORDAR: «*David, después de servir a su propia generación conforme al propósito de Dios, murió*». Hechos 13:36 (NVI).

PREGUNTA PARA CONSIDERAR: ¿Cuándo dedicaré un tiempo para apuntar mis respuestas a las cinco grandes preguntas de la vida? ¿Cuándo plasmaré mi propósito en un papel?

La trampa de la envidia

El corazón tranquilo da vida al cuerpo, pero la envidia corroe los huesos.

PROVERBIOS 14:30 (NVI)

Vi además que tanto el afán como el éxito en la vida despiertan envidias. Y también esto es absurdo; ¡es correr tras el viento!

ECLESIASTÉS 4:4 (NVI)

zph.com/vida-pdl/c41

NO PUEDES CUMPLIR LOS PROPÓSITOS DE DIOS PARA TU VIDA SI envidias la vida de otros.

En tanto que Dios nos creó a cada uno de nosotros con los mismos cinco propósitos eternos, *la manera en que cumples esos propósitos* —el tiempo, lugar, plan y estilo— *es absolutamente única.* Dios nunca crea clones, nunca copia lo que ya ha hecho, y nunca duplica un plan de vida. Dios solo produce obras maestras originales. Como ya hablamos en los días 30 y 31, Dios te *formó* distintivamente para una vida como ninguna otra. Solo tú puedes ser tú. Solo tú puedes vivir la vida que Dios diseñó para que vivas. Sin embargo, también es cierto que no puedes vivir una vida que Dios diseñó para otro. Intentar ser algo para lo cual no fuiste creado siempre te conducirá a la frustración, la fatiga y el fracaso.

Como humanos, naturalmente nos interesamos en la vida de otros. Esto forma parte de la manera en que hemos sido diseñados. Nos fascina cómo otros se ven, actúan, hablan y viven. Reparamos en lo que se ponen, lo que hacen y lo que tienen. No hay nada de malo en eso, en especial si puedes apreciar la ilimitada variedad de personas que Dios escogió crear en lugar de hacer a todos exactamente iguales. El asunto se vuelve un problema solo cuando nos fastidia la forma en que Dios hizo a otros, rechazamos cómo Dios nos hizo, y empezamos a envidiar lo que otros poseen. La envidia es una trampa. En el mundo actual, en el que la tecnología nos permite ver cómo todos los demás viven, la envidia puede ser la razón más común por la que algunos se pierden el plan único de Dios para su vida. La envidia es un pecado global. Lo he presenciado entre personas de toda edad, nivel económico o etnia, y en todo lugar al que he viajado por el mundo.

«¿Por qué *ella* puede vivir en *esa* casa?». «¿Por qué le dieron *a* él ese trabajo?». «¿Por qué yo no puedo ser *así* de atractivo, así de rico, así de inteligente, así de famoso?». La envidia

DÍA 41:

La trampa de la envidia

aparta tu enfoque de lo que Dios quiere que hagas en tu vida, concentrándote en todo lo que no tienes. Cada vez que envidias a alguien, apartas la mirada del propósito para el que Dios te creó. Te desvías del plan que Dios ideó a la medida para ti. La envidia descarría tu vida y te conduce siempre a un callejón sin salida. La envidia cobra un gigantesco costo emocional sin ninguna recompensa. Te hace perder tu propósito y tu gozo al mismo tiempo.

¡Lo peor de la envidia es que constituye un insulto a Dios! Cada vez que deseas ser alguien más, tener lo que otro tiene, o hacer lo que otro hace, estás diciendo: «¡Dios, te equivocaste en grande conmigo! Podías haberlo hecho mejor. ¡Podías haberme hecho como *esa* persona, pero no lo hiciste! ¿Por qué fallaste conmigo? Si yo fuera Dios, me hubiera hecho más como esa persona!».

La envidia es en realidad una forma de rebelión espiritual basada en la ignorancia y la arrogancia. ¡Da por sentado que yo tengo un mejor plan para mi vida que el que tiene mi Creador! ¿De veras? La Biblia nos recuerda lo arrogante que resulta esto: «*¿Quién eres tú para pedirle cuentas a Dios? "¿Acaso le dirá la olla de barro al que la modeló: ¿Por qué me hiciste así?'"*».[1]

La envidia es una actitud tan destructiva que Dios la prohibió en los Diez Mandamientos. El último mandamiento dice: «*No codicies*».[2] La codicia es otra palabra para describir a la envidia. Dios nos prohíbe absolutamente envidiar lo que otros tienen, como se ven, lo que logran y lo que son, ya que él sabe el daño que hace la envidia.

Cuatro efectos dañinos de la envidia

La envidia niega tu singularidad. Tal como no hay dos copos de nieve iguales, no hay dos seres humanos iguales. ¡Incluso los gemelos idénticos no son completamente idénticos! Como ya mencioné antes en este libro, posees huellas digitales, oculares, un tono de voz, huellas de los pies y latidos del corazón únicos. Nadie jamás ha sido, ni jamás será, como tú. La Biblia dice que «*somos hechura de Dios*».[3] Sin embargo, cuando envidias a otros, no puedes ver el valor asombroso de tu propia forma singular. La envidia te ciega a ti mismo.

En el momento en que comparezcas delante de Dios un día, él no va a decirte: «¿Por qué no te pareciste más a tus padres, o a tu vecino, o a alguna celebridad?». Lo más probable es que Dios te pregunte: «¿Por qué no fuiste más como yo me propuse que fueras?».

La envidia divide tu atención. No puedes concentrarte por completo en llegar a ser lo que Dios quiere que seas y envidiar a otros al mismo tiempo. Jesús dijo: «*Nadie que mire atrás después de poner la mano en el arado es apto para el reino de Dios*».[4] Si siempre estás preocupado observando lo que otros hacen, o deseando lo que otros tienen, no lograrás ver lo que Dios está haciendo en tu vida.

La envidia desperdicia tu tiempo y tu energía. ¡Salomón notó que es por envidia que la mayoría de las personas trabajan demasiado! «*Vi además que tanto el afán como el éxito en la vida despiertan envidias. Y también esto es absurdo; ¡es correr tras el viento!*».[5] Él pone el ejemplo de un hombre que como resultado «*nunca dejaba de afanarse; ¡jamás le parecían demasiadas sus riquezas! "¿Para quién trabajo tanto, y me abstengo de las cosas buenas?", se preguntó. ¡También esto es absurdo, y una penosa tarea!*».[6]

La envidia es enemiga del contentamiento. La envidia dice: «Siempre tengo que tener *más*: más dinero, más posesiones, más poder, prestigio, placer y popularidad». Muchos se matan tratando de igualar o superar a quienes envidian. La Biblia dice que eso es necio: *«No te afanes acumulando riquezas; no te obsesiones con ellas».*[7]

La envidia te conduce a otros pecados. La envidia es uno de los llamados «siete pecados capitales». Estos son los pecados básicos de los cuales brotan muchos otros. La Biblia dice: *«Pues donde hay envidias y rivalidades, allí hay confusión y toda clase de mal».*[8] Nota que la envidia causa «confusión». Siempre que la envidia saca su cabeza, produce desarmonía, competencia, conflicto y confusión.

La envidia te infecta todo por dentro y afecta todo lo que te rodea.

En cualquier momento en que parezca que una relación personal «no funciona», debes verificar si la envidia o la ambición egoísta es la causa posible.

Santiago 3:16 también dice que la envidia es fuente de «toda clase de mal». ¿Puede la envidia hacer que una persona mienta? Sí. ¿Hacer que una persona robe? Sí. ¿Que asesine? Por supuesto. Los asesinatos motivados por la envidia aparecen en los noticiarios a diario, y la Biblia está repleta de ejemplos de crímenes motivados por este mal: Caín mató a su hermano Abel por envidia. Los hermanos de José lo vendieron como esclavo debido a la envidia. Saúl trató varias veces de matar a David porque envidiaba su popularidad. La Biblia indica con claridad que los dirigentes religiosos hicieron que mataran a Jesús debido a que lo envidiaban profundamente.[9]

La envidia te infecta todo por dentro y afecta todo lo que te rodea. Así que, ¿cómo erradicamos la envidia de nuestra vida? La Biblia nos da una manera.

Pasos para erradicar la envidia

¡Deja de compararte con otros! Este es el punto de partida. La comparación es la raíz de toda envidia. Por desdicha, casi desde el momento en que comenzamos a andar, también empezamos a comparar. ¿Puedes recordar las ocasiones en que te quejaste de que a tu hermano o hermana le dieron más helado que a ti? Crecemos comparándolo todo: la apariencia, las calificaciones en la escuela, la capacidad atlética y otros talentos. Como adultos comparamos la ropa, los coches (o la falta del mismo), las casas, cuánto ganamos y mil cosas más. Sin embargo, Dios nos dice que tales comparaciones son necias. La Biblia declara: «*Al medirse con su propia medida y compararse unos con otros, no saben lo que hacen*».[10]

¿Por qué resulta necio compararte a ti mismo con otros? ¡Porque eres *incomparable*! Lo mismo que todos los demás. Dios nos hizo a cada uno de nosotros «único en su clase». Además, la comparación lleva a una de dos reacciones negativas: orgullo o envidia. Siempre podrás hallar a alguien con relación al cuál te considerarás mejor, así que te mostrarás orgulloso. Por otro lado, siempre hallarás otros a los que les va mejor que a ti, de modo que sentirás envidia y te desalentarás. Lo que importa no es a quién le va mejor, sino si estás cumpliendo el propósito para el cual Dios te creó. ¿Estás haciendo lo mejor posible con lo que te ha sido dado?

Dios no te juzga por los talentos que no tienes ni las oportunidades que no se te presentan. Él evaluará tu fidelidad por la forma en que viviste y lo que hiciste con lo que te fue dado.

Recuerda esto: ¡Dios no te ha llamado a que seas el mejor *del mundo* en alguna cosa! Él te ha llamado a que seas *lo mejor que puedes ser* dado tu trasfondo, experiencias, oportunidades y capacidades. Así que decide ahora mismo que vas a romper el hábito de compararte con otros. Llevará tiempo, pero puedes entrenarte a fin de reenfocarte en otra cosa siempre que te veas tentado a compararte. Simplemente repítete a ti mismo: «No voy a seguir por ese camino», y empieza a pensar en otra cosa.

Celebra la bondad de Dios para otros. ¡En lugar de molestarte por otros, regocíjate con ellos! La Biblia nos dice que nos alegremos cuando Dios bendice a los que nos rodean. «*Alégrense con los que están alegres; lloren con los que lloran*».[11] Ahora bien, la segunda parte de ese versículo es fácil de obedecer. No es difícil brindar consuelo cuando las personas están afligidas o sufren una pérdida, incluso si son nuestros rivales. Sin embargo, resulta mucho más difícil celebrar el éxito de otros, en especial si uno no está triunfando en ese ámbito.

¿Cómo recibes las promociones de tus colegas? Si eres soltera, ¿cómo te afectan los matrimonios y embarazos de tus amigas? ¿Cuál es tu primera reacción visceral a las noticias de que alguien que conoces ha recibido un golpe inesperado de la buena suerte? ¿Cuándo fue la última vez que le agradeciste a Dios lo que hizo por *alguna otra persona*?

Una de las razones por las que a veces hallamos difícil «alegrarnos con los que se alegran» es porque tememos que solo haya una provisión limitada de la bondad y la gracia de Dios, así que si otros obtienen una tajada mayor del pastel, tal vez nosotros no recibamos lo mismo. Sin embargo, la gracia de Dios es ilimitada. ¡Hay suficiente para todos y todavía sobrará una cantidad infinita! Efesios 3:8 nos habla de *«las incalculables riquezas de Cristo»*.[12]

La bochornosa verdad en cuanto a la envidia es que aquellos a los que envidiamos más por lo general son las personas más cercanas a nosotros: los familiares envidian a otros familiares; los vecinos envidian a otros vecinos; los compañeros de equipo envidian a otros compañeros de equipo; los músicos envidian a otros músicos; los agricultores envidian a otros agricultores; y los predicadores envidian a otros predicadores.

Si quieres aumentar la cantidad de felicidad que experimentas en la vida, he aquí uno de los secretos: aprende a alegrarte con los éxitos y alegrías de los demás. Si te alegras solo cuando te suceden cosas buenas a ti, serás desdichado gran parte de tu vida, puesto que nadie disfruta solo de cosas buenas. No obstante, si aprendes a alegrarte también por las victorias de otros, siempre tendrás algo de qué gozarte.

Sé agradecido por lo que eres y lo que tienes. Todo lo que posees es una dádiva de Dios. La Biblia afirma: *«¿Qué tienes que no hayas recibido? Y si lo recibiste, ¿por qué presumes como si no te lo hubieran dado? ¡Ya tienen todo lo que desean!»*.[13] Cuando descubras que estás empezando a envidiar a otras personas, en lugar de soñar con tener sus empleos, o talentos, o el novio, o los hijos, lo que sea, recuérdate a ti mismo: «Dios me ha dado algunos dones únicos que otros no tienen, y además, no sé las desventajas de ser como ellos».

La envidia se basa en el mito popular de que tener más me hará más feliz. Sin embargo, tanto la Biblia como el testimonio de millones de personas muestran que eso no es verdad. Salomón, el hombre más rico que jamás haya vivido, dijo esto en cuanto al deseo de adquirir más: *«Quien ama las riquezas nunca tiene suficiente. ¡También esto es absurdo! Donde abundan los bienes, sobra quien se los gaste; ¿y qué saca de esto su dueño, aparte de contemplarlos? El trabajador duerme tranquilo, coma mucho o coma poco. Al rico sus muchas riquezas no lo dejan dormir».*[14]

La felicidad es una decisión. Eres tan feliz como decidas serlo. Si no sabes cómo ser feliz con lo que tienes, nunca serás feliz con más.

> *Si no sabes cómo ser feliz con lo que tienes, nunca serás feliz con más.*

La envidia pregunta: «¿Por qué ellos? ¿Por qué tienen ellos lo que yo no tengo?». La gratitud pregunta: «¿Por qué yo? ¿Por qué tengo todo lo que tengo?». David modeló este tipo de gratitud cuando dijo en oración: *«Señor y Dios, ¿quién soy yo, y qué es mi familia, para que me hayas hecho llegar tan lejos?».*[15] Años después, su hijo escribiría: *«Disfruta de lo que tienes en lugar de desear lo que no tienes; soñar con tener cada vez más no tiene sentido, es como perseguir el viento».*[16]

Permíteme decirlo con toda claridad: tener sueños ambiciosos, un deseo de ser mejor y metas de fe son todas cosas buenas *si* provienen de Dios, benefician a otros y se realizan en fe para la gloria del Señor. Debes anhelar lograr lo mejor en tu vida, producir belleza y ayudar a otros. No obstante, la envidia envenena todo lo que toca e impide la bendición de Dios sobre tus esfuerzos. El motivo de lo que haces es lo que más le importa a Dios.

Confía en Dios cuando la vida parezca injusta. Una de las señales de que la envidia ha entrado en mi corazón es cuando empiezo a decir: «¡No es justo! ¡No es justo que no tenga lo que ellos tienen!». Siempre que acusamos a Dios de ser injusto, en realidad estamos dudando de su bondad. La envidia es la fiebre, el síntoma, pero la duda con respecto a Dios es la enfermedad.

Siempre que envidias a otros, estas dudando de que Dios sabe lo que es mejor para ti. Pones en duda su amor, su justicia e incluso su sabiduría. Siempre que acuso a Dios de ser injusto, estoy neciamente implicando: «Dios, soy mejor dios que tú, porque si yo fuera Dios, sería más justo de lo que tú eres».

La próxima vez que empieces a desvariar acerca de la injusticia de Dios contigo, recuérdate estos hechos:

1. Todo lo que tengo es una dádiva inmerecida de Dios. Ni siquiera existiría si no fuera por la gracia divina. La próxima bocanada de aire que aspire es un don de Dios.

2. No sé lo que Dios sabe y no puedo ver lo que Dios ve, así que debo confiar en él.

3. La vida en la tierra es injusta por causa del pecado, no debido a Dios. Nuestra rebelión contra el Señor ha trastornado todo en este planeta. Este no es el cielo, donde todo funciona perfectamente. Nada funciona de un modo perfecto aquí.

4. Dios envió a Jesucristo para que nos salvara del día del juicio cuando él cuadrará los libros, enderezará todos los males y aplicará justicia.

5. No fue justo que Cristo muriera en mi lugar por mis pecados; pero lo hizo.

En Mateo 20, Jesús relató el episodio de un propietario de tierras que contrató a varios hombres a diferentes horas del día para que trabajaran en su campo. Al final de la jornada, el dueño de forma inesperada les pagó a todos lo mismo por su trabajo. Por supuesto, esto no molestó a los que empleó en el último minuto, pero aquellos que habían trabajado todo el día se quejaron ruidosamente de que el dueño estaba siendo injusto. «*Estos que fueron los últimos en ser contratados trabajaron una sola hora —dijeron—, y usted los ha tratado como a nosotros que hemos soportado el peso del trabajo y el calor del día*».[17]

Me encanta la respuesta del propietario: «*Amigo, no estoy cometiendo ninguna injusticia contigo. ¿Acaso no aceptaste trabajar por esa paga? Tómala y vete. Quiero darle al último obrero contratado lo mismo que te di a ti. ¿Es que no tengo derecho a hacer lo que quiera con mi dinero? ¿O te da envidia de que yo sea generoso?*».[18] La franqueza de este hombre resulta admirable: «*Toma lo que es tuyo, y vete*».[19] En otras palabras: «Deja de cuestionar mi gracia hacia los demás. ¡Sé agradecido por lo que tienes y continúa ahora con tu vida!». Este consejo impedirá que te dejes atrapar en la trampa de la envidia y te desvíes de la senda que Dios ha trazado para ti.

DÍA 41

Pensando en mi propósito

PUNTO DE REFLEXIÓN: No puedo cumplir el propósito de Dios para mí si envidio a otros.

VERSÍCULO PARA RECORDAR: «*El corazón tranquilo da vida al cuerpo, pero la envidia corroe los huesos*». Proverbios 14:30 (NVI).

PREGUNTA PARA CONSIDERAR: ¿En qué aspectos de mi vida frecuentemente me comparo con los demás y envidio a otros?

La trampa de complacer a la gente

zph.com/vida-pdl/c42

Temer a los hombres resulta una trampa,
pero el que confía en el SEÑOR sale bien librado.
PROVERBIOS 29:25 (NVI)

¿Qué busco con esto:
ganarme la aprobación humana o la de Dios?
¿Piensan que procuro agradar a los demás?
Si yo buscara agradar a otros, no sería siervo de Cristo.
GÁLATAS 1:10 (NVI).

¿POR LA APROBACIÓN DE QUIÉN VIVES TÚ?

Debido a que Dios nos diseñó para establecer relaciones personales, cada uno de nosotros tiene un deseo de ser amado, valorado y apreciado. Anhelamos sentirnos aceptados y aprobados por otros. Este anhelo de pertenecer, este deseo de «encajar» y sentirnos conectados a otros, es la fuerza impulsora detrás de muchas de las decisiones que tomamos. Tanto en las decisiones pequeñas, como la ropa que usaremos o cómo nos peinaremos, como en las decisiones de envergadura, tales como dónde vivir y trabajar, lo que otros piensan ejerce en nosotros mayor influencia de lo que nos damos cuenta.

No hay nada de malo con nuestro deseo de ser aceptados, apreciados y aprobados por los demás. En realidad, sin la afirmación de otros nunca floreceremos plenamente hasta alcanzar nuestro pleno potencial. Nuestro crecimiento se verá atrofiado. Solo *con la ayuda de otros* podemos llegar a cumplir el propósito para el que Dios nos creó.

Como expliqué en capítulos anteriores, Dios nos diseñó de modo que nos necesitáramos los unos a los otros. Todos precisamos de alguien que crea en nosotros, nos aliente, y afirme nuestro valor y progreso. Si no perteneces a un grupo pequeño y una familia de la iglesia que haga eso, necesitas encontrar algunos. El estímulo es absolutamente esencial para tu salud y tu desarrollo espiritual.

Sin embargo, al igual que todos los deseos saludables y buenos que Dios pone en nuestro corazón, es posible usar mal el deseo de aprobación, abusar del mismo y confundirlo. Esto puede volverse una obsesión que domina nuestra vida y un temor que destruye nuestra alma. Como la bacteria que come carne, *la enfermedad de complacer* puede consumir todo nuestro tiempo, energía y felicidad. El actor estadounidense Bill Cosby una vez dijo: «No conozco la clave del éxito, pero si sé que el camino al fracaso es tratar de complacer a todos».

El deseo de complacer a la gente es el otro lado de la moneda de la envidia. La envidia declara: «¡Debo ser *como tú* para ser feliz!». Los que quieren complacer a la gente afirman: «Debo *caerte bien* para ser feliz». Ambas trampas nos impedirán vivir una vida impulsada por un propósito y para la gloria de Dios.

El lado oscuro del deseo de aprobación es el temor a la desaprobación. Después de hablar con personas en más de cien países diferentes, he llegado a convencerme de que el temor a que otros nos critiquen o rechacen es la razón más común por la que nos desviamos del camino que Dios planeó para nosotros. Pienso que esta es la herramienta favorita de Satanás a fin de distraerte. Una vez que sabes con qué propósito fuiste creado, él te dice al oído: «Pero, ¿qué va a pensar la gente?». ¿Qué tal si no les gustan los cambios que realizas? ¿Qué tal si critican lo que dices o haces? ¿Qué tal si se burlan de lo que crees?

Este temor al rechazo a menudo es una fuerza tan abrumadora que retrocedemos ante lo que sabemos que es lo correcto que hay que hacer. Por eso la presión de los demás resulta tan efectiva para controlar lo que hacemos y decimos. Las presiones de nuestros amigos —ya sea en los estudios, el trabajo o nuestro barrio— se arraigan en el temor a la desaprobación o el rechazo. Cuando las instituciones escolares, los negocios o los gobiernos usan la «corrección política» a fin de sofocar la libertad que Dios nos ha dado para hablar y vivir según nuestra conciencia, se aprovechan de este temor.

La Biblia nos advierte que no dejemos que el temor a la desaprobación nos impida hacer lo que sabemos que Dios quiere que hagamos.

Por supuesto, la Biblia repetidamente nos ordena que seamos considerados con los sentimientos de los demás. En los asuntos de conducta donde Dios concede gran libertad, *«los fuertes en la fe debemos apoyar a los débiles, en vez de hacer lo que nos agrada».*[1] No es amor ignorar cómo nuestras decisiones afectan a otros. Pablo nos recuerda: *«Porque ninguno de nosotros vive para sí mismo, ni tampoco muere para sí».*[2]

Sin embargo, la Biblia también nos advierte que no dejemos que el temor a la desaprobación nos impida hacer lo que sabemos que Dios quiere que hagamos. Proverbios 29:25 dice: *«Temer a los hombres resulta una trampa».*[3] Otra traducción de este versículo afirma: *«Es peligroso preocuparse por lo que otros piensen de ti».*[4]

La trampa de complacer a la gente tiene una mentira como carnada. La mentira es esta: «Si simplemente logro caerles bien a todos, ¡entonces seré feliz!». No obstante, esa mentira solo nos hará desdichados. No podemos vivir bajo el estrés constante de preocuparnos por lo que los demás piensen de nosotros. La Biblia declara: *«No es bueno comer mucha miel, ni buscar honores para uno mismo».*[5]

Los peligros de complacer a la gente

Permíteme mencionarte cinco efectos dañinos de permitir que la aprobación o la desaprobación de otros determinen qué hacer con tu vida.

Complacer a la gente hará que me pierda la voluntad de Dios para mi vida. ¡Recuerda, Dios no te creó para que cumplas

las expectativas de otros! Fuiste planeado para el placer *de Dios*. Y a él le encanta verte ser tú mismo. La Palabra de Dios es inequívocamente clara: «*Nuestro propósito es agradar a Dios, no a las personas. Solamente él examina las intenciones de nuestro corazón*».[6] Nota que el Señor tantea y prueba «las intenciones de nuestro corazón». Dios siempre está más interesado en el motivo de lo que haces que en dónde o cómo lo haces. Puedes realizar toda clase de buenas obras, pero si tu motivo es simplemente impresionar a otros, obtener reconocimiento, o evitar su desaprobación, te pierdes el punto de hacer el bien. Pablo dijo: «*Porque no es aprobado el que se recomienda a sí mismo sino aquel a quien recomienda el Señor*».[7] Además, si siempre te enfocas en lo que otros quieren, no podrás llegar a ser lo que Dios tiene la intención que seas. Las expectativas de otros te restringirán, limitarán tu potencial, y te impedirán realizar el sueño que Dios puso en tu corazón.

Complacer a la gente impide que mi fe crezca. El temor a la desaprobación me impide correr riesgos en la fe. Sin correr riesgos, mi fe no puede extenderse y desarrollarse. Muchos jamás dan ni siquiera el primer paso de fe en Cristo, ya que temen que sus amigos o familiares los desaprueben o los miren mal. Este es un error fatal. La Biblia dice: «*¿Cómo va a ser posible que ustedes crean, si unos a otros se rinden gloria pero no buscan la gloria que viene del Dios único?*».[8] Nunca permitas que otros se interpongan en tu relación con Cristo.

Complacer a la gente es una desventaja emocional. Inmoviliza tu potencial. Una paráfrasis de Proverbios 29:25 declara: «*El temor a la opinión humana incapacita*».[9] Por supuesto, *cualquier* temor estorbará tu crecimiento espiritual, pero preocuparse por lo que otros piensen es especialmente incapacitante. Cuando las opiniones de otros nublan tu vista, el papel de Dios en tu vida se reduce; pero cuando la aprobación de Dios importa más, las nociones de otros pierden su fuerza en tu vida.

¿La opinión de quién te importa más? Cualquiera que sea esa persona, ella es tu dios. Cuando valoras las opiniones de otro más que las de Dios, le das a esa persona el poder y la autoridad que le pertenece solo al Señor. Eso produce toda clase de inseguridades en ti. Por otro lado, cuando la aprobación de Dios es lo que más te importa, eso te libera de la inseguridad, porque él nunca te rechazará.

Complacer a la gente me conduce a otros pecados. La Biblia está llena de ejemplos de personas que hicieron el mal porque cedieron a la presión de los demás: Rubén aceptó vender como esclavo a José, su hermano menor, porque sus otros hermanos lo presionaron. Aarón hizo un ídolo de oro para adorar cuando el pueblo lo presionó. Sansón rompió su voto a Dios en el momento en que su novia lo obligó. Pedro negó conocer a Jesús al temer lo que otros pudieran decir. Pilato, aunque sabía que Jesús no había hecho nada digno de castigo, permitió que se crucificara a Jesús porque temió la desaprobación de la chusma.

Si eres sincero, podrás recordar algunas ocasiones en que has cedido a la presión de los demás, tal como ellos lo hicieron. Este mismo momento sería una muy buena ocasión para hacer una pausa y confesarle a Dios tu cobardía. Eleva en oración las palabras del rey Saúl, que dijo: «*¡He pecado! [...] He quebrantado el mandato del Señor y tus instrucciones. Los soldados me intimidaron y les hice caso*».[10]

Permíteme ser franco: Si tus amigos están haciendo que le restes importancia a tu consagración a Jesús, niegues tus creencias, hagas acomodos en cuanto a tus valores, o abandones el sueño que Dios te dio… ¡necesitas buscarte nuevos amigos! La Biblia advierte: «*No imites la maldad de las mayorías*».[11] También señala: «*Si los pecadores quieren engañarte, no vayas con ellos*».[12] Los amigos que te desaniman en tu andar con Dios no son verdaderos amigos. «*No se dejen engañar: "Las malas compañías corrompen las buenas costumbres." Vuelvan a su sano juicio, como conviene, y dejen de pecar*».[13]

Complacer a la gente produce hipocresía. La palabra *hipócrita* en español procede de una palabra griega antigua que se usaba para describir a los actores en un escenario que interpretaban múltiples papeles en la misma obra, usando diferentes máscaras para las diferentes escenas. Los que complacen a la gente se ponen máscaras y luego cambian de papeles en dependencia del público. Llevan una máscara en casa, otra en la iglesia, y una enteramente diferente en su trabajo. Son hipócritas.

Si caes en la trampa de complacer a la gente, esconderás tu yo verdadero por miedo a que te rechacen. Harás acomodos en cuanto a tus convicciones a fin de ser socialmente aceptable o tener corrección política. Jesús se refería a esta clase de hipocresía cuando les dijo a los fariseos: «*Ustedes se hacen los buenos ante la gente, pero Dios conoce sus corazones. Dense cuenta de que aquello que la gente tiene en gran estima es detestable delante de Dios*».[14]

Complacer a la gente silencia mi mensaje vital. A menos que te libres del temor a la desaprobación, Dios no podrá utilizarte como quiere hacerlo. Te resistirás a proclamar el mensaje poderoso que Dios quiere comunicar por medio de ti. Tu testimonio se verá reprimido y te perderás el más grande privilegio de la vida: que Dios te use para cambiar el destino eterno de otro ser humano.

Por siglos, Satanás ha usado el temor al rechazo para silenciar a los creyentes. Incluso durante el ministerio de Jesús en la tierra, frente a un milagro tras otro, el discípulo Juan nos dice: «*Por temor a los judíos nadie hablaba de él abiertamente*».[15] Más tarde, Juan también escribió: «*Muchos de ellos, incluso de entre los jefes, creyeron en él, pero no lo confesaban porque temían que los fariseos los expulsaran de la sinagoga. Preferían recibir honores de los hombres más que de parte de Dios*».[16] Si siempre te muestras renuente a hablarles de tu fe a otros, tienes un problema con respecto a complacer a la gente. Por amor a otros y sus destinos eternos, necesitas pedirle a Dios que te ayude a librarte de esta trampa.

DÍA 42:
La trampa de complacer a la gente

Cómo librarse de la trampa de complacer a la gente

¿Cuál es la cura para la adicción a la aprobación? ¿De qué manera nos escapamos de la prisión de complacer a la gente? Pues bien, puesto que esta prisión es mental, no física, la solución radica en cambiar la manera de pensar. La palabra que Dios utiliza para este cambio mental es *arrepentimiento*. Nos libramos de la presión a conformarnos permitiendo que Dios transforme nuestros pensamientos: «*No se amolden al mundo actual, sino sean transformados mediante la renovación de su mente*».[17] Entonces, ¿qué usa Dios para transformar nuestra mente? ¡La respuesta es *la verdad!* Las mentiras culturales nos amoldan, pero las verdades eternas nos transforman.

> ¿Qué usa Dios para transformar nuestra mente? ¡La respuesta es la verdad!

Jesús famosamente dijo: «*Y conocerán la verdad, y la verdad los hará libres*».[18] He aquí seis verdades que debes recordar la próxima vez que te veas tentado a ceder a la presión de los demás.

¡Recuerda que ni siquiera Dios puede complacer a todos! En todo evento deportivo los fanáticos de cada equipo ruegan en oración que su equipo gane. En toda elección los votantes de cada partido oran que sus candidatos obtengan la victoria. ¡Alguien siempre quedará desilusionado! Unos días los agricultores oran por lluvia, mientras que los niños piden que salga el sol. Otros días, algunos oran que caiga nieve, mientras que otros oran que no sea así. La lista podría seguir y seguir. Incluso Dios no puede complacer a todos. Y solo un necio trataría de lograr lo que ni siquiera Dios puede hacer. Es imposible contentar a todos al mismo tiempo.

Incluso si pudieras conseguir que todos sean iguales a ti, eso no sería una buena idea. Solo significaría que no tienes convicciones en las que crees profundamente, ni principios que estás dispuesto a defender.

Jesús dijo: «*¡Ay de ustedes cuando todos los elogien!*».[19]

Recuerda que no necesitas la aprobación de nadie para ser feliz. La felicidad es una decisión. Eres tan feliz como elijas serlo. Lo que otros piensen de ti no puede privarte de la felicidad a menos que permitas que te la roben.

Es una verdad de la vida que en nuestro destrozado planeta, lleno de personas quebrantadas, siempre habrá quienes denigren la forma en que te ves, no les guste lo que haces, desaprueben lo que crees, disputen lo que dices y te falten al respeto. Sin embargo, ellos no pueden controlar tus emociones a menos que lo permitas. La desaprobación no tiene que devastarte.

En mi calidad de pastor, he hablado con miles de individuos que han invertido mucho de su tiempo y energía tratando de complacer a una persona imposible de contentar, por lo general un padre, una madre o algún otro familiar. Cuando les pregunto si todo su esfuerzo ha valido la pena, la respuesta siempre es «no». Entonces les digo una verdad que es dura al principio, pero que a la larga resulta liberadora: «Si no has conseguido su aprobación a estas alturas, nunca la vas a conseguir. El problema no eres tú. Ellos son el problema. Es imposible complacerlos».

Sin embargo, hay buenas noticias, una verdad que te hará libre: ¡No necesitas la aprobación de estas personas para ser feliz! Así que renuncia a seguir intentándolo. Deja de desperdiciar tu energía emocional en algo que nunca va a suceder y no es necesario para que seas feliz. Ellos son desdichados, pero tú no tienes que serlo. ¡No hay ninguna razón sensata para que seas infeliz al igual que ellos!

En lugar de concentrarte en una persona imposible de satisfacer, concéntrate en Jesús, que te acepta incondicionalmente. Mientras más importante llegue a ser Jesús para ti, más libre serás de la desaprobación de otros. El Señor lo promete. Él dijo: «*Así que si el Hijo los libera, serán ustedes verdaderamente libres*».[20]

Llegar a conocer a Jesús de una forma personal e íntima puede librarte de muchas cosas: la carga de la culpabilidad, el veneno del resentimiento, el estrés del exceso de trabajo, la presión del materialismo, los hábitos de la adicción y el temor a la muerte. No obstante, una de las más grandes libertades que Jesús ofrece es librarte del temor a la desaprobación. Esto resulta esencial para la paz mental.

Si estás buscando que algún ser humano te haga o te mantenga feliz, a la larga vas a desilusionarte. Ningún ser humano tiene la capacidad de suplir todas tus necesidades y mantenerte todo el tiempo contento. Solo Dios puede proporcionarte todo lo que necesitas. Ninguna persona tiene la capacidad de darte toda la seguridad, la aprobación, la aceptación y el amor que requieres,

336 | PROPÓSITO # 5: *Fuiste hecho para una misión*

no importa lo que te prometa. Si esperas que alguien satisfaga necesidades que solo Dios puede suplir, estás siendo injusto con esa persona, predisponiéndola a fracasar, y preparándote a amargarte.

Por otro lado, Dios repetidas veces ha prometido no abandonarte, dejarte, ni rechazarte nunca. La Biblia dice: «*Aunque mi padre y mi madre me abandonen, el SEÑOR me recibirá en sus brazos*».[21] Esta es una verdad en la que puedes descansar, una roca sólida sobre la que puedes edificar tu identidad, tu seguridad y tu felicidad.

Recuerda que lo que parece tan importante ahora solo es temporal. A la luz de la eternidad, lo que otros piensen de ti en este momento no va a importar en lo absoluto. En realidad, es probable que ni siquiera importe en unos pocos años. ¿Puedes recordar a las personas cuya opinión te interesaba más en la secundaria? ¿Cuán significativas son las opiniones de esas personas para ti hoy? Tal vez no te afecten en lo absoluto. Lo que parecía tan importante entonces ahora resulta irrelevante. Complacer a la gente siempre es una actividad mental a corto plazo. Los beneficios nunca duran.

Todo lo que nos rodea hoy nos dice que la riqueza, el éxito y la fama harán que obtengamos la aprobación de los demás, pero la verdad es que ninguno de estos valores perdurará. Todos son temporales. Dios dice: «*El mundo se acaba con sus malos deseos, pero el que hace la voluntad de Dios permanece para siempre*».[22]

> Si lo que hago agrada a Dios, puedo dejar de preocuparme por la reacción de todos los demás.

¡Recuerda que tienes que complacer solo a una persona! Si lo que hago agrada a Dios, eso es siempre lo correcto que hacer, y puedo dejar de preocuparme por la reacción de todos los demás. Esto simplifica dramáticamente la vida. También evita el pecado de la idolatría.

Los primeros dos de los Diez Mandamientos son: (1) «*No tengas otros dioses además de mí*» y (2) «*No te hagas ningún ídolo*».[23] Un ídolo es cualquier cosa que ponga en mi vida antes que Dios. Si la aprobación de alguien me importa más que la de Dios, entonces esa persona se ha vuelto un ídolo para mí. Jesús destaca que es imposible tener dos dioses en la vida: «*Nadie puede servir a dos señores*».[24] Tienes que decidir. Como Pablo dijo: «*¿Qué busco con esto: ganarme la aprobación humana o la de Dios? ¿Piensan que procuro agradar a los demás? Si yo buscara agradar a otros, no sería siervo de Cristo*».[25]

Esta verdad de que tengo que agradar solo a Dios es una clave importante para llegar a ser firme y no dejarme manipular por la desaprobación de otros. Jesús no se dejó influenciar por la crítica o el temor al rechazo, ya que vivía para un público de Uno. Él dijo: «*No busco hacer mi propia voluntad sino cumplir la voluntad del que me envió*».[26] Para ser semejantes a él, debemos hacer lo mismo.

Recuerda que un día rendirás cuentas a Dios por tu vida. Habrá un día de juicio. La Biblia afirma: «*Así que cada uno de nosotros tendrá que dar cuentas de sí a Dios*».[27] Se te va a pedir una explicación de todo lo que has dicho y hecho. ¡Este es un pensamiento aleccionador! Si mantienes esta realidad en mente, cambiará la forma en que vives cada día y para quién vives. Tu valor se fortalecerá a fin de decirle que no a las cosas que preferirías no tener que explicarles a Dios algún día.

En esos momentos en que te sientas tentado a diluir la verdad, hacer acomodos en tus creencias o rechazar tu fe, recuerda que Jesús no te negó. Él murió públicamente en la cruz por ti. «*Tanto el que santifica como los que son santificados tienen un mismo origen, por lo cual Jesús no se avergüenza de llamarlos hermanos*».[28] Jesús no se avergüenza de ti. Él afirma que eres parte de su familia si te has arrepentido de tus pecados y confiado en él para tu salvación.

Sin embargo, hay una pregunta: Debido a que le temes a la desaprobación, ¿te has avergonzado de Jesús? Recuerda, un día tendrás que rendirle cuentas. Y Jesús dice: «*Si alguien se avergüenza de mí y de mis palabras, el Hijo del hombre se avergonzará de él cuando venga en su gloria*».[29] ¿Se avergonzará Jesús de ti un día debido a que tú te avergonzaste de él?

Recuerda que Dios te hizo para ser tú y no nadie más. Esta es la verdad final a la que aferrarse. Anteriormente en este libro mencioné que cuando llegues al cielo, Dios no te va a decir: «¿Por qué no te pareciste más a tu hermano, o a tu madre, o a tu padre?». No va a averiguar: «¿Fuiste popular? ¿Le caíste bien a todo mundo y cumpliste todas las expectativas de la gente?». No. Dios te va a preguntar: «¿Cumpliste el propósito para el que te creé?».

En estos dos últimos capítulos he explicado los dos obstáculos más grandes para vivir la vida que Dios se propuso que vivieras: querer ser como otros (envidia) y querer agradar a los demás (complacer a la gente). Estas trampas son sutiles, pero distraen y desvían a millones de personas del propósito para el que Dios las creó. Habiendo hablado con miles de individuos, sé que todos necesitamos un respaldo continuo. Por eso he dedicado el resto de mi vida a ayudarte en tu jornada. Por favor, contáctame cuando hayas terminado de leer este libro y te ayudaré con los pasos que siguen. Mándame un correo electrónico a Rick@purposedriven. com o entra en mi sitio personal en la red, www.PastorRick.com. Oraré por ti y te enviaré materiales de enseñanza adicionales gratuitos sobre qué hacer luego. Mi oración sincera es que empieces a experimentar todo lo que Dios tiene guardado para ti. «*Ningún ojo ha visto, ningún oído ha escuchado, ninguna mente humana ha concebido lo que Dios ha preparado para quienes lo aman*».[30]

DÍA 42
Pensando en mi propósito

PUNTO DE REFLEXIÓN: La felicidad es mi decisión. No necesito la aprobación de nadie para ser feliz.

VERSÍCULO PARA RECORDAR: «*Aunque mi padre y mi madre me abandonen, el SEÑOR me recibirá en sus brazos*». Salmo 27:10 (NVI).

PREGUNTA PARA CONSIDERAR: ¿La opinión de quién es la que más me importa? ¿Por la aprobación de quién vivo?

PREGUNTAS PARA COMPARTIR

En adición a las preguntas al final de cada capítulo, puedes usar las siguientes para discutirlas en tu grupo pequeño o tu clase de la Escuela Dominical.

¿Para qué estoy aquí en la tierra?

- ¿Cuáles crees que son las implicaciones de la primera oración del capítulo inicial de este libro: «No se trata de ti»?

- ¿Cuál piensas que es la fuerza que guía las vidas de las demás personas? ¿Cuál ha sido la fuerza que ha guiado tu vida?

- Hasta aquí, ¿qué imagen o metáfora ha sido la que describe mejor tu vida? ¿Una carrera, un circo o cualquier otra?

- Si cada uno entendiera que la vida en la tierra es realmente una *preparación para la eternidad*, ¿cómo actuaríamos de manera diferente?

- ¿A qué se apegan las personas en la tierra que les impide cumplir los propósitos de Dios?

- ¿A qué te has apegado que te impide vivir para cumplir los propósitos de Dios?

Fuiste planeado para agradar a Dios

- ¿Cuán diferente es *«vivir tu vida completa para agradar a Dios»* a lo que la mayoría de la gente entiende que es «la adoración»?

- ¿En qué se parece o diferencia la amistad con Dios de cualquier otra relación amistosa?

- Cuenta algo que hayas aprendido en un momento en que creíste que Dios estuvo distante.

- ¿Qué es más fácil para ti, adorar en público o en privado? ¿En qué momento te sientes usualmente más cerca de Dios?

- ¿Cuándo es apropiado expresarle enojo a Dios?

- ¿Qué temores afloran cuando piensas en rendirle tu vida completamente a Cristo?

Fuiste hecho para la familia de Dios

- ¿En qué se diferencia *«estar comprometidos unos con otros como lo estamos con Jesucristo»* de la manera en que la mayoría de la gente entiende el «compañerismo»?

- ¿Cuáles son las barreras que nos impiden amar y cuidar a otros creyentes?

- ¿Qué te facilitaría más expresarles tus necesidades, heridas, temores y esperanzas a otros?

- ¿Cuáles son las excusas más comunes que usa la gente para no unirse a la iglesia y cómo responderías a ellas?

- ¿Qué podría hacer nuestro grupo para proteger y promover la unidad en nuestra iglesia?

- ¿Existe alguna persona con la cual necesites restaurar una relación de modo que oremos?

Fuiste creado para ser como Cristo

- ¿En qué se diferencia el *«ser igual a Cristo»* de la manera en que la mayoría de las personas entienden «el discipulado»?
- ¿Cuáles son algunos de los cambios que has visto en tu vida desde que eres creyente? ¿Cuáles han podido ver los otros?
- De aquí a un año, ¿en qué modo te gustaría parecerte más a Cristo? ¿Qué puedes hacer hoy para alcanzar esa meta?
- ¿En qué área de tu crecimiento espiritual debes tener paciencia dado que ves poco progreso en ella?
- ¿Cómo ha usado Dios el dolor o los problemas para ayudarte a crecer?
- ¿Cuándo eres más vulnerable a la tentación? ¿Cuál de los pasos para vencer la tentación puede ayudarte más?

Fuiste formado para servir a Dios: Ministerio

- ¿En qué se diferencia *«usar tu forma para servir a otros»* de la manera en que la mayoría entiende el «ministerio»?
- ¿Qué es lo que más *amas* hacer que podría usarse para servir a otros en la familia de Dios?
- Medita en una experiencia dolorosa que has vivido y Dios usó para ayudar a otros que pasaban por la misma circunstancia.
- ¿En qué forma compararnos con otros nos impide desarrollar por completo nuestros dones particulares?
- ¿Cómo has visto el poder de Dios demostrado a través de ti en los momentos de debilidad?
- ¿Cómo podemos ayudar a los miembros de nuestro grupo pequeño o clase de la Escuela Dominical a hallar su lugar en el ministerio?

- ¿Qué puede hacer nuestro grupo para servir a nuestra familia en la iglesia?

Fuiste hecho para una misión: Evangelismo

- ¿Cuáles son algunos de los temores típicos y estereotipos que la gente tiene cuando escucha la palabra «evangelismo»? ¿Qué *te impide* compartir las Buenas Nuevas con otros?
- ¿Qué crees que pueda ser parte del mensaje de tu vida que Dios te ha dado para compartir con el mundo?
- Da a conocer el nombre de algún amigo no creyente para que cada uno en tu grupo pueda empezar a orar por él.
- ¿Qué podemos hacer como grupo para cumplir la Gran Comisión?
- ¿En qué forma la lectura colectiva de este libro a redirigido y reenfocado tu comprensión acerca del propósito de la vida?
- ¿Cuáles han sido algunas de las conclusiones más útiles para ti?
- ¿A quién trae Dios a tu mente con el que puedas compartir el mensaje transformador de este libro?
- ¿Qué es lo próximo que vamos a estudiar? (Vea el Apéndice 2 para sugerencias).

Envíanos un e-mail a *Rick@purposedriven.com* con un testimonio de tu grupo.

RECURSOS

Recursos para una vida con propósito

Puedes encontrarlos en tu librería o en www.saddlebackresources.com

1. *Una vida con propósito, diario.* El compañero de este libro. (Vida/Zondervan)

2. *Una vida con propósito,* audio libro. Toda la riqueza de los 42 capítulos del libro impreso, ahora en audio CD. Estas grabaciones dan las pautas a seguir para llevar una vida cristiana en el siglo veintiuno. Un estilo basado en los propósitos eternos de Dios. (Vida/Zondervan)

3. *Una vida con propósito, vídeo con plan de estudios.* Seis sesiones de instrucción de Rick Warren, para ser aplicadas en la iglesia durante la campaña 40 Días con Propósito, con énfasis en el crecimiento espiritual. Guía de estudios disponible.

4. *Una iglesia con propósito.* Este galardonado libro te muestra cómo tu iglesia puede ayudar a la gente a vivir los cinco propósitos de Dios durante toda su vida. Miles de personas lo han estudiado en iglesias y grupos. (Vida/Zondervan y Ministerios con Propósito)

5. *Fundamentos: 11 verdades esenciales para edificar tu vida.* Una guía popular de estudios de la iglesia Saddleback sobre los fundamentos bíblicos para vivir con propósito. Estas veinticuatro semanas de estudio para pequeños grupos o clases de adultos incluyen amplias notas de enseñanza, una guía para el maestro, una guía para el alumno, preguntas

344 | Una vida con propósito: ¿Para qué estoy aquí en la tierra?

de discusión para pequeños grupos y diapositivas en Power Point. (Vida/Zondervan)

6. *¿Para qué estoy aquí en la tierra?* Es un compendio de sesenta y cuatro páginas de *Una vida con propósito*, una edición económica de fácil comprensión para el mercado masivo. (Vida/Zondervan)

Suscripciones Gratis (En Inglés)

Para suscribirse gratuitamente, escriba a Rick@purposedriven.con o ingrese a www.purposedriven.com

Daily Hope, mi inspiración diaria para usted.

Pastor Toolbox, un correo electrónico semanal, con una hoja informativa para todos los líderes de la iglesia y colaboradores en el ministerio.

¿POR QUÉ USÉ VARIAS VERSIONES DE LA BIBLIA?

Este libro contiene alrededor de mil citas bíblicas. Intencionalmente he usado varias traducciones de la Biblia por dos razones importantes: Primero, no importa cuán maravillosa sea una traducción, siempre tiene limitaciones. La Biblia fue escrita originalmente empleando 11,280 palabras hebreas, arameas y griegas, pero la típica traducción en inglés usa 6,000 vocablos. Obviamente los tintes y matices de las palabras se pueden perder, de modo que siempre es saludable comparar varias traducciones.

Segundo, y más importante, es el hecho de que a menudo perdemos el impacto completo de algunos versículos bíblicos familiares, no a causa de una pobre traducción, sino simplemente porque se han hecho muy familiares. Creemos que sabemos lo que un versículo dice porque lo hemos leído y escuchado muchas veces. Luego, cuando lo encontramos citado en un libro, lo leemos a vuelo de pájaro y perdemos el significado total del mismo.

Así que deliberadamente usé paráfrasis para ayudar a ver la verdad de Dios en maneras nuevas y frescas. Los cristianos de hoy debemos agradecerle a Dios que tengamos tantas versiones diferentes para usar en las lecturas devocionales. También, por cuanto las divisiones y números de los versículos no fueron incluidos en la Biblia sino hasta el año 1560 d. C., no siempre cito el versículo entero, más bien enfatizo la frase apropiada. Mi modelo para esto es la manera como Jesús y los apóstoles citaron el Antiguo Testamento. A menudo solo citaron una frase para destacar lo que querían decir.

BAD   Biblia al Día, Sociedad Bíblica Internacional.
LBLA   Biblia de las Américas, Fundación Lockman.

DHH   Dios Habla Hoy, Sociedades Bíblicas Unidas.

NVI   Nueva Versión Internacional, Bíblica Internacional.

RVR60 Reina Valera 1960, Sociedades Bíblicas Unidas.

BLS   Biblia en Lenguaje Sencillo, Sociedades Bíblicas Unidas.

NBLH Nueva Biblia Latinoamericana de Hoy.

NTV   Nueva Traducción Viviente.

PAR   Paráfrasis de diferentes versiones bíblicas.

NOTAS

Una jornada con propósito

1. Romanos 12:2 (BAD).
2. 2 Timoteo 2:7 (NVI).

DÍA 1: Todo comienza con Dios

1. Job 12:10, (DHH).
2. Romanos 8:6 (PAR).
3. Mateo 16:25 (PAR).
4. Hugh S. Moorhead, comp., *The Meaning of Life According to Our Century's Greatest Writers and Thinkers,* Chicago Review Press, 1988.
5. 1 Corintios 2:7 (BAD).
6. Efesios 1:11. (BAD).
7. David Friend, ed., *The Meaning of Life*, Little Brown. Boston, 1991, p. 194

DÍA 2: No eres un accidente

1. Salmo 138:8a (LBLA).
2. Salmo 139:15 (BAD).
3. Salmo 139:16 (BLS).
4. Hechos 17:26 (DHH).
5. Efesios 1:4a (PAR).
6. Santiago 1:18 (NVI).
7. Michael Denton, *Nature's Destiny: How the Laws of Biology Reveal Purpose in the Universe,* Free Press, New York, 1998, p. 389.

8. Isaías 45:18 (NVI).
9. 1 Juan 4:8.
10. Isaías 46:3-4 (NVI).
11. Russell Kelfer. Usado con permiso.

DÍA 3: ¿Qué guía tu vida?

1. Génesis 4:12b.
2. Salmo 32:1 (DHH).
3. Job 5:2 (BLS).
4. 1 Juan 4:18 (PAR).
5. Mateo 6:24 (BAD).
6. Isaías 49:4 (NVI).
7. Job 7:6 (DHH).
8. Job 7:16 (NVI).
9. Jeremías 29:11 (NVI).
10. Efesios 3:20 (BAD).
11. Proverbios 13:7 (NVI).
12. Isaías 26:3 (LBLA).
13. Efesios 5:17 (NVI).
14. Filipenses 3:13 (BAD).
15. Filipenses 3:15 (PAR).
16. Romanos 14:10b, 12 (BAD).
17. Juan 14:6 (NVI).

DÍA 4: Creados para vivir por siempre

1. Eclesiastés 3:11 (BAD).
2. 2 Corintios 5:1 (PAR).
3. Filipenses 3:7 (BAD).

4. 1 Corintios 2:9 (NVI).

5. Mateo 25:34 (NVI).

6. C. S. Lewis, *The Last Battle*, Collier Books, New York, 1970, p. 184.

7. Salmo 33:11 (BLS).

8. Eclesiastés 7:2 (PAR).

9. Hebreos 13:14, (PAR).

10. 2 Corintios 5:6 (NVI).

DÍA 5: **La vida desde la perspectiva de Dios**

1. Romanos 12:2 (NVI).

2. 2 Crónicas 32:31 (NVI).

3. 1 Corintios 10:13 (NVI).

4. Santiago 1:12 (NVI).

5. Salmo 24:1 (NVI).

6. Génesis 1:28 (DHH).

7. 1 Corintios 4:7b (NVI).

8. 1 Corintios 4:2 (NVI).

9. Mateo 25:14-29.

10. Mateo 25:21 (NVI).

11. Lucas 16:11 (BAD).

12. Lucas 12:48b (NVI).

DÍA 6: **La vida es una asignación temporal**

1. Job 8:9 (NVI).

2. Salmo 39:4 (BLS).

3. Salmo 119:19 (BLS).

4. 1 Pedro 1:17 (PAR).

5. Filipenses 3:19-20 (BAD).

6. Santiago 4:4 (NVI).

7. 2 Corintios 5:20 (NVI).

8. 1 Pedro 2:11 (NVI).

9. 1 Corintios 7:31 (BAD).

10. 2 Corintios 4:18b (NVI).

11. Juan 16:33; 16:20; 15:18-19.

12. 2 Corintios 4:18 (NVI).

13. 1 Pedro 2:11 (PAR).

14. Hebreos 11:13, 16 (DHH).

DÍA 7: **El porqué de todo**

1. Salmo 19:1 (NVI).

2. Génesis 3:8; Éxodo 33:18-23; 40:33-38; 1 Reyes 7:51; 8:10-13; Juan 1:14; Efesios 2:21-22; 2 Corintios 4:6-7.

3. Éxodo 24:17; 40:34; Salmo 29:1; Isaías 6:3-4; 60:1; Lucas 2:9.

4. Apocalipsis 21:23 (NVI).

5. Hebreos 1:3 (NVI); 2 Corintios 4:6b (BAD).

6. Juan 1:14 (DHH).

7. 1 Crónicas 16:24; Salmo 29:1; 66:2; 96:7; 2 Corintios 3:18.

8. Apocalipsis 4:11a (NVI).

9. Romanos 3:23 (NVI).

10. Isaías 43:7 (PAR).

11. Juan 17:4 (LBLA).

12. Romanos 6:13b (DHH).

13. 1 Juan 3:14 (BLS).

14. Romanos 15:7 (BAD).

15. Juan 13:34-35 (NVI).

16. 2 Corintios 3:18 (BLS).

17. Filipenses 1:11 (BAD); Juan 15:8 (PAR).

18. 1 Pedro 4:10-11 (NVI); 2 Corintios 8:19b (PAR).

19. 2 Corintios 4:15 (BAD).

20. Juan 12:27-28 (NVI).

21. Juan 12:25 (PAR).

22. 2 Pedro 1:3 (PAR).

23. Juan 1:12 (NVI).

24. Juan 3:36a (PAR).

DÍA 8: Planeado para agradar a Dios

1. Efesios 1:5 (PAR).
2. Génesis 6:6; Éxodo 20:5; Deuteronomio 32:36; Jueces 2:20; 1 Reyes 10:9; 1 Crónicas 16:27; Salmos 2:4; 5:5; 18:19; 35:27; 37:23; 103:13; 104:31; Ezequiel 5:13; 1 Juan 4:16.
3. Salmo 147:11 (PAR).
4. Juan 4:23 (LBLA).
5. Isaías 29:13 (NVI).
6. Salmo 105:4 (PAR).
7. Salmo 113:3 (BAD).
8. Salmos 119:147; 5:3; 63:6; 119:62.
9. Salmo 34:1 (NVI).
10. 1 Corintios 10:31 (NVI).
11. Colosenses 3:23 (NVI).
12. Romanos 12:1 (PAR).

DÍA 9: ¿Qué hace sonreír a Dios?

1. Efesios 5:10 (PAR).
2. Génesis 6:8 (BAD).
3. Génesis 6:9b (BAD).
4. Oseas 6:6 (BAD).
5. Mateo 22:37-3 (NVI).
6. Hebreos 11:7 (PAR).
7. Génesis 2:5-6.
8. Salmo 147:11 (PAR).
9. Hebreos 11:6 (NVI).
10. Génesis 6:22 (NVI); Hebreos 11:7b (PAR).
11. Salmo 100:2 (BAD).
12. Salmo 119:33 (BAD).
13. Santiago 2:24 (PAR).
14. Juan 14:15 (NVI).
15. Génesis 8:20 (NVI).
16. Hebreos 13:15 (NVI).
17. Salmo 116:17 (NVI).
18. Salmo 69:30-31 (NVI).
19. Salmo 68:3 (PAR).
20. Génesis 9:1, 3 (DHH).
21. Salmo 37:23 (BAD).
22. Salmo 33:15 (PAR).
23. Isaías 45:9 (BAD).
24. 1 Timoteo 6:17 (NVI).
25. Salmo 103:14 (BLS).
26. 2 Corintios 5:9 (PAR).
27. Salmo 14:2 (BLS).

DÍA 10: El corazón de la adoración

1. 1 Juan 4:9-10, 19.
2. Romanos 12:1 (PAR).
3. Salmo 145:9.
4. Salmo 139:3.
5. Mateo 10:30.
6. 1 Timoteo 6:17b.
7. Jeremías 29:11.
8. Salmo 86:5.
9. Salmo 145:8.
10. Romanos 5:8 (RVR60).
11. Génesis 3:5.
12. Lucas 5:5 (NVI).
13. Salmo 37:7a (PAR).
14. Mateo 6:24 (NVI).
15. Mateo 6:21 (NVI).
16. Marcos 14:36 (BAD).
17. Job 22:21 (BAD).
18. Romanos 6:17 (PAR).
19. Josué 5:13-15.
20. Lucas 1:38 (BAD).
21. Santiago 4:7a (PAR).
22. Romanos 12:1 (RVR60).

23. Romanos 12:1 (PAR).

24. 2 Corintios 5:9 (NVI).

25. Filipenses 4:13 (PAR).

26. 1 Corintios 15:31 (NVI).

27. Lucas 9:23 (PAR)

DÍA 11: Hagámonos los mejores amigos de Dios

1. Salmos 95:6; 136:3; Juan 13:13; Judas 1:4; 1 Juan 3:1; Isaías 33:22; 47:4; Salmo 89:26.

2. Éxodo 33:11, 17; 2 Crónicas 20:7; Isaías 41:8; Santiago 2:23; Hechos 13:22; Génesis 6:8; 5:22 (BAD); Job 29:4.

3. Romanos 5:11 (BAD)

4. 2 Corintios 5:18a (PAR)

5. 1 Juan 1:3.

6. 1 Corintios 1:9.

7. 2 Corintios 13:14.

8. Juan 15:15 (NVI).

9. Juan 3:29.

10. Éxodo 34:14 (PAR).

11. Hechos 17:26-27 (NVI).

12. Jeremías 9:24 (NVI).

13. Véase «How to Have a Meaningful Quiet Time» en *Personal Bible Study Methods.* Rick Warren, 1981. Disponible en www.pastors.com.

14. 1 Tesalonicenses 5:17 (NVI).

15. Efesios 4:6b (NVI).

16. Brother Lawrence, *The Practice of the Presence of God,* Revel-Stire, Books, Grand Rapids, 1967.

17. 1 Tesalonicenses 5:17 (PAR).

18. Salmos 23:4; 143:5; 145:5; Josué 1:8; Salmo 1:2.

19. 1 Samuel 3:21 (NVI).

20. Job 23:12 (NVI).

21. Salmo 119:97 (NVI).

22. Salmo 77:12 (BAD).

23. Génesis 18:17; Daniel 2:19; 1 Corintios 2:7–10.

24. Salmo 25:14 (BAD).

DÍA 12: Desarrolla tu amistad con Dios

1. Mateo 11:19.

2. Job 42:7b (PAR)

3. Éxodo 33:1-17.

4. Éxodo 33:12-17 (PAR).

5. Considérense Job (Job 7:17-21), Asaf (Salmo 83:13), Jeremías (Jeremías 20:7), Noemí (Rut 1:20).

6. Salmo 142:2-3a (DHH).

7. Juan 15:14 (NVI).

8. Juan 15:9-11 (NVI).

9. 1 Samuel 15:22 (NVI).

10. Mateo 3:17 (NVI).

11. 2 Corintios 11:2 (PAR).

12. Salmo 69:9 (BAD).

13. Salmo 27:4 (DHH).

14. Salmo 63:3 (NVI).

15. Génesis 32:26 (NVI).

16. Filipenses 3:10 (PAR).

17. Jeremías 29:13 (PAR).

18. 1 Timoteo 6:21a (BAD).

DÍA 13: La adoración que agrada a Dios

1. Hebreos 12:28 (NVI).

2. Juan 4:23 (NVI).

3. 1 Samuel 16:7b (NVI).

4. Hebreos 13:15; Salmo 7:17; Esdras 3:11; Salmos 149:3; 150:3; Nehemías 8:6.

5. Gary Thomas, *Sacred Pathways*, Zondervan, Grand Rapids, 2000.

6. Juan 4:23 (PAR).

7. Mateo 6:7 (RVR60).

8. Véase la cinta de la semana 11, serie acerca de los nombres de Dios, *How God Meets Your Deepest Needs*, por los pastores de Saddleback (1999), www.pastors.com.

9. 1 Corintios 14:40 (NVI).

10. 1 Corintios 14:16-17 (BLS).

11. Romanos 12:1 (NVI).

12. Salmo 50:14 (BLS); Hebreos 13:15 (PAR); Salmos 51:17; 54:6; Filipenses 4:18; Salmo 141:2 (PAR); Hebreos 13:16; Marcos 12:33 (PAR); Romanos 12:1.

13. 2 Samuel 24:24 (NVI).

14. Matt Redman, «Heart of Worship», Kingway's Thankyou Music, 1997.

DÍA 14: **Cuando Dios parece distante**

1. Philip Yancey, *Reaching for the Invisible God*, Zondervan, Grand Rapids, 2000, p. 242.

2. 1 Samuel 13:14; Hechos 13:22.

3. Salmo 10:1 (BLS).

4. Salmo 22:1 (NVI).

5. Salmo 43:2 (NVI); Salmos 44:23 (PAR); 74:11 (PAR); 88:14 (PAR); 89:49 (BAD).

6. Deuteronomio 31:8; Salmo 37:28; Juan 14:16-18; Hebreos 13:5.

7. Isaías 45:15.

8. Floyd McClung, *Finding Friendship with God*, Vine Books, Ann Arbor, MI, 1992, p. 186.

9. Job 23:8-10 (NVI).

10. Salmo 51; Efesios 4:29-30; 1 Tesalonicenses 5:19; Jeremías 2:32; 1 Corintios 8:12; Santiago 4:4 (BAD).

11. Job 1:20-21 (NVI).

12. Job 7:11 (PAR).

13. Job 29:4 (NVI).

14. Salmo 116:10 (NVI).

15. Job 10:12.

16. Job 42:2; 37:5, 23.

17. Job 23:10; 31:4.

18. Job 34:13.

19. Job 23:14.

20. Job 19:25.

21. Job 23:12 (NVI).

22. Job 13:15 (PAR).

23. 2 Corintios 5:21 (NVI).

DÍA 15: **Hecho para la familia de Dios**

1. Efesios 1:5 (BAD).

2. Santiago 1:18 (BAD).

3. 1 Pedro 1:3b (BAD); Romanos 8:15-16 (PAR).

4. Marcos 8:34; Hechos 2:21; Romanos 10:13; 2 Pedro 3:9.

5. Gálatas 3:26 (NVI).

6. Efesios 3:14-15 (BAD).

7. 1 Juan 3:1; Romanos 8:29; Gálatas 4:6-7; Romanos 5:2; 1 Corintios 3:23; Efesios 3:12; 1 Pedro 1:3-5; Romanos 8:17.

8. Gálatas 4:7b (BAD).

9. Filipenses 4:19 (NVI).

10. Efesios 1:7; Romanos 2:4; 9:23; 11:33; Efesios 3:16; 2:4.

11. Efesios 1:18b (NVI).

12. 1 Tesalonicenses 5:10; 4:17.

13. 1 Juan 3:2; 2 Corintios 3:18.

14. Apocalipsis 21:4.

15. Marcos 9:41; 10:30; 1 Corintios 3:8; Hebreos 10:35; Mateo 25:21, 23.

16. Romanos 8:17; Colosenses 3:4; 2 Tesalonicenses 2:14; 2 Timoteo 2:12; 1 Pedro 5:1.

17. 1 Pedro 1:4 (BAD).

18. Colosenses 3:23-24a (NVI).

19. Mateo 28:19 (NVI).

20. 1 Corintios 12:13 (NVI).

21. Hechos 2:41; 8:12-13, 35-38.

22. Hebreos 2:11 (PAR).

23. Mateo 12:49-50 (BAD).

DÍA 16: Lo que más importa

1. Gálatas 5:14 (NVI).

2. 1 Pedro 2:17 (PAR).

3. Gálatas 6:10 (NVI).

4. Juan 13:35 (NVI).

5. 1 Corintios 14:1a (BAD).

6. 1 Corintios 13:3 (PAR).

7. Mateo 22:37-40 (NVI).

8. 1 Corintios 13:13 (NVI).

9. Mateo 25:34-46.

10. Mateo 25:40 (RVR60).

11. Gálatas 5:6.

12. 1 Juan 3:18 (PAR).

13. Efesios 5:2 (BAD).

14. Juan 3:16a.

15. Gálatas 6:10 (NVI).

16. Efesios 5:16 (NVI).

17. Proverbios 3:27-28 (NVI).

DÍA 17: Un lugar al cual pertenecer

1. Génesis 2:18.

2. 1 Corintios 12:12; Efesios 2:21, 22; 3:6; 4:16; Colosenses 2:19; 1 Tesalonicenses 4:17.

3. Romanos 12:5 (NVI).

4. Romanos 12:4-5; 1 Corintios 6:15; 12:12-27.

5. Romanos 12:4-5 (PAR).

6. Efesios 4:16.

7. Mateo 16:18 (NVI).

8. Efesios 5:25 (PAR).

9. 2 Corintios 11:2; Efesios 5:27; Apocalipsis 19:7.

10. 1 Pedro 2:17b (PAR).

11. 1 Corintios 5:1-13; Gálatas 6:1-5.

12. Efesios 2:19b (CST).

13. Juan 13:35 (NVI).

14. Gálatas 3:28 (PAR); Juan 17:21.

15. 1 Corintios 12:27 (PAR).

16. 1 Corintios 12:26 (NVI).

17. Efesios 4:16; Romanos 12:4-5; Colosenses 2:19, 1 Corintios 12:25.

18. 1 Juan 3:16. (NVI).

19. Efesios 4:16 (NVI).

20. 1 Corintios 12:7 (BAD).

21. Efesios 2:10 (PAR).

22. 1 Corintios 10:12; Jeremías 17:9; 1 Timoteo 1:19.

23. Hebreos 3:13 (NVI).

24. Santiago 5:19 (PAR).

25. Hechos 20:28–29; 1 Pedro 5:1-4; Hebreos 13:7, 17.

26. Hebreos 13:17 (BAD).

27. Hechos 2:42 (PAR).

28. 2 Corintios 8:5 (NVI).

DÍA 18: Viviendo la vida juntos

1. Mateo 18:20 (NVI).

2. 1 Juan 1:7-8 (NVI).

3. Santiago 5:16a (PAR).

4. 1 Corintios 12:25 (PAR).

5. Romanos 1:12 (PAR).

6. Romanos 12:10 (PAR).

7. Romanos 14:19 (NVI).

8. Colosenses 3:12 (PAR).

9. Filipenses 3:10; Hebreos 10:33-34.

10. Gálatas 6:2 (BLS).

11. Job 6:14 (NVI).

12. 2 Corintios 2:7 (NVI).

13. Colosenses 3:13 (BAD).

14. Colosenses 3:13 (DHH).

DÍA 19: **Cultiva la vida en comunidad**

1. Efesios 4:3 (NVI).

2. 1 Timoteo 3:14-15 (NVI).

3. Efesios 4:15 (LBLA).

4. Proverbios 24:26 (PAR).

5. Gálatas 6:1-2 (DHH).

6. Efesios 4:25 (PAR).

7. Proverbios 28:23 (NVI).

8. Eclesiastés 8:6 (NVI).

9. 1 Timoteo 5:1-2 (NVI).

10. 1 Corintios 5:3-12 (PAR).

11. 1 Pedro 5:5b (NVI).

12. 1 Pedro 5:5c (NVI).

13. Romanos 12:16 (BLS).

14. Filipenses 2:3-4 (PAR).

15. Romanos 15:2 (PAR).

16. Tito 3:2 (PAR).

17. Romanos 12:10 (NVI).

18. Proverbios 16:28 (NVI).

19. Tito 3:10 (NVI).

20. Hebreos 10:25 (NVI).

21. Hechos 2:46 (NVI).

DÍA 20: **Restaura el compañerismo**

1. 2 Corintios 5:18 (NVI).

2. Filipenses 2:1-2 (NVI).

3. Romanos 15:5 (PAR).

4. Juan 13:35.

5. 1 Corintios 6:5 (NVI).

6. 1 Corintios 1:10 (NVI).

7. Mateo 5:9 (NVI).

8. 2 Corintios 5:18 (PAR).

9. Santiago 4:1-2 (NVI).

10. Mateo 5:23-24 (PAR).

11. 1 Pedro 3:7; Proverbios 28:9.

12. Job 5:2 (PAR); 18:4 (PAR).

13. Filipenses 2:4 (NVI).

14. Salmo 73:21-22 (PAR).

15. Proverbios 19:11 (NVI).

16. Romanos 15:2 (NVI).

17. Romanos 15:3 (NVI).

18. Mateo 7:5 (NVI).

19. 1 Juan 1:8 (PAR).

20. Proverbios 15:1 (NVI).

21. Proverbios 16:21 (PAR).

22. Efesios 4:29 (PAR).

23. Romanos 12:18 (NVI).

24. Romanos 12:10; Filipenses 2:3.

25. Mateo 5:9 (PAR).

26. 1 Pedro 3:11 (BAD).

27. Mateo 5:9.

DÍA 21: **Cuida tu iglesia**

1. Juan 17:20-23.

2. Efesios 4:3 (NVI).

3. Romanos 14:19 (NVI).

4. Romanos 10:12; 12:4-5; 1 Corintios 1:10; 8:6; 12:13; Efesios 4:4; 5:5; Filipenses 2:2.

5. Romanos 14:1; 2 Timoteo 2:23.

6. 1 Corintios 1:10 (NVI).

7. Efesios 4:2 (NVI).

8. Dietrich Bonhoffer, *Life Together*, HarperCollins, New York, 1954.

9. Romanos 14:13; Santiago 4:11; Efesios 4:29; Mateo 5:9; Santiago 5:9.

10. Romanos 14:4 (PAR).

11. Romanos 14:10 (PAR).

12. Apocalipsis 12:10 (NVI).

13. Romanos 14:19 (PAR).

14. Proverbios. 17:4; 16:28; 26:20; 25:9; 20:19.

15. Proverbios 17:4 (PAR).

16. Judas 1:19 (PAR).

17. Gálatas 5:15 (PAR).

18. Proverbios 20:19 (PAR).

19. Proverbios 26:20 (BAD).

20. Mateo 18:15-17a (NVI).

21. Mateo 18:17; 1 Corintios 5:5.

22. Hebreos 13:17 (PAR).

23. Hebreos 13:17 (NVI).

24. 2 Timoteo 2:14, 23-26; Filipenses 4:2; Tito 2:15-3:2, 10-11.

25. 1 Tesalonicenses 5:12-13a (PAR).

26. 1 Corintios 10:24 (BAD).

DÍA 22: Creado para ser como Cristo

1. Génesis 1:26 (NVI).

2. Génesis 6:9; Salmo 139:13-16; Santiago 3:9.

3. 2 Corintios 4:4 (NTV); Colosenses 1:15 (NTV); Hebreos 1:3 (NVI).

4. Efesios 4:24 (PAR).

5. Génesis 3:5 (PAR).

6. Efesios 4:22 (PAR).

7. Mateo 5:1-12.

8. Gálatas 5:22-23.

9. 1 Corintios 13.

10. 2 Pedro 1:5-8.

11. Juan 10:10.

12. 2 Corintios 3:18b (BAD).

13. Filipenses 2:13 (NVI).

14. 1 Reyes 19:12 (NVI).

15. Colosenses 1:27 (NVI).

16. Josué 3:13-17.

17. Lucas 13:24; Romanos 14:19; Efesios 4:3; 2 Timoteo 2:15; Hebreos 4:11; 12:14; 2 Pedro 1:5; 2 Pedro 3:14.

18. Efesios 4:22 (PAR).

19. Efesios 4:23 (PAR).

20. Romanos 12:2.

21. Efesios 4:24 (NVI).

22. Efesios 4:13 (PAR).

23. 1 Juan 3:2 (BAD).

24. 1 Corintios 10:31; 16:14; Colosenses 3:17, 23.

25. Romanos 12:2 (PAR).

DÍA 23: Cómo crecemos

1. Mateo 9:9 (NTV).

2. 2 Pedro 3:11 (PAR).

3. Filipenses 2:12-13 (NVI).

4. Proverbios 4:23 (PAR).

5. Romanos 12:2b (BAD).

6. Efesios 4:23 (BAD).

7. Filipenses 2:5 (PAR).

8. 1 Corintios 14:20 (NVI).

9. Romanos 8:5 (PAR).

10. 1 Corintios 13:11 (NVI).

11. Romanos 15:2-3a (NVI).

12. 1 Corintios 2:12a (PAR).

DÍA 24: **Transformados por la verdad**

1. Juan 17:17 (NVI).
2. 2 Timoteo 3:16-17 (PAR).
3. Hebreos 4:12; Hechos 7:38; 1 Pedro 1:23.
4. Juan 6:63 (NVI).
5. Santiago 1:18 (PAR).
6. Job 23:12 (NVI).
7. 1 Pedro 2:2; Mateo 4:4, 1 Corintios 3:2; Salmo 119:103.
8. 1 Pedro 2:2 (NVI).
9. Juan 8:31 (NBLH).
10. Proverbios 30:5 (NVI).
11. 2 Timoteo 3:16 (PAR).
12. Hechos 24:14 (NVI).
13. Lucas 8:18 (NVI).
14. Santiago 1:21b (NVI).
15. Deuteronomio 17:19a (PAR).
16. Rick Warren, *Twelve Personal Bible Study Methods*. Disponible en www.pastors.com.
17. Santiago 1:25 (PAR).
18. Salmos 119:11; 119:105; 119:49-50; Jeremías 15:16; Proverbios 22:18; 1 Pedro 3:15.
19. Colosenses 3:16a (BAD).
20. 2 Corintios 3:18 (NVI).
21. Hechos 13:22 (NVI).
22. Salmo 119:97 (PAR).
23. Juan 15:7; Josué 1:8; Salmo 1:2-3.
24. Santiago 1:22 (LBLA).
25. Mateo 7:24 (NVI).
26. Juan 13:1 (NTV).

DÍA 25: **Transformados por los problemas**

1. Juan 16:33.
2. 1 Pedro 4:12 (TLA).
3. Salmo 34:18 (BAD).
4. Joni Eareckson Tada, *31 Days Toward Intimacy with God*, Multnomath Books, Portland, OR, 2005.
5. Génesis 39:20-22.
6. Daniel 6:16-23.
7. Jeremías 38:6.
8. 2 Corintios 11:25.
9. Daniel 3:1-26.
10. 2 Corintios 1:9 (BAD).
11. Salmo 139:16.
12. Romanos 8:28-29 (NVI).
13. Mateo 6:10.
14. Mateo 1:1-16.
15. Romanos 5:3-4 (NVI).
16. 1 Pedro 1:7a (PAR).
17. Santiago 1:3 (PAR).
18. Hebreos 5:8-9.
19. Romanos 8:17 (PAR).
20. Jeremías 29:11 (NVI).
21. Génesis 50:20 (NVI).
22. Isaías 38:17 (PAR).
23. Hebreos 12:10b (PAR).
24. Hebreos 12:2a (BAD).
25. Corrie ten Boom, *The Hiding Place*, Choose Books, Grand Rapids, 1971.
26. Hebreos 11:26 (NVI).
27. 2 Corintios 4:17 (BAD).
28. Romanos 8:17-18 (BAD).
29. 1 Tesalonicenses 5:18 (NVI).
30. Filipenses 4:4 (NVI).

31. Lucas 6:23 (NVI).

32. Santiago 1:3-4 (PAR).

33. Hebreos 10:36 (PAR).

DÍA 26: Crecimiento a través de la tentación

1. Gálatas 5:22-23 (BAD).

2. 2 Corintios 2:11 (NVI).

3. Marcos 7:21-23 (NVI).

4. Santiago 4:1 (BAD).

5. Hebreos 3:12 (PAR).

6. Juan 8:44.

7. Santiago 1:14-16 (NVI).

8. 1 Corintios 10:13 (NVI).

9. Hebreos 4:15.

10. 1 Pedro 5:8 (PAR).

11. Mateo 26:41; Efesios 6:10-18; 1 Tesalonicenses 5:6, 8; 1 Pedro 1:13; 4:7; 5:8.

12. Efesios 4:27 (PAR).

13. Proverbios 4:26-27 (PAR).

14. Proverbios 16:17 (NVI).

15. Salmo 50:15 (PAR).

16. Hebreos 4:15 (PAR).

17. Hebreos 4:16 (NVI).

18. Santiago 1:12 (NVI).

DÍA 27: Cómo derrotar la tentación

1. Santiago 4:7.

2. Job 31:1 (BAD).

3. Salmo 119:3a (PAR).

4. Romanos 12:21.

5. Hebreos 3:1 (NVI).

6. 2 Timoteo 2:8 (PAR).

7. Filipenses 4:8 (PAR).

8. Proverbios 4:23 (PAR).

9. 2 Corintios 10:5 (PAR).

10. Eclesiastés 4:9-10 (PAR).

11. Santiago 5:16 (NVI).

12. 1 Corintios 10:13.

13. Romanos 3:23.

14. Santiago 4:6-7a (RVR60).

15. Efesios 6:17 (DHH).

16. Jeremías 17:9 (NVI).

17. Proverbios 14:16 (PAR).

18. 1 Corintios 10:12 (PAR).

DÍA 28: Requiere tiempo

1. Filipenses 1:6 (NVI).

2. Efesios 4:13 (PAR).

3. Colosenses 3:10a (PAR).

4. 2 Corintios 3:18b (PAR).

5. Deuteronomio 7:22.

6. Romanos 13:12; Efesios 4:22-25; Colosenses 3:7-10, 14.

7. 1 Timoteo 4:15 (PAR).

8. Eclesiastés 3:1 (PAR).

9. Salmo 102:18; 2 Timoteo 3:14.

10. Hebreos 2:1 (NVI).

11. Santiago 1:4 (PAR).

12. Habacuc 2:3 (BAD).

DÍA 29: Acepta tu asignación

1. Efesios 2:10b (PAR).

2. Colosenses 3:23-24; Mateo 25:34-45; Efesios 6:7.

3. Jeremías 1:5 (NVI).

4. 2 Timoteo 1:9 (BAD).

5. 1 Corintios 6:20 (NBLH).

6. Romanos 12:1 (PAR).

7. 1 Juan 3:14 (NVI).

8. Mateo 8:15 (NVI).

9. Efesios 4:4-14; Romanos 1:6-7;

8:28-30; 1 Corintios 1:2, 9, 26; 7:17; Filipenses 3:14; 1 Pedro 2:9; 2 Pedro 1:3.

10. 2 Timoteo 1:9 (PAR).

11. 1 Pedro 2:9 (PAR).

12. Romanos 7:4 (PAR).

13. 1 Corintios 12:27 (BAD).

14. Mateo 20:28 (BAD).

15. Romanos 14:12 (BAD).

16. Romanos 2:8 (PAR).

17. Marcos 8:35 (BAD); véase también Mateo 10:39; 16:25; Lucas 9:24; 17:33.

18. Romanos 12:5 (PAR).

19. 1 Corintios 12:14a, 19 (PAR).

DÍA 30: **Formado para servir a Dios**

1. Efesios 2:10 (NVI).

2. Salmo 139:13-14 (NTV).

3. Salmo 139:16 (NTV).

4. Romanos 12:4-8; 1 Corintios 12; Efesios 4:8–15; 1 Corintios 7:7.

5. 1 Corintios 2:14 (NVI).

6. Efesios 4:7 (PAR).

7. 1 Corintios 12:11 (NVI).

8. 1 Corintios 12:29-30.

9. 1 Corintios 12:7 (NVI).

10. 1 Corintios 12:5 (NVI).

11. Proverbios 27:19 (BAD).

12. Mateo 12:34; Salmo 34:7; Proverbios 4:23.

13. Deuteronomio 11:13; 1 Samuel 12:20; Romanos 1:9; Efesios 6:6.

14. Proverbios 15:16 (PAR).

DÍA 31: **Entiende tu FORMA**

1. 1 Corintios 12:4-6 (PAR).

2. Éxodo 31:3-5 (NVI).

3. Romanos 12:6a (BAD).

4. 1 Corintios 10:31 (NTV).

5. 1 Corintios 2:6 (PAR).

6. Deuteronomio 8:18.

7. Deuteronomio 14:23 (BAD); Malaquías 3:8–11.

8. Hebreos 13:21 (BAD).

9. 1 Pedro 4:10 (BAD).

10. 1 Corintios 12:6 (PAR).

11. Romanos 8:28-29.

12. 2 Corintios 1:4 (BAD).

13. 2 Corintios 1:8-10 (NVI).

14. Para más ayuda solicitar casete de la clase 301 de *Discovering Your Shape for Ministry*.

DÍA 32: **Usa lo que Dios te ha dado**

1. Efesios 5:17 (BAD).

2. Romanos 12:3b (PAR).

3. Gálatas 6:4b (PAR).

4. Deuteronomio 11:2 (PAR).

5. Gálatas 3:4 (PAR).

6. Juan 13:7 (NVI).

7. Contacta: *www.purposedrivenlife.com.*

8. Romanos 9:20-21 (PAR).

9. Efesios 4:7 (PAR).

10. Gálatas 2:7-8.

11. 2 Corintios 10:13 (BAD).

12. Hebreos 12:1 (BAD).

13. Gálatas 6:4 (BAD).

14. Gálatas 6:4 (PAR).

15. 2 Corintios 10:12 (NVI).

16. 2 Corintios 10:12 (PAR).

17. 1 Corintios 10:12-18.

18. Filipenses 1:9 (NVI).

19. 2 Timoteo 1:6 (NVI).

20. Mateo 25:28 (NVI).

21. 1 Timoteo 4:14-15 (BAD).

22. 2 Timoteo 2:15 (PAR).

23. 1 Corintios 9:25 (PAR).

DÍA 33: **Cómo actúan los verdaderos siervos**

1. Mateo 7:16 (PAR).

2. 2 Timoteo 2:4 (DHH).

3. Gálatas 6:10 (PAR).

4. Proverbios 3:28 (PAR).

5. Eclesiastés 11:4 (PAR).

6. Colosenses 3:23.

7. Gálatas 6:3 (BAD).

8. Juan 13:15.

9. Hechos 28:3.

10. Lucas 16:10-12.

11. Salmo 12:1; Proverbios 20:6; Filipenses 2:19-22.

12. Mateo 25:23 (NVI).

13. 1 Pedro 5:5 (PAR).

14. Efesios 6:6; Colosenses 3:22.

15. Mateo 6:1 (NVI).

16. Gálatas 1:10 (NVI).

17. Colosenses 3:4 (PAR).

18. 1 Corintios 12:22-24.

19. 1 Corintios 15:58 (PAR).

20. Mateo 10:42 (DHH).

DÍA 34: **Mentalidad de siervo**

1. 2 Crónicas 25:2 (LBLA).

2. Filipenses 2:4 (PAR).

3. Filipenses 2:7 (LBLA).

4. Filipenses 2:20-21.

5. Mateo 5:41 (PAR).

6. 1 Corintios 4:1 (PAR).

7. 1 Corintios 4:2 (PAR).

8. Lucas 16:13 (NVI).

9. Lucas 16:11 (NVI).

10. Gálatas 5:26 (PAR).

11. Romanos 14:4 (PAR).

12. Nehemías 6:3 (NVI).

13. Mateo 26:10 (NVI).

14. Juan 13:3-4 (NVI).

15. 2 Corintios 10:18 (NVI).

16. Santiago 1:1.

17. Salmo 100:2.

18. Juan 12:26 (NVI).

19. Hebreos 6:10 (NVI).

DÍA 35: **El poder de Dios en tu debilidad**

1. Isaías 55:9 (PAR).

2. 1 Corintios 1:27 (PAR).

3. Mateo 5:3.

4. 2 Corintios 12:7.

5. 2 Corintios 4:7 (NVI).

6. Mateo 16:16 (NVI).

7. Hechos 14:15 (PAR).

8. 2 Corintios 12:9-10a (BLS).

9. 2 Corintios 12:10 (PAR).

10. 2 Corintios 12:7 (NVI).

11. Números 12:3.

12. Jueces 6:12 (DHH).

13. Romanos 4:11 (BAD).

14. Mateo 16:18 (PAR).

15. Hechos 13:22 (NVI).

16. Hebreos 11:32-34 (BAD).

17. Romanos 7:19 (BAD).

18. 2 Corintios 6:11 (BAD).

19. 2 Corintios 1:8 (BAD).

20. 1 Corintios 2:3 (NVI).

21. 2 Corintios 12:5b (BAD).

22. Hebreos 4:15 (PAR).

23. Romanos 8:26a (NBLH).

DÍA 36: Hecho para una misión

1. Colosenses 1:25 (PAR); 1 Corintios 12:5.

2. Juan 20:21 (NVI).

3. Lucas 2:49 (RVR60).

4. Juan 19:30 (RVR60).

5. 2 Corintios 5:18 (PAR).

6. 2 Corintios 5:20 (PAR).

7. Mateo 28:19–20; Marcos 16:15; Lucas 24:47; Juan 20:21; Hechos 1:8.

8. Mateo 28:19-20 (NVI).

9. Ezequiel 3:18 (NVI).

10. 2 Corintios 5:18 (BAD).

11. 2 Corintios 6:1 (PAR).

12. 2 Corintios 5:20 (NVI).

13. Hechos 4:12 (PAR).

14. Juan 9:4 (NVI).

15. Hechos 20:24 (NVI).

16. Hechos 1:7-8 (NVI).

17. Mateo 24:36 (NVI).

18. Mateo 24:14 (PAR).

19. Lucas 9:62 (NVI).

20. Lucas 22:42 (PAR).

21. Romanos 6:13b (BAD).

22. Mateo 6:33 (BAD).

DÍA 37: Comparte el mensaje de tu vida

1. 2 Corintios 2:17b (PAR).

2. 1 Juan 5:10a (PAR).

3. 1 Pedro 2:9 (PAR).

4. Hechos 1:8 (NVI).

5. Hechos 22—26.

6. 1 Pedro 3:15-16 (NVI).

7. Salmo 119:33 (NVI).

8. Salmo 106:43 (NVI).

9. Proverbios 25:12 (BLS).

10. Para algunos ejemplos bíblicos de cada uno de esos, véanse Salmo 51; Filipenses 4:11-13; 2 Corintios 1:4-10; Salmo 40; Salmo 119:71; Génesis 50:20.

11. Mateo 12:34 (BAD).

12. Salmo 69:9 (BAD).

13. Jeremías 20:9 (PAR).

14. Gálatas 4:18 (NVI).

15. Romanos 1:17 (PAR).

16. 2 Corintios 5:19 (NVI).

17. 2 Corintios 5:14 (NVI).

18. 1 Juan 4:18 (NVI).

19. 2 Pedro 3:9 (DHH).

20. Colosenses 4:5 (NVI).

DÍA 38: Conviértete en un cristiano de clase mundial

1. Los libros de Paul Borthwick, *A Mind for Missions* (Colorado Springs: NavPress, 1987) y *How to Be a World-Class Christian* (Waynesboro: Authentic media, 1999), deben ser leídos por cada cristiano.

2. Apocalipsis 7:9 (NVI).

3. 1 Corintios 14:20 (NVI).

4. Filipenses 2:4 (NVI).

5. 1 Corintios 2:12 (PAR).

6. 1 Corintios 10:33 (NVI).

7. Juan 3:16 (RVR60).

8. Hechos 17:26-27 (NVI)

9. Colosenses 1:6 (BAD).

10. Salmo 2:8 (NVI).

11. Colosenses 4:3; Romanos 1:10 (BAD).

12. Efesios 6:19 (PAR).

13. Juan 17:20.

14. 2 Tesalonicenses 3:1.

15. Mateo 9:38.

16. 2 Corintios 1:11 (NVI).

17. Hechos 1:8 (NVI).

18. 2 Corintios 4:18 (NVI).

19. Lucas 9:62 (BAD).

20. 1 Corintios 7:31 (NVI).

21. Hebreos 12:1 (DHH).

22. Mateo 6:20-21 (PAR).

23. Lucas 16:9 (NVI).

24. 1 Timoteo 6:19 (NVI).

25. Jeremías 1:7-8 (NVI).

26. Del Pacto de Lausana (1974).

27. Marcos 8:35 (NVI).

DÍA 39: Equilibra tu vida

1. Proverbios 27:17 (NVI).

2. Filipenses 4:9 (PAR).

3. 1 Tesalonicenses 5:11 (PAR).

4. Lamentaciones 3:40 (BAD);
   1 Corintios 11:28 (BAD),
   11:31 (PAR); 2 Corintios 13:5
   (PAR); Gálatas 6:4.

5. 2 Corintios 13:5 (PAR).

6. Lamentaciones 3:40 (NVI).

7. 2 Corintios 8:11 (PAR).

8. Hebreos 2:1 (NVI).

9. Números 33:2 (NVI).

10. Salmo 56:8 (PAR).

11. Salmo 102:18 (NVI).

12. Proverbios 11:25 (PAR).

13. 2 Timoteo 2:2b (PAR).

14. Santiago 4:17 (PAR).

15. 1 Timoteo 4:6 (PAR).

16. Juan 17:4 (NVI).

17. Juan 17:6-26.

DÍA 40: Vive con propósito

1. Juan 13:17 (NVI).

2. Salmo 33:11 (PAR).

3. Proverbios 4:26 (NVI).

4. Proverbios 17:24 (NVI).

5. Filipenses 1:10 (BAD).

6. 2 Crónicas 14:4 (PAR).

7. Efesios 3:17 (NVI).

8. Filipenses 4:7 (NVI).

9. Gálatas 5:22-23.

10. Mateo 5:3-12.

11. 2 Pedro 1:5-7 (NVI).

12. 1 Timoteo 4:16b (PAR).

13. 2 Corintios 9:12 (NVI).

14. Juan 15:16a (NVI).

15. Josué 24:15 (NVI).

16. Filipenses 1:27 (PAR).

17. Efesios 5:25 (DHH).

18. Proverbios 22:18 (PAR).

19. Proverbios 19:21 (PAR)

20. 1 Tesalonicenses 2:4b (BAD).

21. 2 Corintios 10:13 (PAR).

22. Hechos 13:36a (NVI).

23. Hechos 13:22 (NVI).

24. Ester 4:14 (NVI).

25. 2 Crónicas 16:9 (BAD).

26. 1 Corintios 9:26 (BAD).

27. Filipenses 1:21 (NVI).

28. 2 Corintios 4:17 (NVI).

29. Apocalipsis 4:11 (PAR).

DÍA 41: **La trampa de la envidia**

1. Romanos 9:20 (NVI).
2. Éxodo 20:17 (NVI).
3. Efesios 2:10 (NVI).
4. Lucas 9:62 (NVI).
5. Eclesiastés 4:4 (NVI).
6. Eclesiastés 4:8 (NVI).
7. Proverbios 23:4 (NVI).
8. Santiago 3:16 (NVI).
9. Véanse Mateo 27:18; Marcos 15:10.
10. 2 Corintios 10:12 (NVI).
11. Romanos 12:15 (NVI).
12. Efesios 3:8 (NVI).
13. 1 Corintios 4:7b-8a (NVI).
14. Eclesiastés 5:10-11 (NVI).
15. 2 Samuel 7:18 (NVI).
16. Eclesiastés 6:9 (PAR).
17. Mateo 20:12 (NVI).
18. Mateo 20:13-15 (NVI).
19. Mateo 20:14 (RVR60).

DÍA 42: **La trampa de complacer a la gente**

1. Romanos 15:1 (NVI).
2. Romanos 14:7 (NVI).
3. Proverbios 29:25 (NVI).
4. Proverbios 29:25 (PAR).
5. Proverbios 25:27 (PAR).
6. 1 Tesalonicenses 2:4 (PAR).
7. 2 Corintios 10:18 (NVI).
8. Juan 5:44 (NVI).
9. Proverbios 29:25 (PAR).
10. 1 Samuel 15:24 (NVI).
11. Éxodo 23:2 (NVI).
12. Proverbios 1:10 (NVI).
13. 1 Corintios 15:33-34 (NVI).
14. Lucas 16:15 (NVI).
15. Juan 7:13 (NVI).
16. Juan 12:42-43 (NVI).
17. Romanos 12:2 (NVI).
18. Juan 8:32 (NVI).
19. Lucas 6:26 (NVI).
20. Juan 8:36 (NVI).
21. Salmo 27:10 (NVI).
22. 1 Juan 2:17 (NVI).
23. Éxodo 20:3,4 (NVI).
24. Mateo 6:24 (NVI).
25. Gálatas 1:10 (NVI).
26. Juan 5:30 (NVI).
27. Romanos 14:12 (NVI).
28. Hebreos 2:11 (NVI).
29. Lucas 9:26 (NVI).
30. 1 Corintios 2:9 (NVI).

Si deseas escuchar los audio-mensajes para cada día en inglés, puedes accesar a ellos a través de la lista de enlaces que se encuentra a continuación:

www.purposedriven.com/day1

www.purposedriven.com/day2

www.purposedriven.com/day3

www.purposedriven.com/day4

www.purposedriven.com/day5

www.purposedriven.com/day6

www.purposedriven.com/day7

www.purposedriven.com/day8

www.purposedriven.com/day9

www.purposedriven.com/day10

www.purposedriven.com/day11

www.purposedriven.com/day12

www.purposedriven.com/day13

www.purposedriven.com/day14

www.purposedriven.com/day15

www.purposedriven.com/day16

www.purposedriven.com/day17

www.purposedriven.com/day18

www.purposedriven.com/day19

www.purposedriven.com/day20

www.purposedriven.com/day21

www.purposedriven.com/day22

www.purposedriven.com/day23

www.purposedriven.com/day24

www.purposedriven.com/day25

www.purposedriven.com/day26

www.purposedriven.com/day27

www.purposedriven.com/day28

www.purposedriven.com/day29

www.purposedriven.com/day30

www.purposedriven.com/day31

www.purposedriven.com/day32

www.purposedriven.com/day33

www.purposedriven.com/day34

www.purposedriven.com/day35

www.purposedriven.com/day36

www.purposedriven.com/day37

www.purposedriven.com/day38

www.purposedriven.com/day39

www.purposedriven.com/day40

www.purposedriven.com/day41

www.purposedriven.com/day42

También tienes acceso a una comunidad en línea donde puedes dialogar sobre tu jornada hacia el propósito, recibir opiniones y obtener respaldo.